Les températures moyennes mondiales ont augmenté de près de 1,2 °C depuis l'époque préindustrielle[1].

Dans le rapport 2021 du Grou intergouvernemental sur le changement climatique (GIEC), un groupe de 234 experts de 66 pays, concluait : « Sans équivoque, l'influence humaine a réchauffé l'atmosphère, les océans et les terres. Des changements rapides et généralisés se sont produits dans l'atmosphère, les océans, la cryosphère et la biosphère. »

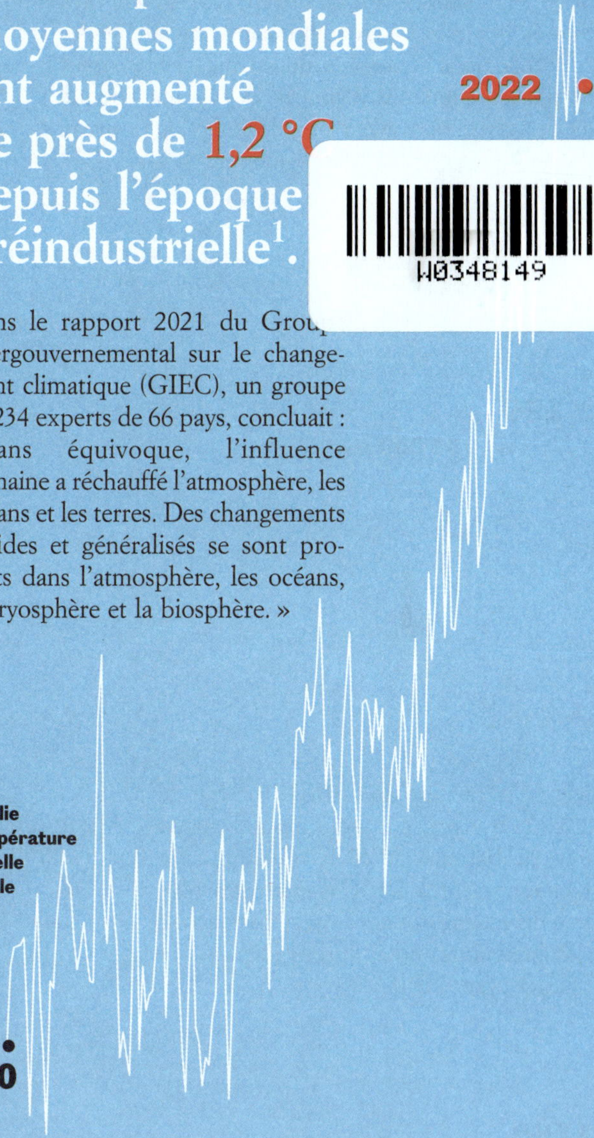

Les émissions de gaz à effet de serre – dont le carbone, le méthane, l'oxyde nitreux et les composés fluorés – liées à l'activité humaine ont atteint des concentrations atmosphériques jamais enregistrées en plusieurs millions d'années, depuis une époque où des arbres poussaient au pôle Sud et où le niveau de la mer s'était élevé de 20 mètres.

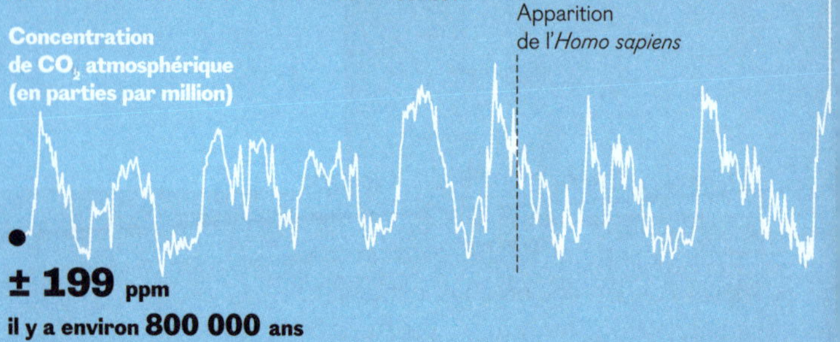

Malgré les sévères mises en garde remontant aux années 1980 et 1990, nous avons émis plus de CO_2 depuis 1991 qu'au cours du reste de l'histoire de l'humanité.

Selon l'estimation du GIEC, au début de 2020 le budget carbone qui nous laissait une probabilité de 67 % de limiter le réchauffement à 1,5 °C n'était déjà plus que de 400 gigatonnes[2]. Au rythme actuel des émissions, nous aurons dépassé ce budget avant 2030.

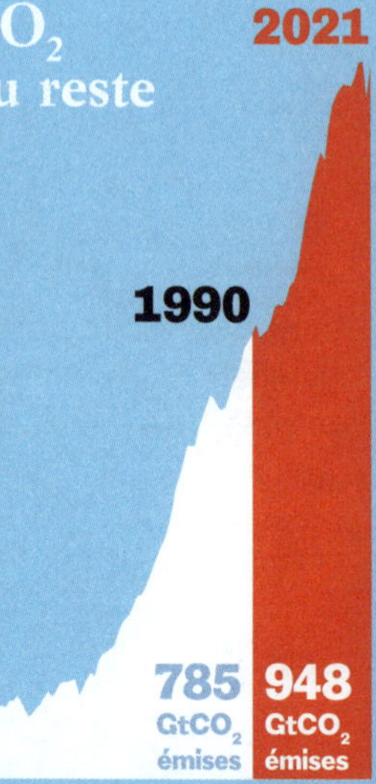

Certains pays portent une bien plus lourde responsabilité historique des émissions que d'autres. Entre 1850 et 2021, les plus gros pollueurs ont rejeté des milliards de tonnes de CO_2 dans l'atmosphère.

En 2015, presque tous les pays du monde – 195 au total – ont signé l'accord de Paris. L'objectif de l'accord de Paris est de stabiliser le réchauffement planétaire bien en dessous du seuil de 2 °C et, idéalement, à moins de 1,5 °C par rapport aux niveaux préindustriels.

Le monde est mal parti pour atteindre ces objectifs. Il y a un énorme décalage entre les engagements des États et les mesures que ceux-ci ont effectivement mises en œuvre. Une grande part des émissions – celles, par exemple, issues des transports internationaux de passagers et de marchandises, et beaucoup de celles liées à l'armée – n'est soit pas déclarée, soit pas comptabilisée.

Le GIEC estime qu'avec les politiques climatiques actuelles le réchauffement planétaire atteindra 3,2 °C d'ici à 2100.

1 Les experts avancent parfois des chiffres différents pour cette hausse des températures mondiales, dans une fourchette de 1 °C à 1,3 °C. Cela s'explique par les différents choix de datation du début de l'ère industrielle, le fait que certains scientifiques fondent leurs calculs sur la température moyenne des dix dernières années, et de légères variations de température d'une année sur l'autre.

2 Le budget carbone est la quantité maximale de CO_2 que l'humanité peut émettre pour encore espérer contenir le réchauffement entre 1,5 °C et 2 °C.

LE GRAND LIVRE DU CLIMAT

I. Comprendre

Greta Thunberg est née en 2003. En août 2018, elle lance une grève scolaire pour le climat devant le Parlement suédois, grève qui s'est depuis étendue à de nombreux pays. Elle est activiste pour Fridays For Future et a pris la parole lors de manifestations en faveur du climat partout dans le monde, au Forum économique mondial, à Davos, ainsi qu'au Congrès des États-Unis et aux Nations unies.

Paru au Livre de Poche :

LE GRAND LIVRE DU CLIMAT. II : AGIR

LE GRAND LIVRE DU CLIMAT

I
COMPRENDRE

sous la direction de
GRETA THUNBERG

Traduit de l'anglais par Cécile Leclère, Leslie Talaga et Isabelle Taudière

KERO

Titre original :
THE CLIMATE BOOK
Première publication : Allen Lane,
une division de Penguin Random House UK, Londres, 2022.

Cet ouvrage, en deux tomes pour son édition au Livre de Poche,
a été précédemment publié dans une version illustrée
en un seul volume au éditions Kero en 2022.

ISBN 978-2-253-24769-2 – 1re publication LGF

Les contributeurs du *Grand Livre du climat* ont rassemblé des milliers de références et de citations au fil des chapitres. Trop nombreuses pour figurer dans l'ouvrage, elles sont consultables sur le site theclimatebook.org.

PREMIÈRE PARTIE /

Comment fonctionne le climat

« Écoutons
la science,
avant qu'il ne soit
trop tard. »

1.1

Pour résoudre ce problème, il nous faut d'abord le comprendre

Greta Thunberg

Jamais l'humanité n'a été confrontée à une menace aussi grave que celle liée à la crise écologique et climatique. Cette question définira et déterminera comme aucune autre notre vie quotidienne future. C'est une évidence. Ces dernières années, notre façon d'envisager et d'évoquer la crise a commencé à changer. Mais après des décennies entières perdues à ignorer et minimiser cette urgence grandissante, nos sociétés demeurent dans le déni. Nous vivons, après tout, à l'ère de la communication, où trop souvent nos paroles comptent plus que nos actes. Et c'est ainsi que tant de pays producteurs d'énergies fossiles – eux-mêmes gros émetteurs – se proclament « champions du climat », sans pour autant avoir adopté la moindre politique de lutte contre le changement climatique. Le temps est au greenwashing.

Dans la vie, les problèmes sont rarement tout blancs ou tout noirs. Les réponses aux questions, rarement catégoriques. Tout est source de débat sans fin et de compromis. C'est un des principes essentiels de notre monde actuel. Une société qui, question durabilité, a un certain nombre de comptes à rendre. Parce qu'en réalité le présupposé initial ne tient pas : bien des problèmes sont tout blancs ou tout noirs. Il existe certaines limites planétaires et sociétales qui ne devraient pas être franchies. Par exemple, nous pensons que nos sociétés peuvent être un petit peu plus ou un petit peu moins durables. Mais à long terme on ne peut pas être *un peu plus* durable – on l'est ou on ne l'est pas. C'est comme marcher sur un lac gelé : soit la glace supporte votre poids, soit elle cède ; soit vous atteignez la rive, soit vous sombrez dans des eaux profondes, noires et glaciales. Si cela doit nous arriver, aucune planète à proximité ne viendra à la rescousse. Nous sommes seuls.

Je suis persuadée que pour éviter les conséquences les plus graves de cette crise existentielle émergente, une seule solution s'impose : il faut atteindre une masse critique de personnes exigeant le changement. Pour y parvenir, nous devons rapidement sensibiliser le plus grand nombre, le grand public ne maîtrisant pas encore les connaissances essentielles nécessaires pour bien appréhender l'effroyable situation qui est la nôtre. Je souhaite prendre part à cet effort pour changer la donne.

J'ai décidé d'utiliser tous les moyens à ma disposition pour créer un livre réunissant les données scientifiques actuelles les plus abouties, qui propose une approche globale de la crise du climat, de l'écologie et de la durabilité. Parce que la question du climat n'est, bien sûr, qu'un symptôme d'une crise bien plus large qui est celle de la durabilité. J'espère que cet ouvrage servira de référence pour comprendre ces crises différentes et si profondément interconnectées.

En 2021, j'ai donc invité un grand nombre d'éminents scientifiques, spécialistes, activistes, auteurs et conteurs à partager leur expertise. Vous êtes sur le point de découvrir le résultat de leur travail, qui réunit des faits, des histoires, des graphiques et des photographies montrant les différents visages de la crise de la durabilité avec pour angles essentiels le climat et l'écologie.

Ce livre aborde tous les sujets depuis la fonte des glaces jusqu'à l'économie, de la « fast fashion » à la disparition des espèces, des pandémies à l'engloutissement des îles, de la déforestation à la perte des terres fertiles, des pénuries d'eau à la souveraineté indigène, de la production alimentaire future au budget carbone – il met à nu les actions des responsables et les échecs de ceux qui auraient dû depuis longtemps partager ces informations avec les citoyens du monde.

Il est encore temps d'éviter le pire. Tout espoir n'est pas perdu, sauf si nous continuons sur notre lancée. Pour résoudre ce problème, il nous faut d'abord le comprendre – et comprendre qu'il est une série de problèmes, tous liés. Il nous faut présenter les faits et dire les choses comme elles sont. La science est un outil, nous devons tous apprendre à nous en servir.

Nous devons aussi répondre à certaines questions fondamentales. Quel problème voulons-nous résoudre en priorité ? Quel est notre but ? Réduire les émissions ou continuer à vivre comme nous vivons aujourd'hui ? Notre objectif est-il de préserver les conditions de vie présentes et futures ou bien de maintenir un mode de vie fondé sur la consommation à outrance ? La croissance verte existe-t-elle ? Pouvons-nous poursuivre une croissance économique éternelle sur une planète dont les richesses sont épuisables ?

En cette période, nous sommes nombreux à avoir besoin d'espoir. Mais qu'est-ce que l'espoir ? Et l'espoir pour qui ? Pour ceux parmi nous qui ont créé le problème ou pour ceux qui souffrent déjà des conséquences ? Notre désir d'offrir de l'espoir nous empêchera-t-il d'agir, risquant ainsi de provoquer plus de mal que de bien ?

Lesdits 1 % les plus riches sont responsables de deux fois plus d'émissions que la moitié la plus pauvre de l'humanité.

Si vous faites partie des 19 millions de citoyens des États-Unis ou des 4 millions de citoyens de Chine qui comptent parmi ces 1 % – comme tous ceux dont la fortune atteint ou dépasse 1 055 337 dollars –, ce n'est peut-être pas d'espoir que vous avez le plus besoin. Du moins pas d'un point de vue objectif.

Bien sûr, on entend parler de progrès. Certaines nations et régions font état de réductions d'émissions de CO_2 tout à fait impressionnantes – du moins depuis que le monde a commencé à négocier le périmètre concerné par les statistiques. Mais ces réductions restent-elles pertinentes lorsqu'on les replace dans le total de nos émissions, une fois sorties de leurs territoires soigneusement délimités – une fois relativisées, par rapport à toutes les émissions que nous avons réussi à extraire de ces chiffres ? Quand on considère, par exemple, qu'on délocalise les usines à l'autre bout de la planète et que l'on s'arrange pour exclure des statistiques l'aviation internationale et le transport. Non seulement notre production repose alors sur une main-d'œuvre bon marché et l'exploitation des populations, mais elle nous permet aussi d'effacer les émissions carbone associées – émissions que, pourtant, nous avons ainsi contribué à augmenter. Est-ce cela, le progrès ?

Pour espérer atteindre les objectifs climatiques internationaux, nos émissions doivent approximativement être de 1 tonne de CO_2 par personne et par an. En Suède, ce chiffre tourne actuellement autour de 9 tonnes, une fois incluse la consommation de biens importés. Aux États-Unis elle est à 17,1 tonnes, au Canada à 15,4, en Australie à 14,9 et en Chine à 6,6. Lorsqu'on ajoute à cela les émissions biogéniques – comme celles qui résultent de la combustion du bois et de la végétation –, le total augmente encore, le plus souvent. Et pour des nations forestières telles que la Suède et le Canada, ces hausses sont significatives.

Revenu mondial et émissions liées aux modes de vie

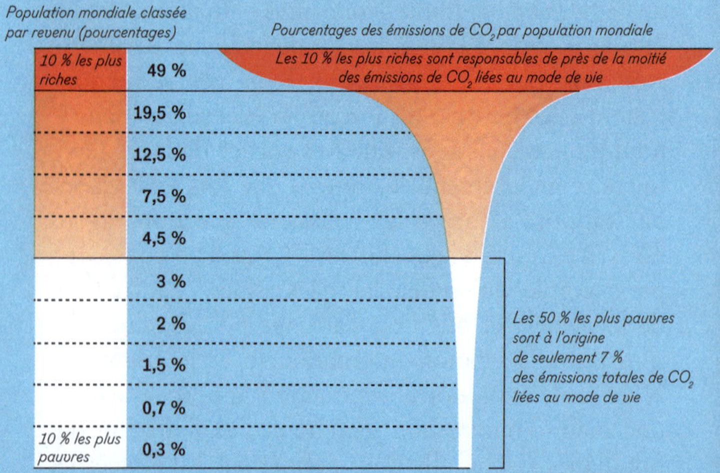

Maintenir ses émissions de CO_2 en dessous de 1 tonne par personne et par an ne sera pas un problème pour la majorité de la population mondiale, qui ne devra procéder qu'à de modestes réductions – le cas échéant – pour rester en deçà des limites fixées par notre planète. Dans de nombreux cas, ces personnes pourraient même encore considérablement augmenter leurs émissions.

Mais il serait naïf de croire que des pays comme l'Allemagne, l'Italie, la Suisse, la Nouvelle-Zélande, la Norvège, etc., sont capables d'énormes réductions en l'espace de quelques dizaines d'années sans transformations systémiques. Pourtant, c'est ce que suggèrent les leaders des pays des Nords. Dans la 4e partie de ce livre, nous jetterons un coup d'œil sur l'avancée de ces progrès.

Si vous décidez aujourd'hui de rejoindre le mouvement pour le climat, n'imaginez pas que vous êtes parmi les derniers. Loin de là. En réalité, si vous décidez d'agir maintenant, vous serez encore des pionniers. La dernière partie de ce livre se concentre sur les solutions et les choses que nous pouvons faire afin de créer la différence, depuis les petites actions individuelles jusqu'au changement de système planétaire.

Ce livre se veut démocratique, parce qu'il n'existe pas meilleur outil que la démocratie pour résoudre cette crise. Il est possible que de subtils désaccords subsistent entre ces personnes qui nous écrivent depuis les avant-postes. Dans cet ouvrage, chacun et chacune parle de son point de vue et leurs conclusions ne seront peut-être pas identiques. Cependant, nous avons besoin de l'ensemble de leur sagesse collective si nous voulons créer l'énorme pression publique qui s'impose pour faire changer les choses. L'idée derrière ce livre n'est pas d'avoir un ou deux « experts en communication » ou un unique scientifique qui tireraient les conclusions à votre place, mais de vous présenter ici réunis leurs savoirs, chacun dans leur domaine d'expertise, afin de vous guider vers ce moment où vous pourrez commencer à relier les points par vous-même. Je l'espère du moins. Parce que je crois que les conclusions les plus importantes n'ont pas encore été tirées – avec un peu de chance, elles viendront de vous. /

1.2

Au commencement était le CO_2

Peter Brannen

Toute forme de vie naît du CO_2. C'est le tour de magie originel dont découle le vivant. À la surface de la Terre, avec le seul concours du soleil et de l'eau, le CO_2 est transformé en matière vivante grâce à la photosynthèse, dont il résulte de l'oxygène. Le carbone des plantes traverse ensuite le corps des animaux et les écosystèmes, et ressort à nouveau sous forme de CO_2 dans les océans et l'air. Une partie de ce carbone échappe toutefois à ce cycle et passe dans la Terre – sous forme de calcaire ou de boue riche en carbone qui dorment au plus profond de la croûte terrestre pendant des centaines de millions d'années. Si elle n'est pas enterrée dans le sous-sol, cette matière végétale est rapidement consumée à la surface terrestre par dégradation métabolique, que ce soit par les animaux, les champignons ou les bactéries. Le vivant utilise ainsi 99,99 % de l'oxygène produit par la photosynthèse et n'en perdrait rien du tout si une partie infinitésimale de matière végétale ne s'infiltrait pas dans les roches. C'est pourtant de là que la planète tient son étonnant excédent d'oxygène. En d'autres termes, l'atmosphère respirable de la Terre n'est pas un don des forêts et des tourbillons de plancton actuels mais du CO_2 fait prisonnier par le vivant tout au long de l'histoire planétaire et confié à la croûte terrestre sous la forme de combustible fossile.

Si le CO_2 était purement et simplement le substrat fondamental de toutes les créatures vivantes sur Terre, la source indirecte de son oxygène vital, ce serait déjà fascinant, mais ce n'est pas tout. Cette modeste molécule joue aussi un rôle crucial dans la modulation de la température sur la planète et de la chimie des océans. Quand cet équilibre chimique est bouleversé, le monde vivant est perturbé, le thermostat est cassé, les océans s'acidifient et des créatures meurent. L'importance stupéfiante du CO_2 dans tous les composants du système terrestre explique pourquoi il ne s'agit pas d'un affreux polluant industriel qu'il faut réglementer parmi d'autres, comme les chlorofluorocarbones ou le plomb. C'est plutôt, comme l'a écrit l'océanographe américain Roger Revelle en 1985, « la substance la plus cruciale de la biosphère ».

La substance la plus cruciale de la biosphère n'est pas à prendre à la légère. La circulation du CO_2 – qui s'échappe en volutes des volcans, se mêle à l'air ambiant et aux océans, virevolte dans les tourbillons du vivant pour se fondre à nouveau dans la roche – est la quintessence même de la Terre. Ces phénomènes correspondent au cycle du carbone, et la vie sur Terre dépend de l'équilibre délicat, quoique dynamique, de ce cycle mondial. Le CO_2 s'échappe perpétuellement des volcans (cent fois plus vite que les émissions dues aux êtres humains) et les organismes vivants se l'échangent frénétiquement et constamment à la surface de la planète, mais la planète l'élimine au même rythme, empêchant ainsi une catastrophe climatique. Les mécanismes cycliques qui font baisser la concentration de CO_2 – l'érosion de chaînes de montagnes, l'effondrement au fond de l'océan de masses de plancton riche en carbone – servent à préserver une sorte d'équilibre planétaire. En tout cas la plupart du temps. Nous vivons dans un monde tout aussi improbable qu'il est miraculeux. Nous avons l'impudence de considérer que tout y va de soi.

Au cours de l'histoire géologique, il est arrivé que la planète soit poussée au-delà de ses limites. Le système terrestre est certes flexible, mais il peut finir par casser. Et parfois – lors d'épisodes aussi rares que catastrophiques enfouis dans les profondeurs du passé – le cycle du carbone a été complètement bouleversé. À chaque fois, une extinction de masse s'est produite.

Imaginons des volcans vastes comme un continent qui consument des royaumes entiers de calcaire riche en carbone et enflamment d'immenses gisements de charbon et de gaz naturel souterrains : ils injecteraient des milliers de gigatonnes de CO_2 dans l'atmosphère qui jailliraient de calderas en explosion et de champs fumants et incandescents de lave basaltique. Que se passerait-il dans un tel scénario ? C'est la fâcheuse mésaventure qui est arrivée aux impuissantes créatures d'il y a 251,9 millions d'années, peu avant la plus grande extinction de masse de l'histoire de la vie sur Terre. À la fin du permien, 90 % du vivant a été confronté aux répercussions d'un cycle du carbone complètement perturbé par l'excédent de CO_2.

Pendant l'extinction de masse qui a mis fin au

permien, le CO_2 a fusé des volcans sibériens pendant des milliers d'années et failli mettre fin à la vie complexe. Tous les garde-fous habituels, inhérents au cycle du carbone, ont cédé lors de cet événement, le pire de toute l'histoire géologique. La température a augmenté de 10 °C et la planète a été prise de convulsions : les océans acides, à la température étouffante, ont produit par spasmes d'horribles tapis d'algues qui pompaient tout l'oxygène de leurs eaux ancestrales. Cet océan anoxique s'est empli de sulfure d'hydrogène à mesure que des ouragans d'une violence extraterrestre envahissaient le ciel. Quand le calme est revenu, on pouvait parcourir toute la Terre sans croiser un seul arbre. Les récifs coralliens avaient été remplacés par des myxobactéries, les fossiles se sont tus et il a fallu près de 10 millions d'années à la planète pour se remettre de ce choc qui l'avait anéantie. Un choc provoqué en grande partie par la combustion d'énergies fossiles.

Chaque extinction de masse sur Terre a été marquée par des bouleversements massifs du cycle du carbone, dont les géochimistes ont trouvé les preuves dans les roches. Au vu de l'importance fondamentale du CO_2 pour la biosphère, nous avons sans doute tort d'être étonnés que les déséquilibres extrêmes aboutissent à chaque fois à une dévastation planétaire.

Et si une lignée du primate *Homo* s'employait à faire la même chose que ces volcans préhistoriques il y a 200 millions d'années ? Et s'ils brûlaient ces mêmes gisements gigantesques de carbone souterrain

– enfouis par la vie photosynthétique tout au long de l'histoire de la Terre ? Non pas au moyen d'une explosion généralisée et spontanée faisant éclater la croûte terrestre comme un super-volcan, mais d'une manière plus étudiée, en le tirant des profondeurs pour le consumer en surface sous forme d'éruption plus diffuse, dans les pistons et les forges de la modernité… le tout à un rythme dix fois plus rapide que les extinctions de masse préhistoriques ? Voilà la question absurde que nous posons à la Terre, dont nous exigeons une réponse.

Le climat n'a que faire des slogans politiques ; il n'a pas à répondre des modèles économiques. Il n'est guidé que par la physique. Il se fiche de savoir si l'excédent de CO_2 dans l'atmosphère est dû à un phénomène volcanique qui arrive tous les 100 millions d'années ou à une civilisation industrielle inédite. Il réagira de la même manière. Et la roche contient un avertissement irréfutable – des archives géologiques qui renferment toutes les tombes des apocalypses antérieures. La bonne nouvelle, c'est que nous sommes encore loin d'atteindre les crescendos cataclysmiques du passé. Il est même possible que la planète résiste mieux aux chocs infligés aujourd'hui au cycle du carbone qu'en ces terribles temps préhistoriques. Il n'y a aucune raison d'ajouter nos noms à cette odieuse liste des pires événements de l'histoire planétaire. Les roches nous signalent que nous manipulons les leviers les plus puissants de la planète, à nos risques et périls.

Nous vivons dans un monde
tout aussi improbable
qu'il est miraculeux.
Nous avons l'impudence
de considérer
que tout y va de soi.

1.3

Notre influence sur l'évolution

Beth Shapiro

Les premiers signes de l'influence humaine sur l'évolution se trouvent dans les fossiles retrouvés sur les sites des premiers peuplements humains sur les îles et continents. À mesure que les populations parties d'Afrique se sont dispersées dans le monde il y a plus de 50 000 ans, les sites où elles sont arrivées ont commencé à changer. Des espèces animales, en particulier la mégafaune comme les diprotodons, les rhinocéros laineux et les paresseux géants, ont disparu une à une. Nos ancêtres étaient des prédateurs efficaces grâce aux moyens qu'eux seuls détenaient : des outils qui leur permettaient de chasser et de revenir avec des proies, et la capacité de communiquer et de perfectionner rapidement ces outils. La concomitance de la disparition de la mégafaune et de l'apparition des humains est mise au jour par les fossiles de tous les continents à l'exception de l'Afrique. La concomitance n'entraîne pas toutefois la causalité. En Europe, en Asie et dans les Amériques, l'arrivée des humains et la disparition de la mégafaune locale ont eu lieu à des périodes de bouleversement climatique, ce qui a déclenché des décennies de débats sur la responsabilité relative de l'une et l'autre force. La responsabilité humaine est toutefois attestée en Australie, où les premières extinctions liées aux humains sont recensées, et sur plusieurs îles, où se sont produites certaines des disparitions les plus récentes – le moa d'Aotearoa (Nouvelle-Zélande) et le dodo de l'île Maurice se sont éteints pendant des siècles récents de notre ère. Ces extinctions en Australie et sur des îles ne se sont pas produites pendant des périodes de grand changement climatique, et aucune d'elles ne correspond à des phénomènes climatiques plus anciens. Non, ces disparitions, comme celles sur les autres continents, résultent de perturbations de l'habitat local après l'arrivée de populations humaines. Dès nos premiers contacts avec la faune, nous avons influencé le destin d'autres espèces.

Il y a 15 000 ans, les êtres humains ont amorcé une nouvelle phase de leurs relations avec les autres espèces. Les loups gris attirés par les peuplements humains, vus comme une source de nourriture, se sont transformés en chiens domestiques. Les chiens comme les humains trouvaient un avantage à cette relation de plus en plus étroite. La dernière période glaciaire a pris fin et le climat est devenu plus favorable ; par ailleurs, le développement de l'habitat humain nécessitait des sources fiables d'alimentation, d'habillement et de logement. Il y a environ 10 000 ans, les populations ont progressivement adopté des stratégies afin de chasser sans pousser leurs proies à l'extinction. Certains chasseurs ne ciblaient que les mâles ou les femelles n'étant plus en âge de se reproduire, et ils ont par la suite rassemblé les proies près de leur habitat. Bientôt, les humains ont commencé à choisir quels animaux auraient une descendance ; les animaux qui ne pouvaient pas être dressés étaient consommés. Les expériences ne se limitaient pas aux animaux. Ils ont aussi planté des graines, choisi de propager celles qui avaient le meilleur rendement par plant ou qui étaient mûres à la même période. Ils ont créé des réseaux d'irrigation et entraîné des animaux à labourer les terres cultivables. À mesure que nos ancêtres n'ont plus été chasseurs mais éleveurs, non pas cueilleurs mais agriculteurs, ils ont transformé les territoires où ils vivaient et les espèces dont ils dépendaient.

Au début du XXe siècle, la réussite de nos aïeux – désormais éleveurs et agriculteurs – mettait en danger la stabilité de leurs sociétés. Les terres sauvages avaient été remplacées par des champs ou des pâturages dégradés par une exploitation ininterrompue. La qualité de l'air et de l'eau commençait à baisser. Le rythme des extinctions s'est de nouveau accéléré. Cette fois, la dévastation était plus flagrante, les personnes plus riches et les technologies plus perfectionnées. La raréfaction d'espèces autrefois communes a suscité une volonté de protéger ce qu'il restait des espaces et espèces sauvages. Nos ancêtres ont encore une fois amorcé une nouvelle phase de leurs relations avec les autres espèces : ils sont devenus des protecteurs, déterminés à sauvegarder les espèces et les habitats mis en danger dans ce monde, certes naturel, mais de plus en plus humain. À ce moment, les êtres humains sont devenus la force qui, à l'échelle de l'évolution, était à même de déterminer le sort de toutes les espèces, mais aussi de leurs habitats. /

Nous sommes la force qui, à l'échelle de l'évolution, déterminera le sort de toutes les espèces, mais aussi de leurs habitats.

1.4

Civilisation et extinction

Elizabeth Kolbert

Cette histoire s'ouvre dans le plus grand mystère. Il y a environ deux cent mille ans, en Afrique, une nouvelle espèce d'*Hominini* est apparue. Personne ne sait exactement où, pas plus que l'on ne connaît ses ancêtres immédiats. Les membres de cette espèce – que nous appelons aujourd'hui « homme moderne », *Homo sapiens* ou tout simplement « nous » – se distinguaient par leur crâne rond et leur menton pointu. Ils avaient une carrure moins trapue que leurs cousins et des dents plus petites. À défaut d'un physique impressionnant, ils semblaient dotés d'une intelligence hors du commun. Ils fabriquaient des outils, rudimentaires dans un premier temps mais de plus en plus perfectionnés. Ils communiquaient non seulement dans l'espace mais aussi dans le temps. Ils s'adaptaient à des climats très variés, et surtout à des régimes alimentaires très variés. Si le gibier était abondant, c'est ce qu'ils chassaient ; s'ils avaient plutôt accès à des fruits de mer, c'est ce qu'ils consommaient.

C'était le pléistocène, une période où se sont succédé les glaciations, et la surface de la planète était en grande partie recouverte d'immenses calottes glaciaires. Néanmoins, il y a environ 120 000 ans, voire un peu plus tôt, notre espèce, qui n'était plus si jeune, a commencé à se déplacer vers le nord. Les êtres humains sont arrivés au Moyen-Orient il y a 100 000 ans, en

Australie il y a 60 000 ans, en Europe il y a 40 000 ans, en Amérique il y a 20 000 ans. En chemin, probablement quelque part au Moyen-Orient, *Homo sapiens* a rencontré son cousin un peu plus trapu, *Homo neanderthalensis*, plus connu sous le nom de Néandertalien. Des membres de ces deux groupes ont eu des rapports sexuels – sans qu'on sache s'ils étaient consentants ou contraints – dont sont nés des enfants. Au moins une partie de ces enfants ont dû survivre assez longtemps pour avoir aussi une progéniture, etc. Aujourd'hui, la plupart des habitants sur Terre ont dans leur ADN quelques gènes de Néandertalien. Puis, quelque chose est arrivé et l'homme de Neandertal a disparu. Est-ce qu'*Homo sapiens* s'y est employé délibérément ? Peut-être l'a-t-il supplanté. À moins, comme l'a avancé récemment un groupe de chercheurs de l'université de Stanford, que les êtres humains soient arrivés avec des maladies tropicales auxquelles leurs cousins adaptés au froid n'ont pas résisté. Quoi qu'il en soit, il est quasi certain que ce qui est arrivé au Néandertalien était lié à « l'homme moderne ». Svante Pääbo, chercheur suédois dont l'équipe a fait la cartographie génomique des Néandertaliens, m'a un jour confié : « Leur malchance, c'était nous. »

Avec le recul, cela n'avait rien d'extraordinaire. Quand les humains sont arrivés en Australie, le continent était habité par un bestiaire au gabarit imposant. Citons notamment les lions marsupiaux, qui, proportionnellement, avaient les mandibules les plus puissantes du règne mammifère ; le *Megalania*, plus grand spécimen du genre des varans ; et les diprotodons, parfois appelés « wombats rhinocéros ». En quelques milliers d'années, toutes ces créatures colossales ont disparu. En Amérique du Nord, on trouvait notamment les mastodontes, les mammouths, et des castors qui faisaient près de 2,5 mètres et 90 kilos. Eux aussi ont disparu. De même que la mégafaune d'Amérique du Sud – les paresseux géants, les glyptodons (sorte de tatou géant) et les toxodons, un herbivore aussi grand qu'un rhinocéros. La perte de tant de grandes espèces en si peu de temps (à l'échelle géologique) était si spectaculaire qu'elle a été relevée à l'époque de Darwin. « Nous vivons dans un monde appauvri sur le plan zoologique, duquel toutes les formes les plus énormes, les plus féroces et les plus étranges ont récemment disparu », a observé en 1876 Alfred Russel Wallace, un rival de Darwin.

Les scientifiques cherchent depuis à élucider cette extinction de la mégafaune. On sait aujourd'hui qu'elle a eu lieu à des périodes différentes sur différents continents, et que les espèces ont disparu dans l'ordre d'arrivée des humains. En d'autres termes, « leur malchance, c'était nous ». Les chercheurs qui ont modélisé les rencontres entre humains et mégafaune ont conclu que si des groupes de chasseurs n'éliminaient qu'un seul mammouth ou paresseux géant par an (ou à peu près), c'était suffisant pour menacer gravement – en quelques siècles – la survie d'espèces qui se reproduisent lentement. John Alroy, professeur de biologie à l'université de Macquarie, en Australie, a décrit l'extinction de la mégafaune comme une « catastrophe écologique instantanée sur le plan géologique, mais trop graduelle pour que les personnes responsables s'en aperçoivent ».

Pendant ce temps, les humains ont continué à s'étendre. Les dernières grandes terres émergées à être conquises par *Homo sapiens* sont l'archipel de Nouvelle-Zélande ; les Polynésiens y arrivent vers l'an 1300, sans doute depuis les îles de la Société. À cette date, les deux îles principales de la Nouvelle-Zélande comptaient neuf espèces de moa – des oiseaux proches de l'autruche qui étaient presque aussi grands que des girafes. En quelques siècles, tous les moas avaient disparu. En l'occurrence, leur effondrement n'avait rien de mystérieux : ils ont été massacrés. Le dicton maori « *Kua ngaro I te ngaro o te moa* » signifie « perdu comme le moa a été perdu ».

Quand les Européens ont entrepris de coloniser le monde, à la fin du XVe siècle, le rythme de l'extinction s'est accéléré. Le dodo, espèce endémique de l'île Maurice, a été décrit pour la première fois par des marins néerlandais en 1598 ; dans les années 1670, il n'était plus, probablement à cause de massacres et de l'introduction d'autres espèces. Partout où passaient les Européens, ils introduisaient des rats, plus précisément *Rattus rattus*, ainsi que d'autres prédateurs comme les chats et les renards, souvent délibérément, lesquels s'en prenaient à de nombreuses espèces épargnées par les rats. Depuis que les premiers colons européens ont touché terre en Australie, en 1788, des dizaines d'animaux ont été exterminés par des espèces introduites, notamment la souris sauteuse d'Australie à grandes oreilles décimée par les chats et le lièvre-wallaby de l'Est, peut-être aussi massacré par les chats. Depuis que les Britanniques ont colonisé la Nouvelle-Zélande, vers 1800, une vingtaine d'oiseaux ont aussi disparu, notamment une espèce de manchot à aigrettes, le râle de Dieffenbach et le xénique de Lyall. Selon une étude récente parue dans la revue *Current Biology*, il faudrait 50 millions d'années d'évolution pour recouvrer la biodiversité aviaire néo-zélandaise d'avant la colonisation humaine.

Tous ces dégâts ont été provoqués par des outils relativement simples – des gourdins, des bateaux à voile, des mousquets – et quelques espèces introduites extrêmement fécondes. C'est plus tard qu'a commencé l'abattage mécanisé. À la fin du XIXe siècle, les chasseurs armés de canardières, qui pouvaient tirer près de 500 grammes de grenaille à la fois, ont réussi à éliminer la tourte voyageuse, un oiseau nord-américain qui existait autrefois par milliards. À la même époque, les chasseurs qui tiraient depuis des trains en mouvement ont failli anéantir le bison d'Amérique, une espèce autrefois si abondante que ses troupeaux étaient dits « plus denses […] que les étoiles du firmament ».

Notre arme la plus dangereuse se révélerait la modernité, assistée de son fidèle compagnon : le capitalisme tardif. Au XXe siècle, les impacts humains n'ont plus été linéaires mais exponentiels. Les décennies suivant la Seconde Guerre mondiale ont été une période de croissance inédite pour la démographie et la consommation. Entre 1945 et 2000, la population mondiale a triplé. Pendant cette même période, la consommation d'eau a quadruplé, la pêche a été multipliée par sept et l'utilisation d'engrais a été décuplée. L'essentiel de la croissance démographique a eu lieu dans les pays des Suds. L'essentiel de la consommation a eu lieu aux États-Unis et en Europe.

La « grande accélération », car c'est l'expression souvent employée, a radicalement transformé la planète. Comme l'a observé l'historien de l'environnement J.R. McNeill, rien de tout ça n'a eu lieu parce que les gens faisaient quelque chose de nouveau, c'est plutôt qu'ils ont fait tout ça à beaucoup plus grande échelle. « La différence en quantité devient quelquefois une différence de qualité, écrit McNeill dans *Du nouveau sous le soleil*. C'est le cas des changements de l'environnement au XXe siècle. » Dans les années 1900, l'agriculture – une activité humaine qui existe depuis environ 10 000 ans – occupait environ 8 millions de kilomètres carrés dans le monde. La majorité des grandes forêts européennes était rasée depuis longtemps, et les forêts et prairies des États-Unis avaient aussi disparu pour la plupart. À la fin du XXe siècle, plus de 15 millions de kilomètres carrés étaient cultivés : autrement dit, en dix décennies seulement, les humains avaient labouré autant de terres qu'au cours des dix millénaires précédents. Cette expansion est passée par l'abattage de vastes étendues des forêts tropicales amazonienne et indonésienne – des régions parmi les plus essentielles sur la liste des « zones de haute diversité biologique ». Nul ne sait combien d'espèces ont été perdues à cette occasion ; beaucoup d'entre elles ont sûrement disparu avant même d'avoir été identifiées. Parmi les animaux connus, on sait que le tigre de Java s'est éteint et que l'ara de Spix n'existe plus à l'état sauvage.

La combustion des énergies fossiles n'a pas commencé au XXe siècle ; les Chinois brûlaient du charbon à l'âge du bronze. Dans les faits, c'est bien au

XXe siècle que le problème du changement climatique a été créé. En 1900, les émissions totales de CO_2 étaient d'environ 45 milliards de tonnes. En 2000, ce chiffre avait atteint 1 000 gigatonnes et, depuis, il a atteint 1 900 gigatonnes, ce dont on ne peut que s'horrifier. Dans quelle mesure la survie de la flore et de la faune mondiales est-elle possible dans un monde qui se réchauffe rapidement ? C'est l'une des grandes questions, voire *la* grande question, de notre époque.

La majorité des espèces actuelles ont résisté à plusieurs périodes glaciaires ; elles ont manifestement survécu à des températures mondiales plus basses. Quant à savoir si elles peuvent tenir face à des températures plus élevées, ça reste à voir, car la Terre n'a pas été beaucoup plus chaude qu'aujourd'hui depuis des millions d'années. Pendant le pléistocène, même les toutes petites créatures, comme les scarabées, ont migré sur des centaines de kilomètres pour suivre l'évolution du climat. Actuellement, d'innombrables espèces se déplacent à nouveau mais, contrairement aux périodes glaciaires, leur chemin est souvent entravé par des métropoles, des autoroutes ou des exploitations de soja. « Il ne fait aucun doute que notre connaissance de leur réaction par le passé servira très peu à prédire leur réaction future face au changement climatique, car nous avons imposé des restrictions complètement nouvelles à la mobilité [des espèces], écrit Russell Coope, paléoclimatologue britannique. Nous avons modifié le terrain et les règles, pour instaurer un jeu inédit. »

Naturellement, il y a aussi de nombreuses espèces qui ne peuvent pas se déplacer. En 2014, des chercheurs australiens ont réalisé un relevé détaillé de Bramble Cay, un tout petit atoll dans le détroit de Torres. On y trouvait une espèce endémique de rongeur, une créature proche du rat, le *Melomys rubicola*, seul mammifère endémique connu de la Grande Barrière de corail. La hausse du niveau de la mer réduit la superficie de l'atoll et les chercheurs ont voulu déterminer si la bête s'y trouvait encore. Leur mission s'est révélée un échec et le gouvernement australien a déclaré l'espèce éteinte en 2019. C'était la première disparition attribuée au changement climatique, quoique de nombreuses autres ont sûrement eu lieu auparavant, sans que personne le sache.

Les récifs coralliens eux-mêmes sont éminemment vulnérables au changement climatique. Les coraux qui forment les récifs sont de minuscules animaux gélatineux ; leurs couleurs sont dues à des algues symbiotiques encore plus minuscules qui vivent dans leurs cellules. Quand la température de l'eau augmente brutalement, la relation symbiotique entre les coraux et les algues se désagrège. Les coraux expulsent les algues et deviennent blancs ; c'est le phénomène appelé « blanchissement » des coraux. Sans leurs symbiotes, les coraux sont affamés. Si l'épisode ne dure pas trop longtemps, ils peuvent recouvrer la santé, mais les températures de l'océan augmentent rapidement et ces cas de décoloration deviennent plus longs et plus fréquents. Une étude de 2020 réalisée par une équipe de chercheurs australiens a conclu que la surface des coraux sur la Grande Barrière de corail avait diminué de moitié depuis 1995. Une autre étude de 2020, réalisée par des scientifiques des États-Unis, a indiqué que depuis 1970 environ la majorité des récifs de la mer des Caraïbes sont devenus des habitats dominés par des algues et des éponges. Une étude de 2021 a averti que les récifs de l'ouest de l'océan Indien risquaient « l'effondrement écosystémique ». On estime que si les récifs succombent à un effondrement, ils emporteront avec eux des millions d'espèces.

Le dénouement de cette histoire reste, lui aussi, mystérieux. Depuis 500 millions d'années, cinq extinctions de masse ont eu lieu, dont chacune a éliminé environ trois quarts des espèces sur Terre. Les scientifiques mettent en garde contre l'avènement de la sixième extinction, la première du genre qui soit due à un agent biologique – nous. Interviendrons-nous à temps pour l'éviter ? /

La majorité des espèces actuelles ont résisté à plusieurs périodes glaciaires ; elles ont manifestement survécu à des températures mondiales plus basses. Quant à savoir si elles peuvent tenir face à des températures plus élevées, ça reste à voir.

1.5

La science n'a plus de doute

Greta Thunberg

La remarquable stabilité climatologique de l'holocène a permis à notre espèce – *Homo sapiens* – de passer du statut de chasseur-cueilleur à celui de paysan capable de cultiver la terre. L'holocène a débuté il y a environ 11 700 ans, alors que se terminait le dernier âge glaciaire. Durant cette période relativement brève, nous avons complètement transformé notre monde – « notre », pour signifier « le monde des humains ». « Notre monde » pour signifier un monde qui appartient à une espèce bien particulière, la nôtre.

Nous avons développé l'agriculture, bâti des maisons, créé des langues, l'écriture, les mathématiques, des outils, des monnaies, des religions, des armes, les arts et les structures hiérarchiques. La société humaine s'est développée à ce qui est, d'un point de vue géologique, une vitesse incroyable. Puis est survenue la Révolution industrielle, qui a marqué le début de la grande accélération. Nous sommes alors passés d'une vitesse incroyable de développement à autre chose – une dimension invraisemblable.

Si l'histoire du monde était reconstituée sur une seule année, la Révolution industrielle se serait produite environ une seconde et demie avant minuit, le soir du 31 décembre. Depuis l'apparition de la civilisation humaine, nous avons abattu la moitié des arbres de la planète, éradiqué plus des deux tiers de la vie sauvage et rempli les océans de plastique, mais aussi initié une potentielle extinction de masse et une catastrophe climatique. Nous avons commencé à déstabiliser les systèmes dont nous dépendons tous pour rester en vie. Nous sommes, en d'autres termes, en train de scier la branche sur laquelle nous sommes assis.

Pourtant, la très grande majorité d'entre nous n'est toujours pas tout à fait consciente de ce qui se passe et beaucoup semblent tout simplement ne pas s'en préoccuper. Cela s'explique par de nombreux facteurs, qui seront pour beaucoup explorés dans ce livre. L'un d'entre eux s'appelle « le syndrome de la référence changeante » ou « l'amnésie générationnelle », qui fait référence à la manière dont nous nous accommodons à de nouvelles réalités et commençons à voir le monde sous une perspective différente. Un échangeur autoroutier à huit voies, qui aurait probablement été inimaginable pour mes arrière-grands-parents, est aux yeux de ma génération complètement normal. Pour certains, cela paraît même naturel, sûr et rassurant, selon les circonstances. Les lumières au loin d'une mégalopole, une raffinerie de pétrole scintillant au bord d'une autoroute plongée dans le noir, les pistes d'aéroport qui illuminent le ciel nocturne sont des paysages auxquels nous sommes tellement habitués que leur absence semblerait étrange à beaucoup d'entre nous.

Il en va de même du confort que certains trouvent dans la surconsommation, entre autres choses. Ce qui était autrefois impensable peut très vite devenir un élément naturel – irremplaçable même – de nos vies quotidiennes. À mesure que nous nous éloignons de la nature, il devient de plus en plus compliqué de nous rappeler que nous en faisons partie. Nous sommes, après tout, une espèce animale parmi d'autres. Nous ne nous situons pas au-dessus des autres éléments qui composent la Terre. Nous en sommes dépendants. Nous ne sommes pas propriétaires de cette planète, pas plus que ne le sont les grenouilles ou les scarabées, les chevreuils ou les rhinocéros. Ce n'est pas notre monde, ainsi que nous le rappelle Peter Brannen dans sa contribution.

La crise climatique et écologique qui s'accélère rapidement est une crise globale : elle affecte l'ensemble des êtres vivants. Mais affirmer que la totalité de l'humanité est responsable de tout cela est très, très loin de la vérité. La plupart des gens aujourd'hui vivent tout à fait dans les limites que nous impose la planète. Seule une minorité d'entre nous est à l'origine de la crise et continue de l'aggraver. C'est la raison pour laquelle l'argument populaire qui dit que « nous sommes trop nombreux » est en réalité très trompeur. La démographie est un élément important, mais ce ne sont pas les *humains* qui provoquent des émissions de gaz à effet de serre et épuisent la Terre, c'est ce que font *certains* humains – ce sont les habitudes et les comportements de certains, associés aux structures économiques qui engendrent la catastrophe.

La Révolution industrielle, alimentée par l'esclavage et la colonisation, a généré pour les pays des Nords une richesse inimaginable, plus particulièrement en faveur d'une petite minorité de personnes en leur sein. Cette injustice extrême est la base sur laquelle nos sociétés modernes sont construites. C'est là le cœur du problème. *Ce sont les souffrances de beaucoup qui ont financé les bénéfices de quelques-uns.* Leur fortune avait un prix – l'oppression, le génocide, la destruction écologique et l'instabilité climatologique. La facture pour toutes ces destructions n'a pas encore été réglée. À dire vrai, elle n'a même pas été calculée ; l'addition n'a pas été faite.

Alors pourquoi est-ce important ? Face à l'urgence à laquelle nous sommes confrontés, pourquoi ne pas tirer un trait sur le passé et aller de l'avant, trouver des solutions à nos problèmes actuels ? Pourquoi compliquer encore la donne en remettant sur la table certaines des questions les plus complexes de l'histoire de l'humanité ? En réalité, cette crise ne se limite pas à ce qui se passe ici et aujourd'hui. La crise climatique et écologique est une crise cumulative qui remonte jusqu'à la colonisation et au-delà. C'est une crise qui repose sur l'idée que certaines personnes valent plus que d'autres et qu'elles ont donc le droit de voler les terres, les ressources, les conditions de vie futures – des vies, même. Et cela se poursuit, encore aujourd'hui.

Environ 90 % des émissions de CO_2 qui constituent la totalité de notre budget carbone sont déjà dans l'atmosphère – le budget carbone étant la quantité maximale de dioxyde de carbone que nous pouvons collectivement émettre pour donner au monde une chance de 67 % de rester en deçà de 1,5 °C de hausse des températures mondiale. Ce dioxyde de carbone a déjà été injecté dans l'atmosphère ou dans les océans, où il va perdurer, modifiant l'équilibre délicat de la biosphère pour les siècles à venir – sans parler du risque de franchir de nombreux seuils de rupture et de déclencher des boucles de rétroaction sur la même période. Le budget du CO_2 restant que nous pouvons encore émettre tout en parvenant à atteindre les objectifs convenus est presque entièrement épuisé – mais beaucoup de pays à bas ou moyen revenu n'ont pas encore construit les infrastructures sur lesquelles reposent la richesse et le bien-être des pays à plus haut revenu ; des émissions de CO_2 significatives sont donc à attendre dès lors qu'ils s'y atteleront. Les 90 % de CO_2 déjà émis devraient de toute évidence se trouver au centre des négociations climat, ou tout au moins avoir un effet sur le discours climatique global. Cependant, c'est le contraire qui est en train de se produire. Notre dette historique – entre autres aspects cruciaux – est complètement ignorée par les nations des Nords.

Certains arguent que tout cela remonte à si loin, que les gens au pouvoir n'étaient pas conscients des problèmes lorsqu'ils construisaient nos systèmes énergétiques et commençaient à produire en masse tous nos biens de consommation. Pourtant ils en étaient bel et bien conscients, comme le montre Naomi Oreskes dans son essai. Les preuves confirment clairement que les principales compagnies pétrolières comme Shell et ExxonMobil n'ignorent rien des conséquences de leurs actions depuis au moins quatre décennies, de même que les nations du monde, comme l'explique Michael Oppenheimer. Néanmoins, le fait est que plus de 50 % de toutes les émissions de dioxyde de carbone anthropique (causées par l'humain) jamais rejetées l'ont été depuis que le Groupe d'experts intergouvernemental sur l'évolution du climat (GIEC) a été fondé et depuis que l'ONU a organisé le sommet de la Terre à Rio de Janeiro en 1992. Ils savaient. Le monde savait.

Les problèmes sont en réalité tout noirs ou tout blancs. Certains disent qu'il existe de nombreuses teintes entre les deux, que les choses sont compliquées et les réponses jamais simples. Mais je le redis, de nombreux problèmes sont tout blancs ou tout noirs. Soit vous tombez d'une falaise, soit vous ne tombez pas. Soit nous sommes vivants, soit nous sommes morts. Soit tous les citoyens ont le droit de vote, soit non. Soit les femmes reçoivent les mêmes droits que les hommes, soit non. Soit nous restons sous les objectifs fixés par l'accord de Paris et évitons ainsi les pires risques de déclencher des changements irréversibles et incontrôlables par l'homme, soit non.

On ne peut pas faire plus manichéen. En matière de crise climatique et écologique, nous avons des preuves scientifiques solides, catégoriques, qui pointent la nécessité du changement. Problème : tout indique que les meilleures connaissances scientifiques disponibles sont en contradiction complète avec notre système économique actuel et avec le style de vie que beaucoup, dans les pays des Nords, considèrent comme un droit. Les limites et les restrictions ne sont pas les synonymes exacts du néolibéralisme ou de la culture occidentale moderne. Il suffit de regarder comment certaines régions du monde ont réagi à la pandémie de Covid-19.

Vous pourrez bien sûr objecter qu'il existe différents points de vue et opinions scientifiques ; que les scientifiques ne sont pas tous d'accord entre eux. Et c'est vrai : les chercheurs consacrent énormément de temps à débattre des différents aspects de leurs résultats – c'est ainsi que fonctionne la science. Cet argument peut être utilisé dans d'innombrables sujets de discussion, cependant il ne peut plus l'être dans le cadre de la crise climatique. Cela au moins est derrière nous. La science n'a plus de doute.

Reste, surtout, la tactique : comment présenter et transmettre l'information. Jusqu'où les scientifiques oseront-ils déranger ? Devraient-ils applaudir les propositions inadéquates des politiciens parce que c'est mieux que rien et que cela les aidera à garder ou à obtenir un siège à la table ? Ou bien les chercheurs, au risque d'être traités d'alarmistes, doivent-ils dire les choses telles qu'elles sont, même si cela peut générer, parmi la population, un sentiment de plus en plus grand de défaite et d'apathie ? Doivent-ils poursuivre leur approche positive, pleine d'espoir, du « verre à moitié plein » ou bien se débarrasser des tactiques de communication pour se concentrer sur l'énonciation des faits ? Ou un peu des deux peut-être ?

Un élément clivant, aujourd'hui, consiste à déterminer s'il faut inclure l'équité et les émissions historiques dans les discussions sur les actions nécessaires pour s'atteler à régler la crise environnementale. Ces chiffres n'étant jamais comptabilisés dans nos cadres de discussion internationaux, il est, c'est certain, tentant de les ignorer, puisqu'ils ne feront que noircir un message déjà bien sombre. De plus, ceux qui tentent d'avoir une vision globale des choses et qui en tiennent compte semblent bien plus alarmistes que leurs collègues, ce qui est un gros problème. Par exemple, la perspective que des pays des Nords tel que l'Espagne, les États-Unis ou la France atteignent zéro émission nette d'ici l'année 2050 semble complètement inadéquate dès lors qu'on prend en compte les facteurs de l'équité et les émissions historiques. Mais imaginons que vous êtes un scientifique américain, que vous souhaitez toucher le plus vaste public possible dans votre pays, vous aurez probablement tendance à ne pas souligner que le net zéro d'ici 2050 est en réalité totalement insuffisant. L'idée d'atteindre zéro émission nette en trois décennies est d'ores et déjà considérée comme extrêmement radicale aux États-Unis. Cette tactique est parfaitement logique. Mais voilà, pour que l'accord de Paris fonctionne à l'échelle de la planète, nous devons inclure l'équité et les émissions historiques. On ne peut pas faire autrement. Et ce n'est pas comme si nous avions le temps de dérouler tout doucement notre conversation à ce sujet.

Nous avons parcouru un long chemin depuis nos ancêtres chasseurs-cueilleurs. Mais nos instincts n'ont pas eu le temps de suivre le rythme. Ils continuent de fonctionner largement comme ils le faisaient il y a 50 000 ans, dans un autre monde, bien avant que nous ayons créé l'agriculture, les maisons, Netflix et les supermarchés. Nous sommes conçus pour une réalité complètement différente et nos cerveaux ont du mal à réagir à des menaces qui ne sont pas, pour la plupart d'entre nous, immédiates et soudaines – des menaces comme la crise climatique et écologique. Des menaces que nous ne parvenons pas à voir clairement parce qu'elles sont trop complexes, parce qu'elles évoluent trop lentement et trop loin.

L'évolution d'*Homo sapiens*, d'une perspective géologique plus large, s'est produite à la vitesse de la lumière. Est-ce cela qui revient nous hanter ? Nos fondations ont-elles été dès le départ bâties sur un sol instable, des dizaines de milliers d'années avant le début de la Révolution industrielle ? Étions-nous trop doués en tant qu'espèce ? Trop supérieurs pour notre propre bien ? Ou pouvons-nous changer ? Serons-nous capables d'utiliser nos talents, nos connaissances, notre technologie afin de créer un changement culturel à temps pour éviter une catastrophe climatique et écologique ? Nous en sommes clairement capables. Reste à savoir si nous le ferons ; cela dépend entièrement de nous. /

Si l'histoire du monde
était reconstituée
sous la forme d'une seule
année, la Révolution industrielle
se serait produite environ
une seconde et demie avant
minuit, le soir du 31 décembre.

1.6

La découverte du changement climatique

Michael Oppenheimer

Au début, c'était une curiosité scientifique plutôt qu'un problème. Svante Arrhenius, un chimiste suédois, n'a manifesté aucune inquiétude en 1896, à la parution de sa prédiction, aujourd'hui célèbre : l'émission dans l'atmosphère de CO_2, issu de la combustion du charbon, pousserait progressivement l'humanité à réchauffer la Terre de plusieurs degrés. Ses conclusions ont été négligées presque universellement jusque dans les années 1950, quand une poignée de scientifiques ont noté que ce réchauffement risquait d'avoir des conséquences catastrophiques. Dix ans plus tard, un jeune météorologue, Syukuro Manabe, mettait au point les premières simulations informatiques du climat[1] ; sa prédiction du réchauffement terrestre a révélé qu'Arrhenius ne s'était pas trompé. À la suite de Manabe, une nouvelle vague de travaux scientifiques ont esquissé les contours d'impacts de plus en plus graves. À la fin des années 1970, un consensus scientifique avait émergé quant à l'ampleur du réchauffement si la concentration de CO_2 doublait dans l'atmosphère. J'étais étudiant de master en physique-chimie quand j'ai lu pour la première fois

1. En 2021, cet accomplissement a valu à Manabe le prix Nobel de physique.

l'expression « effet de serre » dans la revue *Technology Review*, en 1969, et l'idée que les êtres humains puissent finir par contrôler le climat de la Terre m'a fichu la trouille. Peu à peu, j'ai compris que je pouvais aborder cette inquiétude de manière constructive et contribuer à la résolution du problème si j'associais mon intérêt pour la vie politique et mes connaissances sur l'atmosphère terrestre. J'ai rejoint les scientifiques, de plus en plus nombreux, qui ont sonné l'alarme tout au long des années 1980. Seuls quelques décideurs tendaient l'oreille à l'époque, mais aujourd'hui le réchauffement ne peut plus être mis en sourdine.

Les grands principes de la physique qui sous-tendent l'effet de serre et les origines du réchauffement climatique sont plus manifestes aujourd'hui qu'il y a cent ans. Les gaz qui composent l'atmosphère, principalement de l'azote et de l'oxygène, laissent pour ainsi dire passer les rayons solaires, c'est pourquoi ceux-ci la traversent et réchauffent la surface de la Terre.

En se réchauffant, la Terre renvoie la chaleur vers l'espace sous forme de rayonnement infrarouge. Toutefois, de la vapeur d'eau et quelques résidus d'autres gaz atmosphériques, notamment le CO_2, absorbent ou piègent l'essentiel de ce rayonnement infrarouge, dont une partie est renvoyée vers la surface terrestre, ce qui augmente la température.

Ce sont les gaz à effet de serre, qui tirent leur nom de leur aptitude à piéger la chaleur, tout comme le verre d'une serre y maintient une température élevée même les jours les plus frais, ce qui permet aux plantes de s'y plaire. Sans ces gaz, la chaleur qui émane de la surface terrestre serait diffusée dans l'espace et il ferait en moyenne 33 °C de moins sur la planète. L'effet de serre de notre atmosphère maintient la planète dans une fourchette de températures qui convient au vivant, notamment à l'évolution des êtres humains et d'autres espèces.

Ce phénomène est resté stable pendant des milliers d'années, jusqu'au début de l'industrialisation généralisée, au XIXe siècle. Les combustibles fossiles qui ont alimenté la société industrielle – le charbon, le pétrole et le gaz naturel – sont les vestiges de matière végétale carbonée enterrée il y a des millions d'années. Ces combustibles ont été déterrés par extraction minière ou par forage afin d'alimenter nos usines, centrales électriques, automobiles, tracteurs, navires et avions, mais aussi pour chauffer nos lieux de vie et de travail. La combustion d'énergie fossile libère des dizaines de milliards de tonnes de CO_2 chaque année.

L'agriculture, notamment l'élevage de bétail, a aussi entraîné une hausse des émissions de méthane et de protoxyde d'azote : ce sont des gaz à effet de serre qui, par molécule, ont un effet plus prononcé sur le réchauffement que le CO_2. Le forage et l'acheminement du gaz naturel a fait s'échapper d'autant plus de méthane dans l'air. La déforestation généralisée et d'autres modifications de l'occupation des sols sont des sources supplémentaires de CO_2 et d'autres gaz à effet de serre. En raison de ces activités humaines, la concentration de CO_2 dans l'atmosphère est aujourd'hui 50 % plus élevée qu'à l'époque préindustrielle.

Les gaz à effet de serre qui, par centaines de milliards de tonnes, ont déjà été injectés dans l'atmosphère auraient en eux-mêmes un effet relativement modeste sur la température de la Terre, mais c'est compter sans les boucles de rétroaction qui ont intensifié le phénomène. Le réchauffement accentue l'évaporation à la surface des océans d'une plus grande quantité de vapeur d'eau contenant des gaz à effet de serre, qui accélèrent le réchauffement. La glace de mer de l'Arctique a fondu, ce qui accroît la quantité de lumière qui est absorbée par la surface océanique, au lieu d'être reflétée par la banquise et renvoyée dans l'espace ; le réchauffement est ainsi d'autant plus rapide. Les nuages piègent la chaleur et reflètent la lumière du soleil vers la Terre, avec pour effet des changements de nébulosité, conséquence supplémentaire qui, à son tour, réchauffe la Terre. À elles toutes, ces boucles de rétroaction triplent la vitesse du réchauffement tel qu'il se produirait sans ces phénomènes.

Si l'accumulation de CO_2 dans l'atmosphère est si préoccupante, c'est que cet excédent ne peut être éliminé définitivement de l'atmosphère que par un seul processus qui prend plusieurs siècles : la dissolution dans les océans. Certains spécialistes explorent des pistes afin d'accélérer artificiellement cette extraction, mais il n'existe actuellement aucune technologie qui soit efficace et abordable.

Au même titre que les principaux mécanismes physiques, l'ambition des mesures à prendre pour lutter contre le réchauffement ainsi que la nécessité d'agir au plus tôt étaient connues dès les années 1990. Pourquoi tant d'inaction pendant des décennies ? Force est de constater qu'en dépit du consensus scientifique il s'est révélé extrêmement difficile de sensibiliser la classe politique à la gravité de la situation.

En 1981, quand j'étais scientifique à l'ONG appelée Environmental Defense Fund, j'ai commencé à travailler avec des confrères et consœurs écologistes, ainsi que des scientifiques et quelques gouvernements intéressés par la question, afin de la faire connaître du grand public et des élus. Malgré tout, la majorité des gouvernements pensaient à l'époque que, l'impact du réchauffement n'étant pas encore manifeste, il n'était pas nécessaire d'agir – même si les connaissances scientifiques et le coût potentiel de l'inaction étaient de plus en plus indéniables.

En 1986, j'ai été auditionné par une commission sénatoriale des États-Unis et j'ai observé un parterre de fonctionnaires s'exprimer avant moi ; la majorité d'entre eux étaient incultes, indifférents et insensibles à toute forme de stratégie coordonnée visant à ralentir la concentration de gaz à effet de serre. J'ai tenté de décrire très clairement les enjeux face aux personnalités politiques et à la population, afin de montrer que « ce problème, s'il n'est pas maîtrisé, finira par prendre le pas sur tous les autres, par l'ampleur de son effet sur l'environnement. [...] La viabilité de nombreux écosystèmes est en jeu, voire la viabilité de la civilisation telle que nous la connaissons. » Au sujet de la persistance du CO_2, j'ai noté que ce problème était distinct de la pollution atmosphérique et qu'il n'était pas raisonnable d'attendre l'apparition des conséquences pour agir et enrayer les émissions, car plus tard les conséquences seraient trop graves.

Deux ans après, alors qu'une canicule frappait l'est des États-Unis, j'ai été invité à témoigner devant une autre commission sénatoriale aux côtés de Syukuro Manabe, de l'Administration américaine pour les océans et l'atmosphère (NOAA), et de James Hansen, de la NASA, qui ce jour-là a prononcé son célèbre discours : « L'effet de serre a été détecté et il change notre climat dès aujourd'hui. » Mon audition portait sur les conclusions d'une conférence scientifique internationale que j'avais co-organisée sous les auspices des Nations unies : il en ressortait que le problème du changement climatique provoqué par les humains devait être résolu et les scientifiques formulaient des recommandations stratégiques pour limiter à l'avenir les émissions de gaz à effet de serre.

Ce jour de 1988, j'ai souligné plusieurs conclusions saisissantes, notamment que pour ramener le réchauffement à un rythme raisonnable, et ainsi stabiliser l'atmosphère, il fallait réduire les émissions de combustibles fossiles « de 60 % par rapport aux concentrations actuelles, en sus de réductions comparables pour les autres gaz à effet de serre. Dans la mesure où les émissions risquent de doubler ces quarante prochaines années, si l'on en croit les scénarios sans action climatique, nous sommes face à une mission herculéenne. »

Les chiffres ci-dessus, tirés du rapport de la conférence, sont aujourd'hui caducs, car rien ou presque n'a été fait pour enrayer les émissions, c'est pourquoi ces objectifs sont bien plus modestes que les réductions actuellement requises. Si les pays du monde entier, en particulier les pays riches de l'hémisphère Nord, s'étaient concertés et avaient agi à l'époque, nous serions en bien meilleure posture pour atténuer la crise climatique, au lieu de subir la myriade de catastrophes actuelle.

C'est aussi en 1988 qu'a été créé sous la houlette des Nations unies le Groupe d'experts intergouvernemental sur l'évolution du climat (GIEC), qui a mis en commun le travail de milliers de scientifiques du monde entier pour faire un état des lieux sur le climat et trouver des solutions. C'était une initiative inédite des chefs d'État et de gouvernement, afin de pousser la communauté scientifique à se tourner vers l'avenir et à évaluer les dégâts environnementaux qui guettaient la société humaine et les écosystèmes. J'ai participé au premier rapport d'évaluation du GIEC, paru en 1990, et aux cinq autres depuis.

Une compétition avait commencé entre l'accumulation irréversible du CO_2 et les actions décousues des gouvernements en vue d'atteindre la neutralité carbone. Dans la communauté scientifique et écologique, de nombreux collègues et moi comprenions qu'à court terme les pays seraient frappés par des phénomènes météorologiques extrêmes, déclenchés ou exacerbés par le changement climatique, notamment une aggravation des sécheresses, des ouragans et des canicules. Notre objectif était de pousser les nations à agir avant toute conséquence meurtrière et destructrice de la démesure climatique, telle qu'elle était annoncée par les analyses scientifiques. Nous avons manifestement perdu cette compétition.

Les mesures d'atténuation que nous avons prises étaient trop modestes et trop lentes. Les pays ont certes signé la convention-cadre des Nations unies sur les changements climatiques, lors du sommet de la Terre à Rio de Janeiro, en 1992. Ce traité visait à ramener les émissions de gaz à effet de serre aux niveaux de 1990 à l'horizon de l'an 2000, mais il ne s'est pas donné les moyens de ses ambitions, car les objectifs n'étaient pas contraignants. La participation des États-Unis était remarquable et de nature à nous rendre optimistes, car le pays était à l'époque responsable de la majorité des émissions mondiales de CO_2. Le Congrès des États-Unis a ratifié l'accord et l'élection de Bill Clinton à la Maison-Blanche, cette année-là, semblait un signe encourageant pour l'action climatique. Malgré tout, quand le nouveau président a voulu mettre en place une taxe sur l'énergie, première mesure incontournable pour limiter les émissions, le Congrès lui a opposé une résistance virulente et il a renoncé. Les taxes sont un sujet explosif en politique américaine et, là-bas, les taxes carbone ne sont toujours pas pour demain.

La communauté internationale, reconnaissant que les avancées ne permettraient pas d'atteindre les objectifs de la convention-cadre, s'est de nouveau réunie en 1997 à Kyoto afin de s'entendre sur des réductions contraignantes à l'attention des pays développés. Toutefois, comme pour la convention-cadre, le protocole de Kyoto n'a pas exigé que les pays en développement réduisent leurs émissions – un obstacle indéniable puisque les émissions de la Chine étaient sur le point d'exploser et que d'autres pays en développement suivraient à terme ce même chemin.

Les États-Unis n'ont jamais ratifié le protocole de Kyoto et, en 2001, George W. Bush a retiré les États-Unis des pays signataires après son élection à la Maison-Blanche. La science a perdu la bataille en raison de l'influence politique des entreprises qui produisent les énergies fossiles et de celles qui en consomment beaucoup. Nombre de ces entreprises et de leurs associations professionnelles ont créé des campagnes efficaces de désinformation, faisant intervenir de supposés think tanks, tandis que certains dirigeants politiques dans les régions qui exploitaient des énergies fossiles ont déformé les données scientifiques, voire diffusé de grossiers mensonges. Dans la mesure où les intérêts privés entretenaient dans la sphère publique un brouillard de tromperies, il était très facile pour la population de négliger les risques.

L'Europe a été moins distraite et divisée par les campagnes de désinformation des grands groupes énergétiques et elle a très tôt été cheffe de file mondiale en matière climatique. La Première ministre britannique, Margaret Thatcher, qui avait été chercheuse en chimie, respectait les avertissements de la science. Motivée par sa détermination à briser les syndicats de mineurs, elle avait soutenu en 1989 la négociation de la convention-cadre des Nations unies. En Allemagne, qui figurait aussi parmi les principaux pollueurs européens, les Verts ont gagné du terrain dès le milieu des années 1980, ce qui a poussé les deux principaux partis allemands à adopter des objectifs écologiques et énergétiques, qu'Angela Merkel, ancienne chimiste elle aussi, s'est employée à mettre en œuvre à son arrivée au pouvoir, en 2005. Ainsi, quand les États-Unis se sont mis en retrait de la question climatique, l'Union européenne, menée par le Royaume-Uni, l'Allemagne, les Pays-Bas et ses États membres scandinaves, a partiellement comblé ce vide et encouragé une action mondiale. Grâce à la réunification allemande et à la forte chute des émissions dans l'ex-RDA et dans les États de l'ancien bloc soviétique, l'UE a tenu ses engagements pris à Kyoto.

D'autres pays développés, en particulier le Canada et l'Australie, se sont attachés en façade aux engagements de Kyoto mais, sous l'influence de leurs régions qui exploitent des énergies fossiles, n'ont rien fait ou presque pour réduire leurs émissions.

En 2014, la Chine et les États-Unis ont proposé conjointement des objectifs nationaux qui ont ouvert la voie à l'accord de Paris, négocié l'année suivante. L'accord de Paris a fait date à certains égards, mais il s'est révélé peu efficace, car la Chine – et maintenant l'Inde – enregistre de fortes hausses de ses émissions et son économie est encore très dépendante du charbon. La Chine a de nombreuses raisons de persévérer dans ses engagements climatiques : le pays doit atténuer la pollution atmosphérique de toute urgence et enregistrera d'immenses bénéfices en vendant des panneaux photovoltaïques, des éoliennes et des voitures électriques au reste du monde. Malgré tout, les dirigeants chinois s'opposent à toute réelle transparence en ce qui concerne la

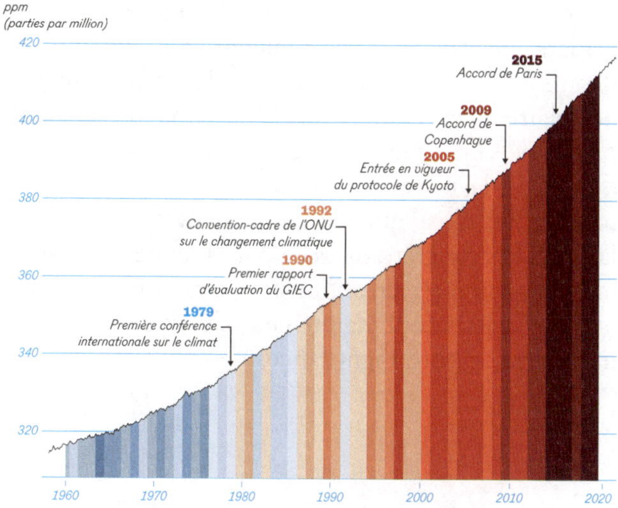

Figure 1 : Évolution de la concentration atmosphérique mondiale de CO_2 au fil des ans. On observe un pic de la concentration de CO_2 dans notre atmosphère et des températures moyennes mondiales en dépit des conférences internationales sur le climat et des accords internationaux visant à réduire les émissions.

surveillance, l'établissement de rapports et la vérification de leurs engagements au titre de l'accord de Paris, et tant qu'ils garderont cette posture ils ne pourront pas être considérés comme des exemples de leadership responsable.

Nous avons perdu une course essentielle – celle qui devait empêcher les impacts néfastes – mais aujourd'hui, face à l'accélération du réchauffement, nous nous trouvons sur la ligne de départ d'une seconde course : elle vise à atténuer les effets de la crise climatique et à conserver une planète habitable. S'adapter à cette nouvelle étape exigera des leaders émergents qu'ils tiennent tête aux intérêts des géants des combustibles fossiles et à la myopie populaire – ce à quoi ma génération n'est jamais parvenue. Les progrès technologiques en matière d'énergie, la prise de conscience face à cette crise indéniable, ainsi que l'admirable détermination et la pression concrète exercée par la jeune génération me poussent à rester optimiste. Ce ne sera pas facile, mais les enjeux sont maintenant flagrants et personne ne pourra feindre l'ignorance. /

1.7

Pourquoi n'ont-ils rien fait ?

Naomi Oreskes

« **Pourquoi les gens n'ont-ils rien fait** pour arrêter la crise climatique, alors qu'ils étaient au courant depuis des décennies ? » Quand les futurs historiens poseront cette question, une grande partie de la réponse s'attardera sur le déni et l'obstruction dont s'est rendue coupable l'industrie des énergies fossiles, mais aussi sur l'attitude des puissants et des privilégiés, qui refusent d'admettre que le changement climatique est le symptôme d'un système économique en panne.

Les scientifiques, les journalistes et les militants ont recensé les nombreuses méthodes de désinformation sur le changement climatique déployées par l'industrie des énergies fossiles pour empêcher toute action. Ce recensement porte en particulier sur le géant du secteur ExxonMobil. Dans les années 1970 et 1980, les scientifiques d'Exxon ont fait savoir à leur hiérarchie que leurs produits risquaient d'entraîner des changements climatiques. Ça n'a pas empêché l'entreprise, à partir des années 1990, de diffuser l'idée d'une forte incertitude scientifique. Ils ont avancé qu'agir au niveau de l'État était prématuré, voire superflu. ExxonMobil était le rouage clé d'un réseau parfois appelé le « complexe de combustion de CO_2 », dans lequel on trouvait les exploitants de charbon, les constructeurs automobiles, les producteurs d'aluminium et d'autres entreprises qui s'enrichissaient grâce au bas prix des énergies fossiles.

Au moyen de publicités, de campagnes de communication, de rapports achetés auprès de « spécialistes sur commande », entre autres, ce complexe a délibérément semé la confusion sur la crise climatique. Nombre des stratégies et tactiques ont été directement empruntées à l'industrie du tabac : trier sur le volet et manipuler les données scientifiques ; promouvoir des scientifiques marginaux pour donner l'impression d'un débat scientifique alors que le sujet était consensuel ou presque ; financer des travaux visant à détourner l'attention des principales causes du changement climatique ; contester la crédibilité des climatologues ; et diffuser une fausse image de l'industrie des énergies fossiles en affirmant qu'elle soutenait « des données scientifiques solides » alors qu'elle protégeait son chiffre d'affaires. Ce secteur a également fait diversion en martelant que les citoyens devaient « prendre leurs responsabilités » et faire baisser leur « empreinte carbone ».

L'industrie des énergies fossiles a travaillé en tandem avec un réseau de think tanks néolibéraux, libertariens et conservateurs qui ont relayé et amplifié le climatoscepticisme. Certains de ces organismes étaient indépendants, comme le CATO Institute, aux États-Unis, et l'Institute for Economic Affairs, au Royaume-Uni ; leurs engagements idéologiques en faveur du laisser-faire économique les rendaient hostiles à toute intervention de l'État. (Souvent, ces groupes s'inspiraient des cigarettiers en affirmant que la lutte contre la crise climatique serait une entrave à la liberté.) D'autres organismes étaient des coquilles vides, comme la Global Climate Coalition, menée par Mobil, et le groupe des « Citoyens éclairés pour l'environnement », fondé par des producteurs de charbon implantés aux États-Unis. En 2006, la Royal Society britannique, l'une des plus anciennes et vénérables sociétés scientifiques honorifiques du Royaume-Uni, a identifié trente-neuf organisations financées par ExxonMobil qui niaient ou déformaient les données scientifiques sur le climat.

L'industrie des énergies fossiles et ses alliés ont agi indirectement pour empêcher toute action climatique en empoisonnant le débat public, mais ils ont aussi agi directement quand les États semblaient sur le point de prendre des mesures concrètes. Citons, aux États-Unis, la loi de 2009 sur la sécurité et les énergies propres, qui aurait créé des quotas d'émissions afin de réduire celles des gaz à effet de serre. Tout était bien engagé jusqu'à ce que la chambre américaine de commerce, les compagnies d'électricité, les groupes pétroliers et gaziers, les associations professionnelles du secteur et des think tanks fassent un travail féroce de pression contre le projet de loi, ce qui a permis de le faire échouer. Entre 2000 et 2016, pour soutenir les intérêts liés aux énergies fossiles en bloquant la lutte climatique, auraient été dépensés, aux États-Unis uniquement, près de deux milliards de dollars.

La désinformation, les diversions et le lobbying menés par le secteur ont été encouragés par les vœux pieux de certains, qui admettaient que le gaz naturel était une « énergie de transition », qui ont rechigné à reconnaître la malfaisance du secteur et maintenu qu'il fallait encourager « la participation du privé ». L'un des exemples les plus remarquables concerne l'université de Harvard. En 2021, l'université a annoncé qu'elle renonçait à sa dotation tirée de ses parts dans le secteur des énergies fossiles. Pendant de nombreuses années, les dirigeants de Harvard avaient refusé de critiquer cette industrie, faisant valoir qu'ils ne pouvaient pas « risquer de se mettre à dos et de diaboliser d'éventuels partenaires ». Pourtant, nombre de ces « partenaires » avaient diabolisé les climatologues et les écologistes, et nui à des milliards de personnes dans le monde.

La majorité des économistes reconnaissent aujourd'hui que le changement climatique est un dysfonctionnement du marché, mais seuls quelques-uns l'inscrivent dans le cadre plus général de la destruction environnementale que les scientifiques appellent la grande accélération. Le capitalisme, tel qu'il est actuellement mis en œuvre, menace l'existence de millions d'espèces sur Terre, ainsi que la santé et le bien-être de milliards d'humains. Il menace également la prospérité qu'il était censé créer. En contestant deux cent cinquante ans de pensée économique dominante, la crise climatique a montré que la course effrénée aux intérêts individuels n'était pas favorable au bien collectif. Elle montre, pour reprendre les termes de l'économiste Joseph Stiglitz, que la main invisible d'Adam Smith – l'idée que l'économie de marché mène à l'efficacité comme si ces marchés étaient guidés consciemment – est invisible « car elle n'existe pas ». Et elle montre, pour reprendre les termes du pape François, que « les produits technologiques ne sont pas neutres, car ils créent un cadre qui conditionne à terme les modes de vie et influence les possibilités sociales conformément aux doctrines dictées par les intérêts de certains groupes puissants ».

Ce sont là de lourdes conclusions à accepter. Personne ne veut admettre qu'il a été dupé par la désinformation ou aveuglé par un mythe, et les privilégiés examinent rarement l'origine de leur privilège. Ainsi, encore aujourd'hui, beaucoup de gens qui ne sont pas nécessairement « climatosceptiques » résistent aux mesures concrètes. Ils refusent de reconnaître tout l'échec de nos systèmes économiques et ils nient l'ampleur des dégâts provoqués par la désinformation du secteur des énergies fossiles. /

Les puissants et les privilégiés refusent d'admettre que le changement climatique est le symptôme d'un système économique en panne.

1.8

Points de bascule et boucles de rétroaction

Johan Rockström

La science a maintenant établi que la Terre était entrée dans une nouvelle ère géologique, l'anthropocène. À ce titre, la mondialisation constitue le principal moteur des transformations planétaires. La quantité de CO_2 émise jusqu'à présent en raison de la combustion d'énergies fossiles (environ 500 milliards de tonnes) et la destruction environnementale que nous provoquons suffisent à influencer le destin de notre planète pour les cinq cent mille prochaines années. Nous sommes aux commandes, responsables de l'état futur de notre maison – la Terre. Nous avons amorcé l'anthropocène dans les années 1950, quand notre économie industrialisée alimentée aux combustibles fossiles s'est réellement mondialisée, entraînant de multiples pics « en crosse de hockey », conséquence des pressions humaines qui s'accroissent. La grande accélération est une réalité : c'est une hausse soutenue des émissions de gaz à effet de serre, de l'utilisation d'engrais, de la consommation d'eau, de la pêche dans les océans et de la dégradation de la biosphère terrestre, parmi tant d'autres indicateurs (fig. 1).

Le drame ne se limite pas toutefois à cet aperçu, qui a pourtant de quoi stupéfier. Nous ne nous sommes pas contentés de déclencher une ère géologique complètement inédite. Nous sommes au cœur de l'anthropocène et notre planète avertit qu'elle ne peut plus supporter davantage d'agressions humaines. Après soixante-dix ans environ, il est indéniable que le système terrestre semble à bout de forces, il semble perdre son aptitude biophysique à encaisser et à atténuer les pressions, le stress et la pollution que nous lui imposons.

La communauté scientifique doit maintenant déterminer si nous risquons de déstabiliser le système terrestre tout entier, c'est-à-dire pousser les systèmes et mécanismes biophysiques – les calottes glaciaires, les forêts et la circulation thermohaline – au-delà du point de non-retour, après quoi les boucles de rétroaction ne permettent plus de rafraîchir et d'atténuer. Au contraire, elles réchauffent et accentuent, ce qui pourrait aboutir à la fin définitive de l'état interglaciaire de la planète – l'holocène –, dont la stabilité a favorisé l'émergence des civilisations humaines il y a environ 10 000 ans et dont nous restons complètement dépendants.

Nous avons donc atteint un seuil critique, nous sommes à la croisée des chemins. Nous sommes dans l'anthropocène et les signes de basculement irréversible se multiplient. Malgré tout, le système terrestre, s'il affiche des indices inquiétants de déstabilisation, reste dans un état interglaciaire proche de l'holocène. Ça peut paraître étrange, mais c'est pour cette raison que l'espoir est encore permis. Si l'holocène est un état de la planète (une période interglaciaire qui présente deux calottes permanentes en Arctique et en Antarctique), l'anthropocène est, à ce jour, « seulement » une trajectoire : un éloignement de l'holocène mais pas encore un état à part entière.

Tout n'est pas perdu, mais l'espoir est faible. À 1,1 °C de réchauffement mondial (en 2021), nous avons dépassé le record de température moyenne à la surface de la Terre depuis la fin de la dernière ère glaciaire. Nous sortons de l'état interglaciaire confortable, soit une fourchette de températures qui est compatible avec la vie et restait stable à plus ou moins 1 °C. L'immense défi qui nous attend exige d'interrompre notre trajectoire actuelle pour empêcher que l'anthropocène devienne un nouvel état chaud qui s'autorenforce. Le seul moyen d'accomplir cette mission humaine est de ne pas franchir les points de non-retour du système terrestre qui régulent le climat et la biosphère vivante. Pour cela, nous devons gérer les biens communs mondiaux – tous les mécanismes biophysiques qui sont essentiels à la régulation de la planète – pour les maintenir dans les limites planétaires qui, conformément aux définitions scientifiques, permettent de vivre en sécurité.

Nos économies, nos sociétés et nos civilisations reposent sur deux suppositions au sujet de la nature : les changements sont progressifs et linéaires (ce qui permet, en cas de regret, de rectifier les choses simplement) ; la biosphère a une capacité pour ainsi dire infinie à encaisser les impacts humains (nos déchets) et à supporter l'extraction des ressources (notre consommation).

Les données scientifiques relatives à la résilience et aux systèmes complexes discréditent ces deux suppositions. Les systèmes biophysiques de la Terre – les calottes glaciaires comme les forêts – déterminent *in fine* dans quelle mesure la planète est habitable. Ils le font non seulement en rendant des services immédiats à nous, les humains (de la nourriture et de l'eau potable), mais aussi par une résilience innée, c'est-à-dire l'aptitude à absorber des chocs et des tensions (le réchauffement dû aux émissions de gaz à effet de serre et à la déforestation), et par conséquent à rafraîchir la planète et à y maintenir des températures stables. Tout a pourtant des limites. Au-delà de ce seuil, ce système – que ce soit un récif corallien, une toundra gelée ou une forêt tempérée – basculera définitivement vers un nouvel état dont les qualités sont tout autres.

Il faut souligner qu'on franchit les points de bascule quand un changement modeste (par exemple, une faible hausse des températures mondiales due à la combustion des énergies fossiles) déclenche un grand changement irréversible (une forêt tropicale qui devient une savane aride). Cette transformation est due à des « boucles de rétroaction » qui s'auto-alimentent, de sorte que le changement se poursuit même si la pression (le réchauffement climatique) retombe. Par conséquent, on ne revient pas en arrière même si le climat de fond repasse en deçà du seuil. Ça n'a généralement pas lieu du jour au lendemain : il faut des décennies, voire des siècles pour qu'un système retrouve sa stabilité. Il faut retenir qu'atteindre un point de non-retour revient à enclencher une nouvelle machinerie biophysique, ce qui amorce des boucles de rétroaction déstabilisantes et pousse un système vers un nouvel état, progressivement mais irrémédiablement, entraînant ainsi de graves répercussions pour l'environnement et les moyens de subsistance de nombreuses personnes (fig. 2).

La « grande accélération »

Tendances du système Terre depuis 1750

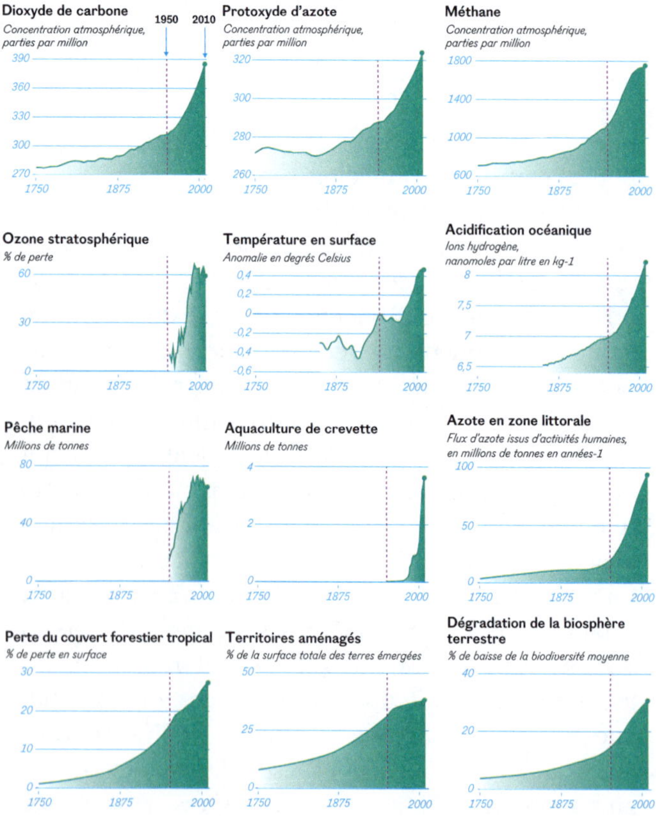

Figure 1

Tendances socio-économiques depuis 1750

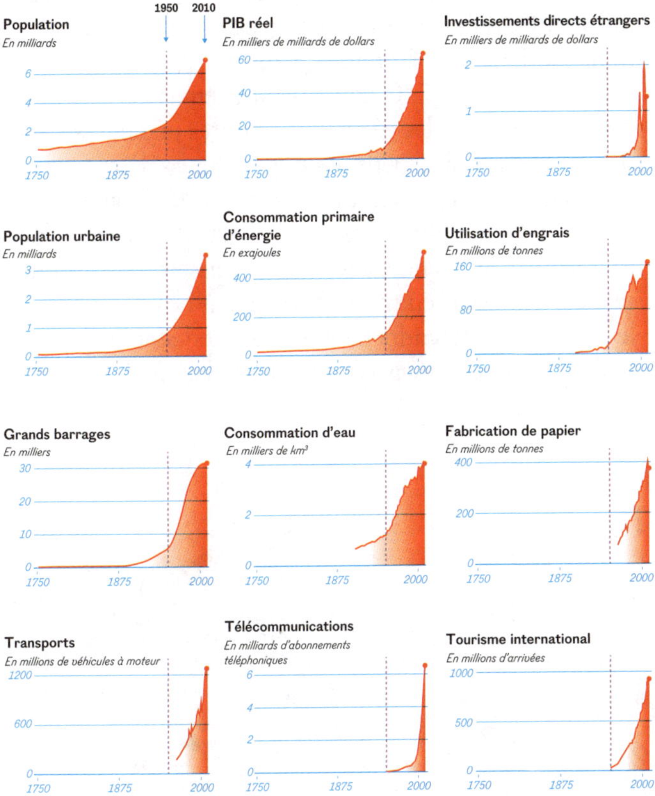

Les points de bascule ne sont pas toujours brusques et c'est l'une des grandes difficultés qui nous guettent. Si nous franchissons certains de ces seuils critiques aujourd'hui ou ces prochaines décennies, leur plein impact pourrait n'être flagrant, voire inéluctable, que des centaines ou des milliers d'années plus tard. La montée des eaux liée à la fonte des banquises l'illustre très bien : le phénomène se poursuivra pendant des siècles et des millénaires, puis conservera un niveau élevé pendant des milliers d'années. Comme le montre aujourd'hui le GIEC, même à 1,5 °C de réchauffement nous risquons de léguer à toutes les générations futures une hausse des océans d'au moins deux mètres, même s'il faut deux mille ans pour les atteindre. L'éthique revêt alors une nouvelle dimension temporelle. C'est *maintenant* que tout se décide : dans quelle mesure laisserons-nous une planète de moins en moins habitable à nos enfants et à leurs enfants ? Il faudra peut-être des centaines voire des milliers d'années, mais ce sera irrémédiable.

Comment peut-on représenter les points de bascule ?

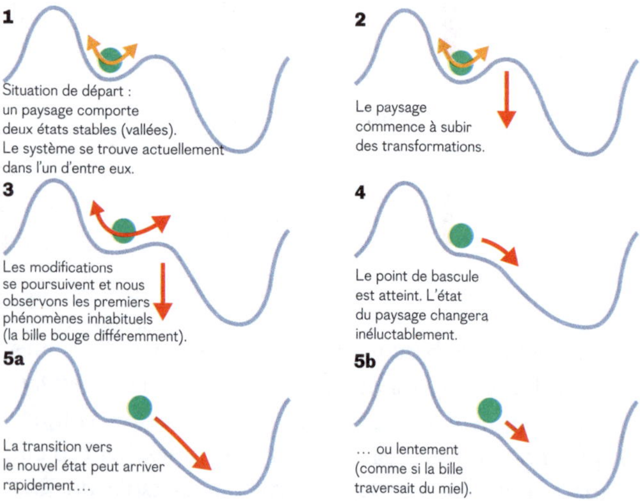

Figure 2

Il est absolument fondamental de comprendre les interactions entre les systèmes terrestres et leurs boucles de rétroaction, afin d'évaluer les risques qui se manifesteront si nous poussons la planète trop loin. Les interactions accentuent les changements. Par exemple, quand le réchauffement des océans accélère la fonte des glaces, la boucle de rétroaction évolue au moment où la banquise (qui reflète habituellement vers l'espace 80 à 90 % des rayons solaires) franchit un palier d'albédo, car la surface des glaces s'assombrit quand elles fondent et deviennent liquides. Au bout d'un certain temps, le processus passe du négatif (refroidissement net) au positif (réchauffement net), et l'ensemble du système évolue vers un nouvel équilibre sans glace, conséquence de l'évolution de la boucle de rétroaction.

Dans l'état actuel des connaissances, tous les systèmes biophysiques terrestres ne se caractérisent pas par des états stables associés à un point de non-retour et aux effets correspondants. C'est le cas de certains systèmes, mais pas de tous. L'ensemble des systèmes et processus biologiques, physiques et chimiques (par exemple les cycles planétaires du carbone, de l'azote et du phosphore) ont toutefois en commun des liens étroits ; la biosphère, l'hydrosphère et la cryosphère interagissent aussi. Leurs réactions déterminent leur fonctionnement (leur état) et, par ailleurs, les principales boucles de rétroaction peuvent basculer du négatif (atténuation) au positif (accentuation) mathématique.

Les grands composants du système terrestre susceptibles de basculer sont ceux qui se caractérisent par des effets de seuil et qui, dans le même temps, contribuent à la régulation de la planète. Nous avons tous

Éléments de bascule identifiés pour la première fois en 2008

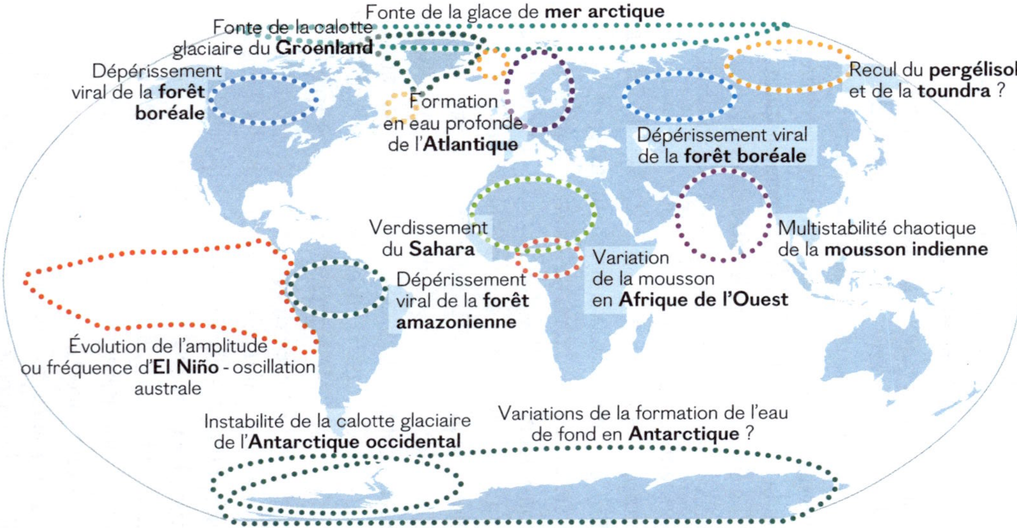

Éléments de bascule montrant des signes d'instabilité en 2022 et liens entre ces éléments

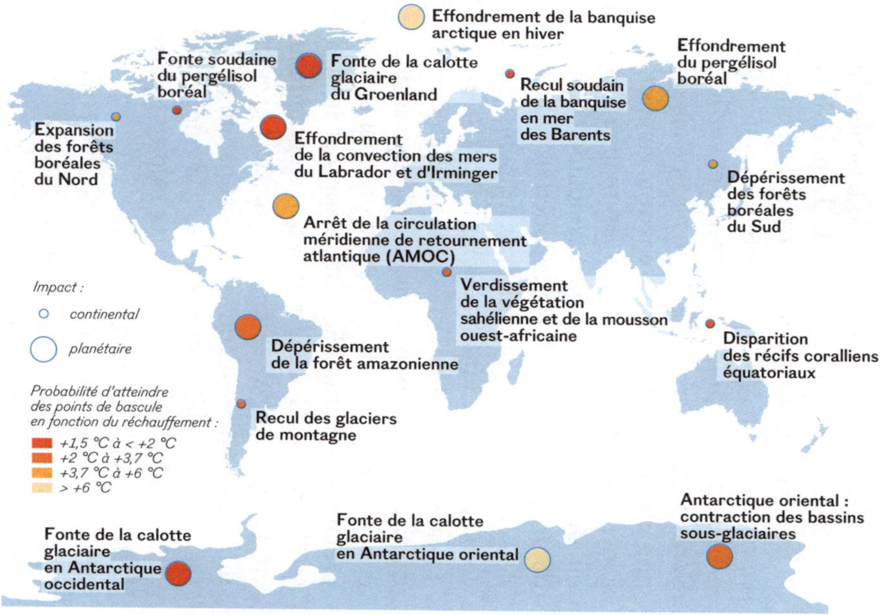

Figure 3

besoin que ces éléments restent stables et résilients. Ce sont des biens communs mondiaux que nous devons aujourd'hui gérer et gouverner, en raison des risques que nous encourons dans l'anthropocène.

En 2008, quinze éléments de bascule climatique ont été identifiés (fig. 3, carte 1). Depuis, les connaissances scientifiques ont remarquablement progressé et nous en savons beaucoup plus sur les phénomènes liés aux points de bascule et sur les interactions entre ces systèmes. Nous avons aussi identifié plus de deux cents cas et environ vingt-cinq types génériques de changement de régime (autrement dit des transitions critiques soudaines, durables et de grande ampleur dans la fonction et la structure des écosystèmes, quand sont franchis des points climatiques de non-retour). En 2019, une étude a réalisé l'actualisation scientifique décennale des risques liés aux points de bascule climatiques et sa conclusion s'est révélée très préoccupante. Neuf des premiers éléments identifiés s'approchaient de leur seuil critique. Cette évaluation a, en grande mesure, été confirmée par le sixième rapport d'évaluation du GIEC, qui souligne sa préoccupation au sujet de six des neuf éléments instables : la calotte glaciaire de l'Antarctique occidental, la calotte glaciaire du Groenland, les glaces de mer de l'Arctique, le pergélisol, la circulation méridienne de retournement Atlantique et la forêt primaire amazonienne.

En outre, les interactions entre les éléments de bascule sont particulièrement préoccupantes – comme en témoignent d'autres travaux récents –, car les systèmes concernés sont susceptibles de se déclencher les uns les autres et de provoquer un effet domino. En 2022, une équipe internationale de chercheurs a regroupé dans une étude détaillée des données relatives aux points de bascule climatiques, aux seuils de température, aux échéances et aux impacts. Elle a identifié neuf éléments de bascule d'ampleur planétaire et sept d'ampleur continentale. Certains étaient nouveaux et d'autres avaient disparu de la liste précédente. La conclusion la plus cruciale et la plus inquiétante était néanmoins la suivante : cinq de ces éléments basculeront probablement avec un réchauffement compris entre 1,5 °C à 2 °C, l'amplitude visée dans l'accord de Paris, et le risque que d'autres basculent augmente à chaque hausse d'un dixième de degré (fig. 3).

Des bascules en chaîne risquent de transformer la Terre en serre chaude. Si le réchauffement mondial est de 1,1 °C, le réchauffement de l'Arctique est

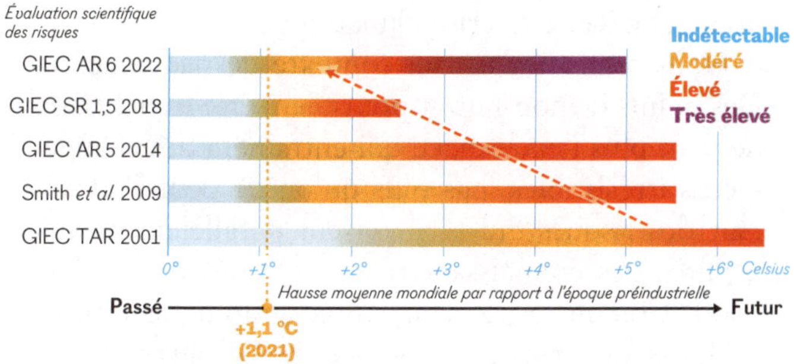

Figure 4 : Motifs de préoccupation, un graphique présenté pour la première fois en 2001 dans le troisième rapport du GIEC. Il montre que les risques associés à chaque hausse de température ont augmenté au fil des publications.

deux à trois fois plus rapide, ce qui accélère la fonte des glaces de la calotte du Groenland (et des glaces de mer arctiques). Ce phénomène ralentit la circulation méridienne de retournement Atlantique, qui se répercute sur la mousson en Amérique du Sud, ce qui explique partiellement la recrudescence des sécheresses en Amazonie, l'ampleur des incendies et les pics brutaux de CO_2 réinjectés dans l'atmosphère – le tout intensifie le réchauffement. De plus, le ralentissement des courants thermohalins dans l'Atlantique aboutit à des eaux plus chaudes en surface dans l'océan Antarctique, ce qui peut expliquer la fonte accélérée de la calotte glaciaire en Antarctique occidental.

À noter que ces dynamiques complexes sont à l'avant-garde scientifique et leurs fonctionnements précis ne sont pas tous attestés, mais ils suscitent l'inquiétude et ils prêtent d'autant plus de caution scientifique à la prudence et à une mobilisation rapide pour remédier à la crise climatique.

Nous sommes dans un contexte de risque accru. Des points de non-retour pourraient être franchis, on ne peut plus l'exclure, ce qui entraînera des changements irrésistibles, pas plus qu'on ne peut s'affranchir des risques qui se précisent parallèlement aux progrès des connaissances scientifiques depuis l'an 2000. Comme on le voit sur le graphique intitulé « Motifs de préoccupation » (fig. 4), plus nous en savons sur le fonctionnement du climat, plus il y a de raisons de s'inquiéter. Il n'y a pas si longtemps, en 2001, dans le troisième rapport d'évaluation du GIEC, nous pensions encore que le risque de changements irréversibles assortis de graves répercussions était très faible, et qu'un risque grave ne se manifestait qu'à partir de 5 ou 6 °C de réchauffement. C'était comme dire qu'il n'y avait aucun risque, car personne ne suggérait ou ne suggère qu'un réchauffement mondial moyen peut atteindre un niveau si catastrophique. À chaque nouveau rapport du GIEC, à mesure que la température moyenne mondiale a augmenté en raison de nos émissions de gaz à effet de serre, le seuil critique a progressivement baissé parallèlement aux avancées scientifiques. Dans l'état actuel des connaissances, même à 1,5 °C – et sans aucun doute entre 1,5 °C et 2 °C – nous prenons des risques immenses. /

C'est maintenant que tout se décide : laisserons-nous une planète de moins en moins habitable à nos enfants et à leurs enfants ?

1.9

Rien ne compte plus au monde

Greta Thunberg

Nous sommes actuellement 7,9 milliards sur cette magnifique planète bleue qui tourne autour du Soleil dans notre petit coin du grand cosmos. Nous sommes tous liés. À l'instar de l'ensemble des êtres vivants, nos origines remontent à travers le temps jusqu'aux sources de la vie ; ainsi, malgré tous nos efforts pour nous tenir éloignés de la nature, nous en sommes inséparables.

Chacun des faits et des récits rassemblés dans ce livre est assez perturbant pris séparément. Mais ils sont eux aussi très liés – comme nous tous. Et une fois que vous commencez à les relier les uns aux autres, à les comprendre comme faisant partie d'un réseau d'événements interconnectés, ils se chargent d'une signification plus alarmante encore. Qui a réuni les pièces de cette grande histoire globale ? À qui nous en référons-nous lorsque nous voulons contempler la situation dans son ensemble ? À une université des universités supérieure ? À nos gouvernements ? Aux dirigeants mondiaux ? Au monde des affaires ? Aux Nations unies ? La réponse est : à personne – ou plutôt à tout le monde.

Nous sommes au début d'une crise écologique et climatique en rapide aggravation. Une crise de la durabilité. La technologie seule ne suffira pas à nous sauver et malheureusement il n'existe pas de lois ou de résolutions contraignantes qui nous placent avec certitude sur une trajectoire vers une vie sûre, sur notre planète telle que nous la connaissons.

La transition dont nous avons besoin afin de nous assurer cette sécurité future ne sortira pas de nulle part. Elle adviendra à la suite d'un changement de l'opinion publique, qui dépend de nous et pour lequel nous devrons user de tous les moyens à notre disposition. Tout dépend de la manière dont nous choisirons de communiquer. Il n'y aura pas de message universel qui convienne à tous. Des milliers, voire des millions d'approches différentes seront nécessaires, mais pour l'heure nos ressources sont tout à fait limitées. Nous devons *koka soppa på en spik*, comme on dit en suédois. Faire avec ce que l'on a. Et ce que nous avons c'est la morale, l'empathie, la science, les médias et – dans certaines parties du monde, les plus chanceuses – la démocratie. Il n'existe pour l'instant pas de meilleurs outils et nous devons tous commencer à les utiliser.

Certains disent que nous ne devrions pas inclure la morale, car cela pourrait susciter un sentiment de culpabilité et la culpabilité n'est pas le moyen idéal de lancer le changement. Mais que faire d'autre ? Comment nous attaquer à ce sujet inconfortable sans froisser quiconque ? Comment évoquer une crise humaine existentielle née de l'inégalité, de l'exploitation des travailleurs et de la nature, du vol des terres, du génocide et de la surconsommation sans mentionner la morale ? Faudrait-il prétendre que la pire menace à laquelle nous ayons été confrontés est simplement une occasion de créer de

« nouveaux emplois verts » et un meilleur avenir pour tous sans grand changement pour qui que ce soit ?

D'autres – très peu nombreux – pensent qu'un genre de dictature serait plus adaptée pour gérer une crise de cette ampleur. Mais il n'existe pas de bonnes dictatures, il suffit de regarder la Chine ou la Russie de Poutine. L'idée d'une règle non démocratique qui d'une façon ou d'une autre rechercherait le meilleur pour ses citoyens est absurde. La justice et l'égalité sont essentielles pour résoudre cette crise – ce qui exclut automatiquement toute forme de dictature.

La démocratie est un bien précieux, mais ainsi qu'on nous l'a rappelé bien trop souvent c'est un système fragile. À moins que les citoyens soient bien informés et bien éduqués concernant les affaires qui régissent leur vie, la démocratie est facilement manipulable.

C'est pourquoi le contenu de ce livre – la science, les connaissances, les récits – est littéralement affaire de vie ou de mort. Pas seulement pour nous, mais pour les générations à venir et tous les êtres vivants. D'innombrables problèmes méritent notre complète attention, mais la crise climatique et écologique diffère de beaucoup d'autres parce qu'elle ne peut pas être réglée dans le futur. Et les réponses à toutes les autres crises dépendent de notre capacité à résoudre celle-ci. La crise climatique et écologique ne peut pas être résolue plus tard. Elle ne peut pas être laissée aux bons soins de quelqu'un d'autre. Ce doit être nous, maintenant.

Nous devons nous former. Nous devons comprendre les faits essentiels. Nous devons apprendre à lire entre les lignes. Nous devons nous motiver pour dire les choses telles qu'elles sont. Il est inutile d'exagérer, l'histoire est déjà assez grave. Il est inutile d'édulcorer, nous devons nous montrer assez adultes pour affronter la vérité. Et ce n'est pas le moment de désespérer ; il n'est jamais trop tard pour commencer à sauver le plus de choses possibles. Rien ne compte plus au monde, l'histoire doit être racontée aussi fort, aussi loin que nos voix peuvent porter, et bien au-delà. Elle doit être racontée dans des livres et des articles, dans des films et des chansons, à la table du petit déjeuner, autour de déjeuners d'affaires ou de réunions de famille, dans les ascenseurs, à l'arrêt de bus et dans les petites épiceries de campagne. Dans les écoles, les salles de conférences, sur les marchés. Dans les aéroports, les salles de sport, les bars. Dans les champs, les entrepôts et les usines. Lors de réunions syndicales, d'ateliers politiques et de matches de foot. Dans les crèches et les maisons de retraite. Dans les hôpitaux et les garages automobiles. Sur Instagram, TikTok, au journal de 20 heures. Sur des routes de campagnes poussiéreuses et dans les rues de nos villes. Partout, tout le temps.

On estime que nous, les humains en vie aujourd'hui, composons 7 % de tous les *Homo sapiens* ayant vécu. Nous sommes tous reliés, dans le temps et l'espace. Nous sommes connectés par notre passé et notre avenir commun. Grâce à notre aptitude à observer, à étudier, à nous souvenir, à évoluer, nous adapter, apprendre, changer et raconter des histoires, nous avons réuni suffisamment d'informations et de connaissances pour commencer à préserver nos conditions de vie et notre bien-être. Cela nous a donné une possibilité sans précédent de créer un monde juste et riche. Mais cette énorme réussite collective – unique peut-être dans tout l'Univers – est en train de nous échapper. À ce jour, nous avons échoué. Nous avons laissé la cupidité et l'égoïsme – l'occasion pour un très petit nombre de gagner des sommes d'argent inimaginables – se mettre en travers de notre bien-être commun.

Mais voilà qu'aujourd'hui, vous et moi, avons reçu la responsabilité historique de remettre de l'ordre dans tout ça. Il se trouve que nous sommes en vie à l'un des moments les plus décisifs de l'histoire de l'humanité, ce qui nous offre une chance incommensurable d'agir. Le moment est venu pour nous de raconter cette histoire et peut-être, même, d'en changer la fin. Ensemble, nous pouvons encore éviter les pires conséquences. Nous pouvons encore empêcher la catastrophe et commencer à soigner les blessures dont nous sommes responsables. Ensemble, nous pouvons réussir ce qui semble impossible. Ne vous y trompez pas, personne ne s'en chargera à notre place. C'est à nous de jouer, ici et maintenant. Vous et moi. /

Chacun des faits et des récits
rassemblés dans ce livre
sont assez perturbants
pris séparément.
Mais ils sont eux aussi très liés
– comme nous tous.

DEUXIÈME PARTIE /

La planète change sous nos yeux

« La science ne ment pas. »

2.1

Une météo sous stéroïdes

Greta Thunberg

« C'est devenu normal » est une phrase que nous entendons souvent quand sont évoqués les changements rapides dans nos météos quotidiennes – incendies, ouragans, vagues de chaleur, inondations, tempêtes, sécheresse, etc. Ces événements météorologiques ne sont pas seulement plus fréquents, ils sont aussi plus extrêmes. La météo semble être sous stéroïdes et les catastrophes naturelles, de moins en moins naturelles. Mais ce n'est pas « normal ». Ce à quoi nous assistons désormais marque simplement le début d'une mutation du climat, provoquée par des émissions de gaz à effet de serre dues aux activités humaines. Jusqu'à présent, les systèmes naturels de la Terre ont joué un rôle d'amortisseurs, atténuant les spectaculaires transformations en cours. Mais la résilience planétaire, si vitale pour nous, ne durera pas éternellement et les preuves de plus en plus claires semblent suggérer que nous entrons dans une nouvelle ère, de changement plus dramatique.

Le changement climatique est devenu une crise plus tôt que nous le pensions. Tant de chercheurs à qui j'ai parlé ont reconnu être choqués d'assister à une intensification aussi rapide ! Mais cela n'a peut-être rien de surprenant, la science se montrant toujours très prudente en matière de prédictions. Résultat : rares sont les personnes qui ont su comment réagir quand les signaux, ces dernières années, ont commencé à devenir de plus en plus évidents. Et elles sont encore moins nombreuses à avoir prévu comment communiquer sur ce qui est en train de se passer. Il semble qu'une large majorité de gens se soient préparés à un scénario différent, moins urgent. Une crise qui ne se produirait pas avant plusieurs dizaines d'années.

Et pourtant, nous y sommes. La crise écologique et climatique n'est pas l'affaire d'un lointain avenir. Elle se produit ici et maintenant. Dans les pages qui suivent, nous nous pencherons sur certains des principaux changements survenus alors que le climat – et la planète tout entière – commence à être déstabilisé. Chacune de ces études de cas est grave en soi, mais puisqu'elles sont toutes interconnectées nous ne pouvons pas en « régler » une sans « régler » les autres. Aux problèmes globaux, il faut des solutions globales. Notre principal défi, cependant, est que tous ces événements se produisent au même moment, et très rapidement.

Je me rends compte que la lecture des chapitres qui suivent risque d'être déprimante pour certains, mais nous ne devrions pas être étonnés par ce qui se passe. Après des décennies, des siècles d'éloignement de la nature et de la durabilité, il fallait bien s'y attendre. La planète a des limites. Nos ressources ne sont pas infinies.

Certains disent que nous n'en faisons pas assez pour mettre un terme à cette crise, pour nous en emparer. Mais c'est un mensonge, puisque « ne pas en faire assez » indiquerait que l'on fait quelque chose ; or la vérité qui dérange est que nous ne faisons rien. Ou, pour être honnête, nous en faisons très, très peu – sans commune mesure avec ce qui serait nécessaire. Et, plus important peut-être, nous ne faisons rien qui améliore ou renverse la situation, nous sommes, au mieux, sur la défensive. Les forces de la cupidité, du profit et de la destruction de la planète sont si puissantes que notre combat pour le monde naturel se limite à une lutte désespérée pour éviter une catastrophe naturelle totale. Nous devrions nous battre pour la nature, mais au lieu de ça nous nous défendons contre ceux qui sont décidés à la détruire.

Imaginez où nous en serions aujourd'hui sans les écologistes, les activistes, les scientifiques et les défenseurs des terres indigènes. Ils se sont battus pour nous et dans de nombreux cas ils ont risqué leur vie et leur liberté. Imaginez si ces millions de personnes qui essaient d'améliorer les conditions de vie de la planète se voyaient offrir une occasion de commencer à renverser la situation, au lieu d'être contraintes de simplement repousser la destruction en cours ou l'ouverture incessante de nouveaux pipelines, de nouveaux gisements de pétrole et de nouvelles mines, de nouveaux sites de déforestation. Alors nous pourrions commencer à voir des progrès, des boucles de rétroaction positives, des points de bascule positifs. Mais nous n'en sommes pas là. Au lieu de ça, nous sommes bloqués dans une spirale d'événements négatifs qui s'accélèrent et qui, si nous la laissons poursuivre sur sa lancée, deviendra de plus en plus difficile à arrêter. Et non, malheureusement, il ne s'agit pas là de quelque chose de « normal ». Cette crise continuera à s'aggraver tant que nous n'aurons pas réussi à mettre un terme à la destruction constante des systèmes qui nous permettent de vivre – tant que nous ne donnerons pas la priorité aux humains et à la planète sur le profit et la cupidité. /

Nous entrons
dans une nouvelle ère,
de changement
plus dramatique.

2.2

Les dômes de chaleur

Katharine Hayhoe

Depuis le début de l'ère industrielle, l'humanité produit des quantités croissantes de dioxyde de carbone et autres puissants gaz à effet de serre. À mesure que ces gaz s'accumulent dans l'atmosphère, ils forment une sorte de couvercle qui piège de plus en plus de chaleur emmagasinée sur la Terre, l'empêchant de s'évacuer dans l'atmosphère. C'est la raison pour laquelle la température moyenne de la planète ne cesse d'augmenter et qu'en référence au changement climatique on parle souvent de « réchauffement ».

Dans notre vie quotidienne, cependant, ce que nous constatons généralement ne relève pas tant du réchauffement de la planète que d'une « bizarrisation » de la planète. Imaginons que le climat soit un jeu de dés. On a toujours une bonne chance de tirer un double six – qui, dans notre analogie, équivaudrait à un événement climatique extrême, comme une vague de chaleur, une inondation, une tempête ou une sécheresse. Mais alors que le mercure ne cesse de monter depuis des décennies, les double six reviennent de plus en plus souvent. Et il nous arrive même maintenant de sortir des double sept. Comment l'expliquer ? La réponse tient à la « bizarrisation » climatique.

Les vagues de chaleur sont l'une des manifestations les plus évidentes de la façon dont le changement climatique pipe les dés du climat à nos dépens. Les épisodes de chaleur extrême débutent maintenant plus tôt dans l'année et durent plus longtemps. Ils sont aussi devenus plus chauds et plus intenses, et les chercheurs parviennent même à quantifier la part imputable au changement climatique. En 2003, une canicule historique s'est abattue sur l'Europe occidentale, qui a essuyé des températures supérieures de 10 °C aux moyennes saisonnières. Cet événement a provoqué des crues éclairs dues à la fonte des glaciers en Suisse, des feux de forêt qui ont anéanti 10 % de la surface forestière du Portugal et plus de 70 000 décès prématurés. Des études scientifiques ont établi que le changement climatique multipliait par deux le risque de survenue d'une vague de chaleur.

Aujourd'hui, vingt ans plus tard, la situation s'est considérablement aggravée. À l'été 2021, une canicule étouffante s'est abattue sur l'ouest du Canada et les États-Unis. Lors de cet épisode, le village de Lytton, en Colombie-Britannique, a battu le record absolu de chaleur au Canada, avec un thermomètre affichant 49,6 °C trois jours d'affilée. Au quatrième jour, un feu de forêt – attisé par la chaleur et la sécheresse – a dévoré presque tout le village. Les chercheurs pointent du doigt le changement climatique, qui a multiplié par un facteur d'au moins cent cinquante la probabilité de cette vague de chaleur.

Pourquoi les canicules sont-elles de plus en plus intenses ? La réponse simple est que les extrêmes de chaleur deviennent plus fréquents à mesure que la température moyenne de la planète augmente. Mais des températures plus chaudes influencent aussi les schémas climatiques. Lors d'un épisode de chaleur, il est normal qu'un dôme ou une crête anticyclonique s'installe sur une zone pendant quelques jours ou même quelques semaines. Ce système de haute pression, également appelé dôme de chaleur, forme une immense masse d'air très chaud et stagnante. Ce dôme bloque les nuages, de sorte que le soleil cogne sans relâche du matin au soir, jour après jour. Il détourne également de la région les masses d'air frais et les systèmes orageux et retient l'air chaud qui tente de s'échapper par convection, ce qui, en temps normal, ferait apparaître des nuages et des pluies. Ainsi, plus un dôme reste sur une région, plus il assèche et réchauffe les sols et l'atmosphère. Quelle est la part de responsabilité du changement climatique dans ce phénomène ? Si les températures étaient déjà plus élevées que la moyenne auparavant, le dôme de chaleur retient davantage de chaleur qu'il ne l'aurait fait en temps normal. C'est un effet de la « bizarrisation » climatique : un monde plus chaud accroît la fréquence, l'intensité, la durée et/ou la dangerosité de nombreux extrêmes météorologiques.

Nous assistons déjà à une multiplication des épisodes de chaleur extrême, et plus nous libérerons de gaz retenant la chaleur dans l'atmosphère, les fameux gaz à effet de serre (GES), plus ces extrêmes s'aggraveront. Un individu né en 1960 ne connaîtra que quatre grandes vagues de chaleur au cours de son existence. Un enfant né en 2020 en connaîtra dix-huit, même si, conformément à l'objectif de l'accord de Paris, nous réussissons à contenir le réchauffement à

1,5 °C. Et à chaque fois que le thermomètre planétaire grimpe de 0,5 °C ce chiffre double.

Qui fera les frais de canicules plus fréquentes et plus chaudes ? Plus que la planète elle-même, ce sont les nombreux êtres vivants qui habitent la Terre. Dans les océans, sur les dix vagues de chaleur marines les plus extrêmes répertoriées, huit se sont produites depuis 2010. Les vagues de chaleur marines blanchissent les récifs coralliens, pépinières de l'océan ; elles tuent des milliards de crustacés et autres créatures marines ; et elles font fondre les glaces de mer de l'Arctique indispensables aux ours polaires pour chasser leurs proies. Sur la terre ferme, les chaleurs extrêmes stressent et tuent la faune et la flore. Elles peuvent provoquer des extinctions de masse, incitant par exemple des oisillons à sauter de leur nid pour se rafraîchir avant même d'avoir appris à voler. Elles favorisent les feux de forêt comme ceux qui, en 2020, ont tué ou déplacé près de 3 milliards d'animaux en Australie. S'il n'est pas contrôlé, le changement climatique dû à l'activité humaine pourrait conduire à l'extinction d'un tiers des espèces animales et végétales de la planète d'ici à 2050.

L'espèce humaine est également en danger : les canicules nous affectent physiquement en accroissant les risques de maladies liées à la chaleur – voire de décès –, de troubles mentaux, de violences interpersonnelles ; combinées à d'autres facteurs climatiques, elles sont également source d'instabilité politique. La pollution atmosphérique par les combustibles fossiles est déjà responsable de près de 10 millions de décès prématurés dans le monde chaque année, et le réchauffement des températures de l'air exacerbe le problème en accélérant les réactions chimiques qui transforment les gaz d'échappement en de dangereux polluants. De plus, les fortes chaleurs font sécher sur pied les cultures agricoles, assèchent les réserves d'eau, provoquent des coupures d'électricité et endommagent nos infrastructures.

Ce problème concerne tout le monde, mais touche plus durement les populations les plus pauvres et les plus marginalisées, à commencer par celles qui vivent déjà dans des régions très polluées ou n'ont d'autre choix que de travailler en extérieur sous des températures caniculaires. Certaines communautés sont déjà vulnérables face à l'insécurité hydrique et alimentaire, faute de réserves ou de récoltes suffisantes. Dans bien des cas, ces gens n'ont pas accès aux soins médicaux de base ou à la climatisation – et s'ils en bénéficient ils n'ont pas les moyens de payer les factures d'électricité lors des pics de chaleur. La « bizarrisation » du climat mondial affecte en premier lieu ceux qui y ont le moins contribué, et ce n'est pas juste.

Que faire pour enrayer cette tendance ? Comme le souligne le GIEC, chaque fraction de degré supplémentaire, chaque geste compte. La première chose que chacun d'entre nous peut faire est simple : utiliser notre voix pour inciter les autres à agir en expliquant autour de nous en quoi le changement climatique nous affecte tous, et ce que nous pouvons entreprendre ensemble pour changer les choses. /

Dans notre vie quotidienne,
ce que nous constatons
ne relève pas
tant du réchauffement
de la planète
que d'une « bizarrisation »
de la planète.

2.3

Le méthane et autres gaz

Zeke Hausfather

Le dioxyde de carbone accapare une grande part du débat sur le changement climatique. Ce n'est pas un hasard : le CO_2 reste très longtemps dans l'atmosphère, est responsable pour près de moitié du réchauffement que le monde a connu jusqu'à présent, et continuera d'être la principale cause du réchauffement à venir que nous prévoyons dans nos modèles climatiques.

Il y a toutefois d'autres gaz à effet de serre (GES) qui contribuent fortement au réchauffement planétaire. Près d'un tiers du réchauffement historique est dû au méthane (CH_4), le reste provenant de protoxyde d'azote (N_2O), d'halocarbures, de chlorofluorocarbures, d'hydrochlorofluorocarbures et autres composés chimiques industriels, de composés organiques volatils (COV), de monoxyde de carbone et de carbone suie. Les principales sources de gaz à effet de serre autres que le CO_2 sont l'agriculture et les déchets (protoxyde d'azote, méthane), la production et la consommation d'énergies fossiles (méthane, composés organiques volatils, monoxyde de carbone, carbone suie), et les procédés et appareils industriels (halocarbures). Certains de ces composés – le méthane, certains halocarbures, le carbone suie – ne persistent que relativement peu de temps dans l'atmosphère et sont donc appelés des forceurs climatiques à courte durée de vie.

Le méthane est l'un des gaz à effet de serre non CO_2 auxquels on s'intéresse le plus et pour une bonne raison : c'est un puissant agent de réchauffement climatique – près de 83 fois plus puissant sur une période de vingt ans et présentant un potentiel de réchauffement 30 fois plus important que celui du CO_2 sur un horizon de cent ans. Mais dans l'atmosphère, il a un comportement très différent de celui du CO_2. En bref, le méthane est relativement éphémère, alors que le CO_2 demeure définitivement dans l'atmosphère.

Lorsqu'on émet une tonne de méthane, en vingt ans plus de 80 % seront éliminés de l'atmosphère par des réactions chimiques avec des radicaux hydroxyles. Le CO_2, en revanche, n'est pas éliminé par des réactions chimiques ; il doit être absorbé par des puits terrestres et océaniques. Au bout de quarante ans, pratiquement tout le méthane émis disparaît, alors que près de 50 % du CO_2 reste dans l'atmosphère. Une partie du CO_2 que nous émettons aujourd'hui – environ 20 % – restera dans l'atmosphère pendant dix mille ans.

Concrètement, cela signifie que la teneur à long terme de l'atmosphère en CO_2 est fonction des émissions cumulées, alors que le CH_4 atmosphérique reflète le taux d'émission. En d'autres termes, si nous arrêtons d'augmenter nos émissions de méthane, la concentration atmosphérique de CH_4 arrêtera d'augmenter. Si en revanche nous cessons d'augmenter nos émissions de dioxyde de carbone, le CO_2 atmosphérique continuera à s'accumuler jusqu'à ce que nous réduisions nos émissions de CO_2 à près de zéro. Ce qui soulève quelques questions importantes :

- **Premièrement,** le CO_2 est le premier facteur de réchauffement à long terme. Dans les scénarios de référence d'émissions futures (où, par exemple, nous ne réduisons pas nos émissions), le CO_2 sera responsable de près de 90 % du réchauffement supplémentaire survenu au XXIe siècle.
- **Deuxièmement,** il est beaucoup plus facile de limiter le réchauffement en réduisant les émissions de méthane que de CO_2. Réduire les rejets de méthane se traduit par des baisses de température presque immédiates, alors que réduire ceux de CO_2 ne fera que ralentir la vitesse du réchauffement jusqu'à ce que nous arrivions à zéro émission nette.
- **Troisièmement,** une réduction de méthane peut avoir un impact considérable et immédiat sur les températures. Le CO_2 étant en revanche cumulatif, attendre pour réduire les émissions de CO_2 consolide le réchauffement alors que ce n'est pas le cas pour le méthane.
- **Enfin,** le niveau d'atténuation des émissions de CO_2 et de méthane que nous fixerons dépend de nos priorités à court terme et à long terme. Si nous pensons que nous sommes proches de points de bascule climatiques, réduire les rejets de méthane est un moyen de ralentir rapide-

ment le réchauffement. Si nous sommes plus soucieux des températures à échéance 2050 ou 2070, alors il est plus important de réduire nos émissions de CO_2 dès aujourd'hui. Étant entendu que, dans la mesure du possible, nous devrions nous efforcer de réduire les émissions de ces deux agents.

On comprendra mieux la différence entre le CO_2 et le méthane à travers une petite histoire expliquant en quoi les vaches sont comme des centrales thermiques fermées. Supposons qu'une éleveuse que nous appellerons Jane ait depuis trente ans un cheptel de mille têtes. Chaque jour, ces vaches paissent joyeusement, mangeant de l'herbe, ruminent… et éructent, dégageant du méthane (dit méthane entérique) qui se mélange à l'atmosphère.

Or le méthane atmosphérique se décompose constamment par processus d'oxydation. La durée de vie moyenne du méthane entérique est d'environ dix ans. Ce qui signifie qu'au moment où le troupeau de Jane produit près de 100 tonnes de méthane par an (à raison de 0,1 tonne par vache), une quantité équivalente de méthane émise il y a dix ans par le troupeau précédent est en cours de décomposition. Ainsi, la quantité de méthane dans l'atmosphère reste constante tant que la taille du troupeau ne change pas (même si la décomposition du méthane produit une petite quantité supplémentaire de CO_2 dans l'atmosphère).

Dans le village de Jane, il y a une petite centrale à charbon qui alimente en électricité quelque cinq

Les déterminants du réchauffement planétaire depuis 1850

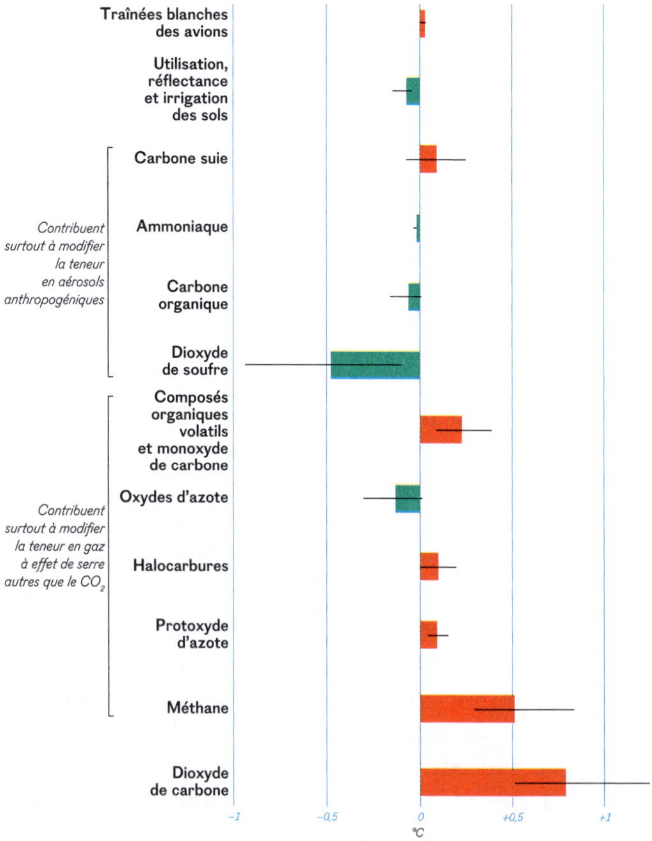

Figure 1 : Contributions au réchauffement 2010-2019 par rapport à 1850-1900. Le réchauffement dû aux gaz à effet de serre est partiellement compensé par le refroidissement dû aux aérosols.

cents foyers. Cette centrale émet chaque année 10 000 tonnes de CO_2. Il se trouve que 10 000 tonnes de CO_2 ont le même pouvoir de réchauffement que 100 tonnes de méthane – en supposant que les deux composés demeurent dans l'atmosphère. Est-ce à dire que les vaches de Jane sont aussi néfastes pour le climat que la centrale à charbon ? Ce n'est pas aussi simple que cela.

Tant que le troupeau de Jane ne s'agrandit pas, les émissions de méthane actuelles sont compensées par la décomposition des émissions de méthane passées. Il en va tout autrement du CO_2 de la centrale à charbon : chaque année, près de la moitié du CO_2 émis par la centrale persiste dans l'atmosphère – l'autre moitié étant absorbée par les puits terrestres et océaniques. Alors que les vaches de Jane n'augmentent pas la concentration de méthane dans l'atmosphère, la centrale à charbon ajoute chaque année 5 000 tonnes de CO_2 atmosphérique. En fait, pour avoir le même effet de réchauffement que la centrale, Jane devrait ajouter cinquante vaches à son troupeau chaque année.

L'année suivante, la municipalité décide de fermer la centrale à charbon, estimant qu'il reviendrait moins cher de produire son électricité avec des panneaux solaires et des batteries de stockage. Mais le carbone qu'a rejeté la centrale jusqu'alors reste dans l'atmosphère. Cette quantité diminuera peu à peu au cours des prochains siècles, mais pour l'instant la centrale à charbon fermée réchauffe toujours autant la planète que le cheptel de Jane – même si elle n'émet plus de CO_2.

D'un autre côté, si Jane décidait d'arrêter l'élevage,

les émissions de méthane tomberaient à zéro et la plupart du méthane que ses vaches ont émis disparaîtrait de l'atmosphère en l'espace de dix ou vingt ans.

Cette analogie souligne ce qui distingue fondamentalement le CO_2 du méthane : une fois que nous émettons du CO_2, nous le gardons (à moins de trouver un moyen de l'évacuer de l'atmosphère). Le méthane, lui, ne s'accumule pas à long terme ; la concentration de méthane atmosphérique dépend du taux d'émission et non de la quantité totale qui a été émise. Lorsque nous réfléchissons à des solutions pour réduire nos émissions de méthane et de CO_2, nous devons garder à l'esprit qu'il s'agit des deux principaux gaz à effet de serre, mais qu'ils ont un comportement et un impact très différents sur l'atmosphère. /

2.4

La pollution atmosphérique et les aérosols

Bjørn H. Samset

Lorsqu'on allume un feu de camp, une colonne de fumée s'élève vers le ciel, s'étire, se dilate, puis s'enroule en volutes et s'effiloche jusqu'à se dissiper et devenir invisible. Elle n'a pourtant pas disparu. Les particules de fumée – un exemple de ce que l'on appelle des aérosols, ou particules fines – peuvent rester en suspension dans l'air pendant des jours entiers et, dans l'intervalle, se disperser sur de grandes distances et s'élever dans l'atmosphère, où elles ont un effet considérable sur les caprices du temps et le climat. Aujourd'hui, les émissions d'aérosols issus de nos activités industrielles masquent efficacement par leur effet refroidissant une grande part du réchauffement dû à la hausse des niveaux de CO_2 et autres gaz à effet de serre. Mais que se passera-t-il lorsque nous aurons nettoyé notre air et notre ciel ?

Il est important de se rappeler que nous ne rejetons pas uniquement des gaz à effet de serre dans l'atmosphère. Nous produisons des aérosols – minuscules particules en suspension dans l'air comme celle qui composent la fumée – depuis que nous avons découvert le feu, et plus encore depuis que nous développons nos activités industrielles. Aujourd'hui, les aérosols proviennent de tout un éventail de sources, depuis les gaz d'échappement des voitures jusqu'aux usines, en passant par les centrales à charbon, les navires, les avions, etc. Certains se forment également dans l'atmosphère, en réagissant avec des émissions de gaz comme le dioxyde de soufre.

Les aérosols sont aussi dangereux pour l'homme que pour la faune. Ils jouent un rôle de premier plan dans la pollution atmosphérique et sont responsables de nombreux décès prématurés dans le monde. Ils interviennent de façon tout aussi cruciale dans le changement climatique, mais ils ont un effet très différent des gaz à effet de serre. Les aérosols atmosphériques agissent comme un fin nuage vaporeux. Ils réfléchissent une partie des rayons solaires et les renvoient vers l'espace, contribuant ainsi à faire baisser la température de la planète. De plus, lorsqu'un nuage se forme dans un air fortement chargé en aérosols, l'eau qu'il contient se répartit sur des gouttelettes plus petites et plus nombreuses. Le nuage est alors plus blanc et il renvoie davantage de rayonnement solaire vers l'espace, ce qui contribue aussi à refroidir la Terre. Les aérosols ont donc un double effet refroidissant sur la surface de la planète.

Et ce pouvoir de refroidissement est d'autant plus significatif que nous émettons chaque année de grandes quantités d'aérosols. Les chercheurs ont mesuré que par rapport à la période allant de 1850 à 1900, notre Terre s'est déjà réchauffée de 1,1 °C. Pourtant, comme le souligne le dernier rapport en date du GIEC, si nous ne rejetions que des gaz à effet de serre dans l'atmosphère, cette hausse de température aurait été d'au moins 1,5 °C. Ce différentiel s'explique essentiellement par nos émissions de particules fines, qui refroidissent le climat d'environ 0,5 °C, mais modifient également le régime des pluies, les systèmes de moussons, les épisodes météorologiques extrêmes, entre autres influences.

Il est donc indispensable de bien comprendre la nature des particules fines et leurs effets sur le climat pour tenter de relever le défi du réchauffement climatique. Malheureusement, ces particules sont également difficiles à cerner. Nous savons aujourd'hui relativement bien d'où elles viennent et dans quelles quantités. Nous connaissons en revanche moins bien leurs mécanismes de transport. Nous ne savons pas non plus très bien quelles réactions chimiques elles subissent dans l'atmosphère, comment, au juste, elles interagissent avec les nuages et les précipitations, et où elles terminent leur parcours. Contrairement à ce que l'on pensait, certains aérosols réchauffent le climat au lieu de le refroidir. Ce sont des particules de couleur sombre, comme la fumée de nos feux de bois. Ces aérosols sombres ne réfléchissent pas la lumière et peuvent de surcroît la piéger, donc réchauffer l'air. Ce qui empêche la formation de précipitations et peut affecter les formations nuageuses et le régime des vents. Lorsqu'ils se déposent sur la neige, ces aérosols sombres sont susceptibles de réchauffer la surface, en réduisant le pouvoir réfléchissant du couvert neigeux et en accélérant sa fonte.

Tous ces détails sont importants pour bien comprendre l'effet global de nos émissions sur le climat actuel – et sur celui de demain. Les aérosols font donc l'objet d'études très poussées qui débouchent souvent sur de nouvelles découvertes passionnantes. Mais nous ne savons toujours pas en quoi une modification des concentrations d'aérosols d'origine humaine dans l'atmosphère impactera les phénomènes météorologiques – ce qui est problématique puisque, justement, nous estimons que la quantité d'aérosols atmosphérique est appelée à changer.

La plupart des chercheurs prédisent qu'elle diminuera dans les années à venir. Or, la principale menace à laquelle nous devons faire face aujourd'hui étant le réchauffement planétaire, il pourrait être tentant de maintenir le niveau actuel d'émission d'aérosols afin de miser sur leur pouvoir refroidissant – voire d'en émettre davantage. Ce n'est pas une bonne idée. Car outre le fait que la pollution atmosphérique présente de graves dangers sanitaires, de nombreuses sources d'émission de gaz à effet de serre rejettent également des aérosols – les centrales à charbon, les vieilles voitures roulant au diesel, les navires porte-conteneurs… Pour atteindre notre objectif de zéro émission nette de CO_2 nous devrons donc impérativement commencer par nettoyer le ciel.

Plusieurs pays du monde ont déjà amorcé des actions pour réduire leurs rejets d'aérosols. La Chine, qui était il y a peu encore l'un des plus gros émetteurs de dioxyde de soufre, a d'ores et déjà accompli d'énormes efforts de dépollution, comparables à ceux qui avaient été consentis en Europe et aux États-Unis des décennies plus tôt. C'est une bonne chose pour l'environnement et, à terme, pour le climat. Mais pendant cette phase de dépollution, certains effets du changement climatique risquent de s'accélérer temporairement dans certaines régions. Sans le rôle refroidissant des aérosols, la surface de la Terre peut se réchauffer plus vite, à proximité des sources d'émissions comme à l'échelle mondiale, donc accroître la fréquence et l'intensité des vagues de chaleur. Il en va de même pour les épisodes de précipitations extrêmes. Et dans d'autres régions du monde, il pourrait se produire le contraire. Certains pays en voie d'industrialisation rapide pourraient accroître leurs émissions d'aérosols – donc les niveaux de pollution atmosphérique –, à moins qu'ils ne veillent à employer des technologies plus propres que par le passé.

Les scénarios sur lesquels se fondent les scientifiques pour étudier les modèles du changement climatique prennent en compte l'ensemble des modifications possibles des émissions mondiales d'aérosols. Mais tout comme nous ne savons pas précisément quelles quantités de CO_2, de méthane et autres gaz à effet de serre nous émettrons dans les décennies à venir, nous ignorons les niveaux qu'atteindront nos rejets d'aérosols. Ces minuscules particules restent la grande inconnue qui pèse sur l'avenir du climat.

Les effets de l'activité humaine sur le climat sont aussi multiples que complexes. Les émissions de gaz à effet de serre constituent la première cause du réchauffement climatique, mais dans nombre de régions du monde les aérosols ont tout autant d'impact. Jusqu'à présent, ils ont permis de compenser partiellement le réchauffement planétaire, mais la transition vers des sociétés climatiquement neutres risque de restreindre considérablement cet effet. La communauté scientifique s'emploie à définir ce que cela implique précisément en ce qui concerne les températures, précipitations, extrêmes météorologiques et autres phénomènes, mais une chose est certaine : nous devons tenir compte des aérosols pour nous préparer à l'ensemble des conséquences de la crise climatique sur les sociétés humaines – et sur la nature dans son ensemble. /

Jusqu'à présent, les aérosols ont permis de compenser partiellement le réchauffement planétaire, mais la transition vers des sociétés climatiquement neutres risque de restreindre considérablement cet effet.

2.5

Les nuages

Paulo Ceppi

L'un des objectifs fondamentaux de la climatologie est de prévoir l'évolution du réchauffement climatique pour un niveau donné d'émissions de gaz à effet de serre. Mais si nous savons depuis longtemps qu'une augmentation des concentrations de gaz à effet de serre est responsable du réchauffement, le niveau précis de réchauffement dépend en grande mesure des nuages.

En quoi le rôle des nuages est-il aussi déterminant dans le changement climatique ? Pour le comprendre, revenons dans un premier temps à l'impact des nuages sur le climat actuel. Il est double : d'un côté, ils renvoient le rayonnement solaire vers l'espace, protégeant la surface terrestre de l'énergie solaire. C'est ce que l'on appelle « l'effet parasol ». D'un autre côté, ils font aussi effet de serre en ceci qu'ils piègent la chaleur emmagasinée à la surface de la Terre, limitant la déperdition de chaleur vers l'espace. C'est « l'effet couvercle ».

Selon le type de nuage, l'une ou l'autre de ces propriétés domine – l'effet couvercle, par exemple, augmentant avec l'altitude. Dans les faits, en tenant compte de tous les types de nuages, l'effet parasol refroidissant est près de deux fois plus important que l'effet couvercle à l'échelle planétaire. Ce qui revient à dire que sans les nuages notre planète serait beaucoup plus chaude.

Si tous les nuages disparaissaient du ciel, l'impact climatique serait près de cinq fois supérieur à celui d'un doublement de la concentration de CO_2 dans l'atmosphère. D'infimes changements dans la couverture nuageuse suffiraient donc à accroître ou atténuer sensiblement le niveau de réchauffement futur. Or le réchauffement climatique tend justement à modifier les caractéristiques des nuages – leur nombre, leur épaisseur et leur altitude –, ce qui aura une influence sur leurs effets parasol et couvercle. Pour désigner ces répercussions sur le changement climatique on parle de rétroaction nuageuse.

La rétroaction nuageuse constitue depuis longtemps l'une des principales sources d'incertitude dans les projections du changement climatique. Les modèles climatiques mondiaux ne sont pas totalement au point : ils ne permettent pas de simuler précisément les mécanismes à petite échelle impliqués dans la formation et la dissipation des gouttelettes d'eau et des cristaux de glace des nuages. Pour ne rien arranger, l'observation directe de la rétroaction nuageuse est loin d'être simple. Les nuages sont soumis à de multiples déterminants météorologiques, tels la température, l'humidité, le vent et les particules en suspension ou aérosols. Ces facteurs présentant des variations naturelles dans le temps, il est très difficile de quantifier précisément l'impact des changements observés dans la couverture nuageuse sur le réchauffement climatique.

Pourtant, de récents progrès scientifiques ont permis aux climatologues de conclure que les nuages amplifient le réchauffement planétaire. Leurs observations et modélisations ont mis en évidence les deux mécanismes impliqués : d'une part, une diminution du nombre de nuages bas au-dessus des océans sur les tropiques réduit l'effet parasol et se traduit donc par une plus grande absorption du rayonnement solaire sur la surface de l'océan ; d'autre part, une élévation en altitude des nuages hauts à l'échelle planétaire accroît l'effet couvercle.

Soulignons toutefois que cette rétroaction nuageuse ne signifie pas forcément que le changement climatique sera encore plus grave que nous ne l'imaginions : les projections prennent désormais en compte l'hypothèse d'un effet amplificateur des nuages sur le réchauffement planétaire. Les nouveaux éléments scientifiques confirment toutefois que nous ne pouvons pas compter sur les nuages pour venir à bout du réchauffement planétaire. De plus, il n'est pas exclu que le réchauffement exacerbe l'effet couvercle des nuages ou, pire, qu'au-delà d'une certaine concentration de CO_2 dans l'atmosphère les nuages franchissent un point de bascule. Le plus sûr moyen d'éviter ce type de scénario à faible probabilité et à haut risque est de réduire dès à présent et rapidement nos émissions de carbone. /

Il n'est pas exclu
que le réchauffement exacerbe
l'effet couvercle des nuages ou,
pire, qu'au-delà d'une certaine
concentration de CO_2
dans l'atmosphère les nuages
franchissent un point de bascule.

2.6

Le réchauffement de l'Arctique et le courant-jet

Jennifer Francis

La nature se déchaîne ces temps-ci : des épisodes météorologiques extrêmes en tout genre ont fait des ravages d'un bout à l'autre de l'hémisphère Nord. Ces dernières années, de terribles vagues de froid ont déferlé sur le sud et le centre des États-Unis ; des crues torrentielles ont frappé l'Europe, la Chine, le Pakistan et le sud-est des États-Unis ; des sécheresses prolongées ont grillé l'Europe, l'Ouest américain et plusieurs pays du Moyen-Orient ; des canicules sans précédent se sont abattues sur le nord-ouest des États-Unis, le Canada, la Turquie, l'Inde, le Pakistan, l'Europe, le Japon et le Moyen-Orient ; des ouragans meurtriers ont balayé le golfe du Mexique et le nord-est des États-Unis. Cette liste est loin d'être exhaustive. Le changement climatique exacerbe de nombreux types d'événements extrêmes, selon des mécanismes tantôt simples, tantôt complexes, et le rôle de la fonte des glaces de l'Arctique dans ces catastrophes apparaît plus clairement.

L'Arctique se réchauffe à toute vitesse et les trois types de glace qui le composent sont en train de disparaître : les glaces de mer (la banquise, formée par l'eau de mer gelée, qui flotte sur l'océan Arctique), les glaces continentales (les glaciers et les calottes glaciaires, ou inlandsis) et le pergélisol (les sols gelés toute l'année). Sous ces hautes latitudes, la couverture neigeuse de printemps diminue également de façon spectaculaire. Or plus les surfaces blanches et réfléchissantes comme la glace de mer et la neige diminuent, moins elles renvoient de rayonnement solaire vers l'espace ; le système climatique absorbe alors davantage de chaleur, ce qui amplifie encore la fonte des neiges et des glaces. Ce cercle vicieux, que l'on appelle la rétroaction glace-albédo, est la raison principale pour laquelle l'Arctique se réchauffe au moins trois fois plus vite que le reste de la planète depuis 1995 (fig. 1). Des changements d'une telle ampleur

Évolution de la température de l'air près de la surface dans l'Arctique et sur l'ensemble de la planète depuis 1995

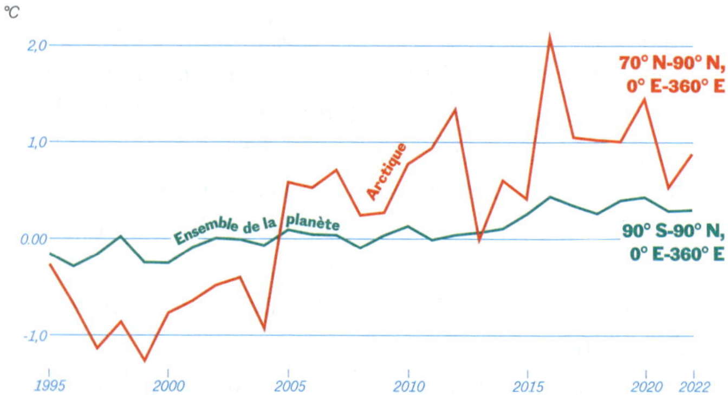

Figure 1 : L'Arctique se réchauffe à présent trois fois plus vite que l'ensemble de la planète. La courbe de tendance de l'Arctique indique une hausse de température de 0,99 °C par décennie, contre 0,24 °C pour la planète dans son ensemble.

dans un écosystème terrestre aussi critique ne peuvent qu'avoir des impacts considérables sur les températures locales et mondiales.

Localement, les effets sont relativement évidents : un réchauffement global se traduit par des étés plus chauds et plus secs dans le Grand Nord, ce qui favorise les feux de brousse, jusque dans les régions marécageuses de la toundra. Les incidences sur les conditions météorologiques aux plus basses latitudes – peuplées de milliards d'individus – sont cependant plus difficiles à établir, et les chercheurs n'ont encore aucune réponse. La question est de savoir jusqu'à quel point un réchauffement significatif de l'Arctique impactera le courant-jet polaire, un bandeau de vents qui circule d'ouest en est entre 10 000 et 15 000 mètres au-dessus de la surface de

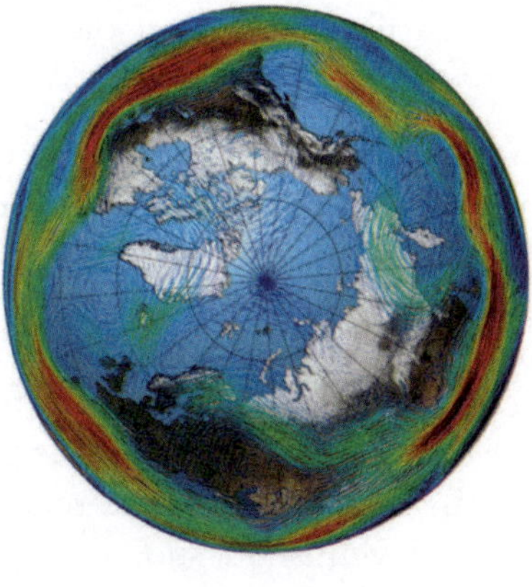

Figure 2 : Le courant-jet : une bande de vents puissants circulant d'ouest en est, qui enveloppe l'hémisphère Nord (régions en rouge et jaune).

la Terre et enveloppe l'hémisphère Nord (fig. 2). (Il existe également un courant-jet dans l'hémisphère Sud.)

Comparaison des conditions avec un Arctique chaud et un Arctique froid

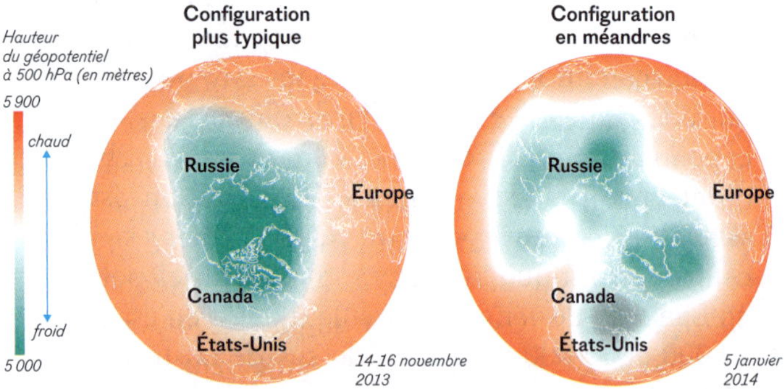

Figure 3 : Arctique froid et trajectoire relativement rectiligne du courant-jet (à gauche) ; Arctique relativement chaud et courant-jet en méandres (à droite).

Le courant-jet crée et conditionne la plupart des systèmes météorologiques aux latitudes tempérées (la zone entre l'Arctique et les Tropiques), de sorte que tout ce qui influence sa force ou sa trajectoire affectera, par ricochet, les températures que nous connaîtrons. Les courants-jets résultent des différences de températures dans l'atmosphère, lorsque par exemple les masses d'air froid de l'Arctique rencontrent des flux d'air chaud venus du sud. Lorsque l'amplitude thermique est importante, les vents gagnent en puissance et ont tendance à se déplacer selon une trajectoire plus ou moins rectiligne. Lorsqu'elle est relativement faible, la circulation d'air est plus lente et a plus de chances de décrire des méandres plus larges s'étirant vers le nord et le sud – les ondes de Rossby. L'Arctique se réchauffant bien plus vite que les autres régions du monde, l'écart de température entre le Nord et le Sud se resserre, ce qui affaiblit les vents d'ouest du courant-jet et accroît la probabilité de ces schémas ondulatoires (fig. 3). Nous savons que quand l'Arctique est anormalement chaud, des poches d'air chaud ont tendance à se déplacer vers le sud sur les masses continentales, provoquant ce qu'on appelle « le paradoxe arctique », marqué par un fort contraste entre un Arctique chaud et des continents froids. De plus, lorsque les ondulations du courant-jet présentent une amplitude importante, elles tendent à se déplacer plus lentement vers l'est, et les régimes météorologiques qu'elles engendrent se déplacent aussi plus lentement. C'est pourquoi les conditions météorologiques durent plus longtemps – qu'il s'agisse de chaleur, de sécheresse, d'humidité, de froid ou même de pluie.

C'est du moins ce qu'en dit la théorie. Elle est d'autant plus difficile à prouver que l'atmosphère est par nature chaotique et que d'autres modifications du système climatique se produisent en même temps. Des variations des températures océaniques et des épisodes d'orages tropicaux, par exemple, peuvent également affecter le comportement des courants-jets. Des études récentes indiquent en effet que les ondulations des courants-jets de l'hémisphère Nord s'accentuent, mais toute la difficulté tient à savoir quels facteurs sont en jeu. Tout dépend de la région considérée, de la saison, et de l'état des fluctuations des conditions naturelles, comme l'impact d'un phénomène El Niño ou La Niña en cours dans l'océan Pacifique tropical sur les températures.

Depuis qu'en 2012 mon collègue Steve Vavrus et moi-même avons pour la première fois établi une corrélation entre un réchauffement rapide de l'Arctique et la probabilité accrue d'extrêmes météorologiques dans les régions tempérées, de nombreux chercheurs se sont emparés du sujet. Si on ne connaît pas encore tous les tenants et aboutissants, on commence à lever le voile sur quelques pans du mystère. Des études sur les températures hivernales ont ainsi identifié les causes probables du schéma « Arctique chaud, continents froids » : lorsque à la fin de l'automne la banquise connaît un fort recul dans les mers de Barents et de Kara (au nord de la Russie occidentale), les risques d'épisodes de grand froid hivernal augmentent en Asie centrale et jusqu'en Amérique du Nord. Car le réchauffement de l'Arctique a tendance à renforcer les vents du nord sur la Sibérie, qui apportent des chutes de neige et des températures froides plus tôt que d'habitude dans la région. L'effet conjugué du réchauffement marin et de la baisse des températures dans le nord de la Sibérie tend à amplifier une onde de Rossby sur la région, et celle-ci peut alors déstabiliser la masse d'air très froid qui stagne généralement à haute altitude au-dessus du pôle Nord (le vortex polaire stratosphérique). Si l'amplitude des méandres du courant-jet est suffisamment forte et persistante, la masse d'air froid peut se disloquer, apportant un hiver très rigoureux sur les masses continentales de l'hémisphère Nord. La vague de froid extrême qui a gravement perturbé les États du sud et du centre des États-Unis en février 2021, par exemple, a été amplifiée et prolongée par une dislocation du vortex polaire. Cet air glacial a exceptionnellement migré vers le sud, s'abattant sur des régions peu habituées et mal préparées au froid extrême – d'où les coupures d'électricité qui ont touché près de dix millions de foyers, et le gel des canalisations qui a privé 12 millions d'habitants d'eau potable. La ville de Dallas, au Texas, a battu un record de froid, enregistrant une température de – 19 °C, soit 24 °C de moins que la moyenne basse de février.

Une nouvelle étude a également révélé une corrélation, en été cette fois-ci, avec les récents épisodes de canicules, feux de forêt, sécheresses et précipitations extrêmes. Ce type d'événement a plus de chances de survenir quand le courant-jet se disloque et qu'un flux balaie le centre du continent tandis qu'un autre frôle le littoral arctique. Ces dislocations tendent à se produire quand la couverture neigeuse de printemps sur les zones terrestres de haute altitude fond plus tôt que d'habitude, une tendance lourde observée ces dernières décennies. Une fonte précoce assèche et réchauffe plus tôt les sols, ce qui crée une ceinture de températures anormalement élevées sur les régions terrestres de haute altitude. Cette ceinture de chaleur favorise la dislocation des courants-jets. Les ondes de Rossby peuvent alors être piégées entre deux flux de courants-jets, induisant un blocage des conditions météorologiques qui peut générer des épisodes anormalement longs de canicule, de sécheresses ou de pluies diluviennes, et débouche souvent sur des événements extrêmes en été. La fragmentation des courants a sans doute contribué à divers épisodes estivaux extrêmes constatés ces dernières années, comme les vagues de chaleur meurtrières qui ont fait des milliers de victimes dans toute l'Europe en 2003 et en 2018, en Russie en 2010, dans le sud et le centre des États-Unis en 2011 et en Extrême-Orient en 2018. Des inondations massives, comme les pluies torrentielles prolongées au Pakistan en 2010 et au Japon en 2018, ont également été liées à des schémas de dislocation du courant-jet, et certains éléments semblent indiquer que de telles conditions sont appelées à se reproduire à mesure que la Terre se réchauffe.

Étant donné que de nombreuses composantes du système climatique sont soumises à des changements rapides, ces effets du réchauffement de l'Arctique sur les latitudes moyennes ne se manifestent pas chaque année, ni dans les mêmes régions ou aux mêmes saisons. Il ne fait toutefois aucun doute que ces perturbations deviendront plus fréquentes et plus intenses, mettant à rude épreuve les infrastructures, les écosystèmes et notre conception de ce qui est « normal ». Il existe une voie de sortie et elle est évidente : les efforts que nous avons amorcés pour limiter les émissions et les concentrations de gaz à effet de serre dans l'atmosphère peuvent – s'ils sont rapidement mis en œuvre et généralisés – empêcher un emballement dramatique des extrêmes météorologiques. À court terme cependant, nous devons nous préparer aux impacts d'extrêmes de plus en plus violents, en attendant que le climat se stabilise – s'il se stabilise un jour. Nous n'avons pas de temps à perdre. /

Quand l'Arctique
est anormalement chaud,
nous remarquons
que les conditions
météorologiques durent
plus longtemps – qu'il s'agisse
de chaleur, de sécheresse,
d'humidité, de froid
ou même de pluie.

2.7

Les extrêmes météorologiques

Friederike Otto

Aujourd'hui, sauf à s'enfermer dans le déni, chacun de nous a compris que le changement climatique n'est ni une menace qui plane loin de chez nous et sur un avenir distant ni une vague abstraction évoquant des concepts obscurs comme « températures moyennes mondiales », mais un phénomène qui est en train de tuer des gens ici et maintenant. Il n'est plus possible d'ignorer l'évidence. Ses impacts se manifestent dans chaque région du monde – que ce soit à travers le « détraquement » des saisons, la fonte des glaciers ou l'élévation du niveau des mers – mais sa réalité s'impose généralement sous la forme d'événements météorologiques extrêmes.

Avant même que nous n'observions ses premiers effets sur la météo au jour le jour, les climatologues et tous ceux qui s'intéressaient un tant soit peu à la physique savaient qu'un climat plus chaud accroîtrait les probabilités de canicules et limiterait la récurrence des épisodes de froid. Sachant qu'une atmosphère plus chaude contient davantage de vapeur d'eau, nous pouvions aussi prédire de plus fortes précipitations. Le même lien de causalité laissait aussi présager de vagues de chaleur plus extrêmes dans un climat plus chaud. Et plus vite on réchauffe le climat, plus on accélère l'intensité des événements extrêmes.

En modifiant la composition de l'atmosphère, nous

avons non seulement réchauffé la planète dans son ensemble, mais aussi modifié la circulation atmosphérique. En d'autres termes, nous avons modifié la façon dont les systèmes météorologiques se forment, se développent et se déplacent. Ces bouleversements peuvent amplifier les effets dus au seul réchauffement, ou avoir l'effet inverse, réduisant le risque de survenance de certains événements météorologiques extrêmes dans des zones précises. Ces deux aspects du changement climatique – le réchauffement et la circulation atmosphérique – peuvent interagir selon des mécanismes complexes et, pour certains extrêmes parmi les plus dévastateurs comme les tempêtes et les cyclones tropicaux. Comprendre ces mécanismes ne va pas de soi.

Ce qui ne nous empêche pas pour autant de savoir comment ces événements plus complexes évoluent. C'est précisément ce que fait la toute jeune science d'attribution des événements extrêmes. En théorie, cette discipline repose sur un principe simple : elle évalue le type d'événements météorologiques possibles dans un monde où le climat change, et les compare à ce qu'il se passerait dans un monde où aucune activité humaine n'influerait sur le climat. Dans la pratique, ces méthodes passent nécessairement par des observations météorologiques et des modèles climatiques capables de simuler de façon fiable l'événement extrême étudié. Ce qui est réalisable pour la plupart des vagues de chaleur et des fortes précipitations – et, jusqu'à un certain point, pour les sécheresses –, mais s'avère bien plus compliqué pour les événements faisant intervenir le facteur vent. Depuis dix ans, cette discipline a considérablement progressé, et est parvenue à attribuer de plus en plus d'événements météorologiques spécifiques à l'évolution du climat, étayant la principale conclusion du dernier rapport du GIEC : « Le changement climatique induit par l'homme affecte déjà de nombreux phénomènes météorologiques et climatiques extrêmes dans toutes les régions du monde. »

Cette science nous a aussi appris que lorsqu'une tempête se déclenche, le niveau de précipitations est plus élevé qu'il ne le serait dans un monde sans changement climatique. Dans le cas de l'ouragan Harvey, qui a provoqué des inondations catastrophiques à Houston au Texas en 2017, cela signifie qu'il y aurait eu 15 % de précipitations de moins en l'absence de changement climatique d'origine anthropique. Ce chiffre de 15 % peut paraître dérisoire, mais il suffit de le rapporter à ses conséquences pour comprendre les effets dévastateurs de l'activité humaine sur le climat, même au niveau d'une tempête particulière. Le coût global des pluies torrentielles attribuées à l'ouragan a été estimé à 90 milliards de dollars, dont 67 milliards seraient imputables à l'excédent de pluies dû au changement climatique. Rappelons que cette estimation ne porte que sur les dégâts économiques. Les impacts sur la vie des citoyens – des pertes de revenu aux décès – sont bien plus difficiles à quantifier, mais un tel événement induit des souffrances considérables, particulièrement pour les individus les plus vulnérables de la société.

La montée du niveau de la mer résultant du changement climatique amplifie également les effets désastreux des tempêtes. La plupart des tempêtes se forment au-dessus des océans et atteignent les côtes un peu plus tard, accompagnées d'ondes de marée de plus en plus fréquentes depuis que le niveau des mers s'est élevé et continuera de s'élever pendant des siècles du fait du réchauffement climatique. L'ouragan Sandy, qui a frappé New York en 2021, illustre parfaitement ce phénomène : les dégâts ont été estimés à 60 milliards de dollars pour la seule onde de marée, dont 8 millions peuvent être attribués à l'élévation du niveau des mers due au changement climatique causé par l'homme. Sans nos émissions fossiles, l'onde de marée de Sandy aurait touché 70 000 personnes de moins. Soulignons toutefois que même si nous arrêtons dès à présent d'émettre des gaz à effet de serre, le niveau de la mer continuera de s'élever. Mais plus tôt nous arrêterons, plus la montée des eaux ralentira.

Le réchauffement de la planète a également modifié la vitesse de déplacement (ou « vitesse de translation ») des systèmes dépressionnaires sur leur trajectoire. Dans les régions océaniques pour lesquelles nous disposons de données, les vitesses de translation ont ralenti. Or, plus une tempête se déplace lentement, plus elle déversera de pluies sur une zone donnée. Il ressort de tout ce que la physique, les statistiques et les observations nous apprennent que les tempêtes auxquelles nous assistons aujourd'hui sont plus destructrices qu'elles ne l'auraient été sans le changement climatique.

Identifier précisément le rôle du changement climatique dans des événements météorologiques extrêmes fournit une information précieuse aux décideurs lorsqu'ils doivent reconstruire après des catastrophes et anticiper les conséquences des événements extrêmes à venir. Tous n'ont hélas pas le même accès à ces informations. Trop souvent – comme ce fut le cas pour le cyclone Idai, qui a dévasté le Mozambique en 2019, ou le cyclone Amphan, qui s'est abattu sur le Bangladesh et l'Inde en 2020 – les modèles sont inadaptés ou ne sont pas mis à la disposition des scientifiques des pays des Suds. Ce que nous savons des mécanismes du changement climatique et des principales vulnérabilités de nos sociétés nous vient essentiellement des recherches et des expériences menées dans des pays des Nords. Face à l'emballement du réchauffement climatique, il est impératif de surmonter ces inégalités. Une tempête devient une catastrophe en fonction des dégâts humains et matériels qu'elle peut provoquer, et si la plupart des changements du système climatique sont linéaires, les impacts et les dégâts ne le sont absolument pas. D'infimes altérations du climat peuvent déboucher sur des conséquences catastrophiques. /

L'activité humaine a des effets dévastateurs sur le climat, même au niveau d'une tempête particulière.

2.8

La boule de neige est déjà en mouvement

Greta Thunberg

Peut-être est-ce l'expression qui pose problème. Le *changement climatique*. Ça n'a pas l'air si grave. Le mot « changement » résonne assez agréablement dans notre monde insatiable. Si chanceux soit-on, il semble toujours y avoir de la place pour une perspective séduisante d'amélioration. Et puis il y a la partie « climat ». Là encore, cela ne semble pas si dramatique. Si vous vivez dans une des nombreuses nations à hautes émissions du Nord, l'idée d'un « changement climatique » pourrait bien être interprétée à l'opposé de l'effrayant et du dangereux. Un monde qui change. Une planète qui se réchauffe. Pourquoi pas ?

Peut-être est-ce en partie la raison pour laquelle tant de gens pensent encore que le changement climatique est un processus lent, linéaire et plutôt inoffensif. Mais le climat ne se contente pas de changer. Il se déstabilise. Il s'effondre. L'équilibre délicat des configurations et cycles naturels qui constituent une partie vitale des systèmes permettant la vie sur Terre est perturbé et les conséquences pourraient être catastrophiques. Parce qu'il existe des points de bascule, des points de non-retour. Et nous ne savons pas exactement quand nous les franchirons. Ce que nous savons, cependant, c'est qu'ils se rapprochent terriblement, même les plus graves. La transformation commence souvent lentement, puis elle se met à accélérer.

Stefan Rahmstorf écrit qu'« il y a suffisamment de glace sur Terre pour élever le niveau des mers de 65 mètres – la hauteur d'un immeuble de vingt étages – et à la fin de la dernière période glaciaire un réchauffement d'environ 5 °C a provoqué une montée des océans de 120 mètres ». Mis bout à bout, ces chiffres nous offrent une perspective des forces auxquelles nous sommes confrontés. La hausse du niveau de la mer ne restera pas une question de milli-, de centi- ou de décimètres très longtemps. Même si le changement prend du temps, nous devons prendre conscience que ce n'est pas une situation à laquelle nous pouvons nous *adapter*.

La calotte glaciaire du Groenland est en train de fondre, tout comme les « glaciers de l'apocalypse » de l'Antarctique Ouest. De récents rapports ont affirmé que le point de bascule pour ces deux événements se trouve déjà derrière nous. D'autres rapports disent qu'il est imminent. Cela signifie que nous pourrions bien avoir déjà généré tant de réchauffement intégré que le processus de fonte ne peut plus être interrompu ou qu'il ne pourra plus l'être très bientôt. Dans un cas comme dans l'autre, nous devons faire tout ce qui est en notre pouvoir pour arrêter le processus parce qu'une fois que cette ligne invisible sera franchie nous ne pourrons probablement plus revenir en arrière. Nous pouvons le ralentir, mais une fois que la boule de neige est en mouvement, elle continue de rouler.

Des milliards de personnes partout sur la planète dépendent de la cryosphère, notamment de glaciers, pour l'eau potable et l'irrigation. Et ceux-ci fondent aussi rapidement. Nous avons donc déjà franchi un certain nombre de points de bascule irréversibles qui déclencheront d'énormes défis dans les décennies à venir. Les glaciers de l'Himalaya, le « troisième pôle » comme on les appelle parfois, sont particulièrement cruciaux : ils fournissent en eau deux milliards de personnes en Asie. Ces glaciers fondent actuellement à un rythme exceptionnel ; une étude historique, commandée par les huit nations concernées et menée par deux cents scientifiques, a prouvé que même si nous parvenions à limiter le réchauffement à 1,5 °C, un tiers de la masse glaciaire disparaîtrait.

Non seulement nous perdons cette ressource vitale, mais cela se produit à une vitesse qui en soi est un problème, car la vitesse de la fonte des glaces nous habitue à des niveaux de débit des eaux anormalement élevés. Quand toute cette eau commencera à s'épuiser, nous serons dans une situation pire encore. Nos infrastructures et nos sociétés ont été construites à l'holocène, qui devient une époque géologique du passé. Le monde dans lequel nous vivions en toute sécurité n'existe plus. /

La hausse du niveau
de la mer ne restera pas
une question de milli-,
de centi- ou de décimètres
très longtemps.
Même si le changement prend
du temps, nous devons prendre
conscience que ce n'est pas
une situation à laquelle
nous pouvons nous *adapter*.

2.9

Sécheresses et inondations

Kate Marvel

En règle générale, la Terre ne produit pas elle-même l'eau dont elle a besoin. C'est inutile puisqu'elle en a reçu d'énormes quantités de l'espace à l'époque de la formation de la planète et, dans l'ensemble, les volumes dont elle dispose sont restés relativement stables depuis lors. Dans des milliards d'années, lorsque le Soleil aura épuisé son énergie et s'éteindra, l'humidité de la Terre s'évaporera dans l'espace pour aller à son tour baigner la surface de quelque lointaine planète.

Concrètement, cela revient à dire que nous buvons exactement la même l'eau que celle dont se sont abreuvés les dinosaures et nourries les premières formes de vie aux origines du monde. Cette eau est de la glace fondue qui se transforme ensuite en vapeur et repasse à état liquide, s'élève des forêts humides, rejoint les profondeurs froides des océans, se déplace des tropiques aux pôles et recommence son cycle. Il arrive parfois, quand la planète oscille légèrement sur son axe, qu'une partie de cette eau se trouve piégée sous forme de glace de glacier pendant plusieurs millénaires. À la fin d'une période glaciaire, elle est libérée et se déverse en torrent d'eau douce pour aller grossir un océan. Sur des échelles de temps plus courtes – des après-midi, des mois, des vies humaines –, elle effectue son cycle de l'océan ou de la terre vers le ciel, et revient, sans être créée ni détruite, mais en changeant en permanence d'état.

Or changer d'état est épuisant. Il faut de l'énergie pour transformer un liquide en vapeur, et c'est pourquoi la chaleur rend notre corps humide et moite. L'évaporation évacue l'énergie de la surface vers le ciel. La condensation réchauffe l'atmosphère, qui à son tour renvoie la chaleur vers les couches froides de l'atmosphère. L'eau sous forme de vapeur est invisible, mais elle colore le ciel de nuages blancs et gris, amas de minuscules gouttes d'eau et de cristaux de glace. La Terre transpire sous la chaleur. La haute atmosphère froide s'enveloppe dans une couverture de nuages. Tout est en équilibre, jusqu'au moment où tout bascule.

Avec la hausse des températures, le monde transpire davantage. L'air a besoin d'eau de la surface, qui cède son humidité au ciel assoiffé. Les océans peuvent aisément satisfaire cette demande accrue. Mais sur terre, l'eau est stockée dans le sol qui l'absorbe comme une éponge. Même durant les années de précipitations moyennes, l'air gourmand peut aspirer les réserves d'eau vitales à la surface terrestre, qui devient aride et dépérit. Le sud-ouest de l'Amérique du Nord traverse la mégasécheresse la plus sévère qu'il ait jamais connue et cela promet de s'aggraver. L'Europe méridionale, le Moyen-Orient et l'Australie occidentale sont également en cours de désertification, ce qui est un effet prévisible de la hausse des températures. La sécheresse est la réaction d'une planète qui peine à se refroidir.

Lors du processus d'évaporation, le liquide passe à l'état de vapeur : une substance incolore et inodore, mais qui pèse lourd. L'atmosphère ne contient pas moins de 10 millions de milliards de kilos de vapeur d'eau, qui exerce une pression dans toutes les directions, vers le haut, le bas et les côtés. Lorsque cette pression devient intenable, une partie de cette vapeur s'échappe vers le ciel, se condense et repasse à l'état liquide. Le seuil où cela se produit augmente rapidement avec la température : l'air chaud peut contenir davantage de vapeur d'eau. Le ciel renferme donc un réservoir d'eau, qui reçoit des crédits de vapeur, les dépense sous forme de précipitations, et en garde une petite partie en réserve. Plus le ciel se réchauffe, plus il accumule d'humidité, à raison de 7 % supplémentaires par degré de réchauffement. Sur une planète plus chaude, les pluies seront nécessairement diluviennes. Un monde plus chaud essuiera des sécheresses mais aussi, par la cruelle logique du cycle de l'eau, des crues et des inondations.

Les sécheresses implacables et les inondations catastrophiques auxquelles nous assistons portent l'empreinte manifeste de l'intervention humaine, tel un témoignage de notre vie postindustrielle gravé dans les cycles de l'eau de la planète. Les progrès extraordinaires de la science de l'attribution permettent désormais de quantifier la part de responsabilité de l'homme dans une sécheresse ou une inondation donnée. Mais nous avons également laissé notre empreinte à une tout autre échelle, gravée dans le ciel, sur les mers et sur les terres. Les observations satellitaires mettent en évidence des modifications à long terme des régimes pluviométriques dont les océans portent la marque : les eaux de l'océan Austral et de l'Atlantique Nord se sont refroidies sous l'effet d'une intensification des précipitations dans ces régions, tandis que l'aridité du climat a conduit à une hausse de la salinité de la Méditerranée et des mers subtropicales. Sur terre, les arbres très anciens nous permettent d'inscrire le présent dans le temps long de la planète. Leurs cernes annuels de croissance déroulent l'histoire des années sèches et des années humides du passé, des fluctuations du taux d'humidité des sols qui les nourrissent.

Le schéma que tracent les cernes des arbres constitue une archive sur plusieurs siècles des phases d'humidité et de sécheresse. Ces changements sont naturels. Mais la tendance qui se dessine aujourd'hui ne l'est plus. En observant la croissance des arbres au cours du siècle passé, nous voyons des sols secs dans les cernes minces et resserrés des arbres privés d'eau. Que des sécheresses sévissent dans le Sud-Ouest américain, en Méditerranée ou en Australie n'a rien d'anormal. Même sans notre intervention, il y aurait des sécheresses dans le monde. Ce qui est anormal, c'est que la sécheresse frappe toutes ces régions en même temps. La nature ne peut pas provoquer cela. Nous, si.

Le monde dans lequel nous vivons aujourd'hui a largement été façonné par l'homme. Qu'en ferons-nous ? Nous ne resterons pas les bras croisés à attendre une calamité. Nous repenserons au monde que nous avons fabriqué. Nous tirerons notre énergie du soleil et du vent, qui règlent la danse de l'eau de la surface terrestre vers l'atmosphère, et inversement. Nous résisterons et nous changerons, comme l'eau dont nous dépendons. Nous n'avons pas d'autre choix. /

2.10

Calottes polaires

Ricarda Winkelmann

*Décembre 2010 : – 32 °C. Notre navire de recherche est arrivé en Antarctique. Coordonnées : 71° 07' sud, 11° 40' ouest. Il est 4 heures du matin et on se croirait en plein jour. Je regarde la barrière de glace qui se dresse devant nous, surplombant d'une trentaine de mètres la surface de l'océan. Je suis saisie par sa beauté, par les structures complexes de la glace et j'ai peine à imaginer son immensité : elle couvre près de 14 millions de kilomètres carrés et, par endroits, son épaisseur dépasse les 4 000 mètres. Si toute cette glace venait à fondre, le niveau des mers s'élèverait de près de 60 mètres sur l'ensemble de la planète. En levant le regard, je me dis qu'une grande partie de cette glace s'est formée il y a des centaines de milliers d'années. Les hommes, eux, n'ont posé le pied sur les glaces de l'Antarctique qu'au début du XX*e *siècle. Comment se peut-il qu'en si peu de temps nous soyons devenus la force dominante déterminant l'évolution future de ce géant majestueux ?*

Je n'oublierai jamais ce moment de ma première expédition scientifique en Antarctique. C'est là que j'ai ressenti ce que signifie véritablement notre entrée dans l'anthropocène : l'homme est devenu une force géologique.

Nos activités affectent de plus en plus toutes les composantes du système terrestre, jusqu'aux deux calottes glaciaires de la planète, au Groenland et en Antarctique. Depuis quelques dizaines d'années, la perte de masse des calottes glaciaires et de leurs barrières (ou plates-formes) de glace – des langues de glace flottante se prolongeant dans la mer – accuse une forte accélération. Au total, les nappes glaciaires ont perdu 12 800 milliards de tonnes de glace entre 1994 et 2017. À titre de comparaison, 1 000 milliards de tonnes de glace représenteraient un cube de glace de 10 000 mètres de côté, soit une hauteur supérieure à celle de l'Everest.

À l'avenir, les calottes polaires devraient devenir la première cause possible de l'élévation du niveau des mers. Du fait de leur énorme masse, leur retrait, si minime soit-il, peut très sensiblement accroître le risque de submersion des zones côtières, entraînant de terribles conséquences pour la société, l'économie et l'environnement.

De profonds changements commencent déjà à apparaître dans les régions polaires. En 2020, les températures aux pôles ont battu des records absolus de chaleur, avec +18 °C sur la péninsule antarctique et +38 °C dans l'Arctique. En 2021, deux épisodes de fonte d'une ampleur inédite se sont produits sur l'inlandsis du Groenland, qui avait déjà connu une série de fontes massives en 2010, 2012 et 2019. De l'autre côté de la planète, au bord de la mer de Weddell, le plus grand iceberg du monde s'est détaché du flanc occidental de la barrière glaciaire de Filchner-Ronne. L'analyse des images satellitaires a révélé que d'autres gigantesques blocs de glace étaient en train de se séparer de la langue de glace du glacier de l'île du Pin, accélérant l'écoulement de l'un des glaciers qui est déjà le plus rapide de l'Antarctique.

Ces événements ponctuels sont certes des instantanés, mais ils sont révélateurs des changements aussi radicaux que significatifs qui se produisent actuellement sur les inlandsis et autour d'eux. Les régions polaires comptent parmi les systèmes d'alerte les plus efficaces de notre planète qui nous renseignent sur l'avancée du changement climatique, et tous les signaux sont à présent au rouge.

Nous ne devons pas les ignorer : si nous n'infléchissons pas le cours du changement climatique, nous donnerons une impulsion supplémentaire à la déstabilisation des calottes glaciaires, qui risquerait de déclencher des cycles d'autorenforcement incontrôlables.

L'un de ces cycles d'autorenforcement, ou boucle de rétroaction positive, est lié à la fonte de la surface de l'inlandsis groenlandais : à mesure que la fonte s'accélère, la surface s'enfonce doucement et perd de l'altitude. Dans l'environnement plus bas, l'air est généralement plus chaud, ce qui entraîne une accélération de la fonte et une perte de hauteur supplémentaire, et ainsi de suite. Au-delà d'un seuil de réchauffement critique, cette rétroaction fonte-altitude pourrait conduire à un retrait irréversible des glaces, jusqu'à ce qu'il ne reste pratiquement plus rien de la calotte du Groenland.

Le climat de l'Antarctique étant plus froid que celui du Groenland, ce n'est pas tant la fonte de surface qui menace la stabilité de sa nappe glaciaire, que ce qui est à l'œuvre sous la calotte. Une grande part de la perte de masse de l'Antarctique résulte de la fonte des langues de glace flottante qui entourent le continent. Lorsqu'elles entrent en contact avec les eaux plus chaudes de l'océan, elles s'effondrent, accélérant l'écoulement des glaciers de l'intérieur des terres vers l'océan, ce qui peut enclencher un cercle vicieux de perte de masse.

C'est parce que ces boucles de rétroaction s'amplifient que l'on considère les deux calottes polaires comme des éléments de bascule du système terrestre. Dès lors qu'elles approchent d'un seuil critique de réchauffement, ou point de bascule, une infime perturbation peut suffire à déclencher des fontes de glaces de grande ampleur qui pourraient être irréversibles.

Le risque de franchir ces points de bascule augmentera singulièrement si le réchauffement dépasse 1,5 °C ou 2 °C. Au-delà de ces seuils, des pans du Groenland et de l'Antarctique risquent de perdre l'intégralité de leurs glaces, ce qui provoquerait une montée des eaux de plusieurs mètres à l'échelle mondiale. Ce phénomène durerait plusieurs siècles, voire plusieurs millénaires, c'est pourquoi les choix d'aujourd'hui changeront la face du monde pour de nombreuses générations futures : à supposer même que les températures retombent, il faudrait qu'elles soient beaucoup plus froides qu'aujourd'hui pour que les calottes glaciaires se reconstituent et retrouvent leur masse actuelle. Autant dire que les parties des calottes glaciaires qui se sont effondrées sont perdues à jamais. /

2.11

Le réchauffement des océans et la montée des eaux

Stefan Rahmstorf

En 1987, l'un des grands pionniers de l'océanographie tirait la sonnette d'alarme dans la prestigieuse revue scientifique *Nature* :

> *Les habitants de la planète Terre mènent discrètement une gigantesque expérience environnementale. Ses répercussions seront si vastes et si profondes que, si elle était soumise à l'approbation de n'importe quel conseil un tant soit peu responsable, elle serait fermement rejetée. Pourtant, elle se poursuit sans qu'aucune juridiction ni aucun pays s'en émeuve. L'expérience en question est la libération de* CO_2 *et autres gaz dits à effet de serre dans l'atmosphère.*

Ces lignes ont été écrites par Wallace Broecker, avec qui j'ai eu la chance de travailler pendant quelques années au sein de la Commission sur les changements climatiques abrupts avant qu'il ne nous quitte, en 2019. Je m'intéresserai ici aux conséquences de cette « gigantesque expérience » sur les aspects physiques de l'Océan – c'est-à-dire relevant de la physique plutôt que de la biologie marine ou de la chimie, traités par ailleurs dans ce livre.

Des océans plus chauds

Les océans ont absorbé plus de 90 % de la chaleur excédentaire de notre planète qui a été piégée par des concentrations croissantes de gaz à effet de serre. Ce n'est pas parce que les océans se réchauffent plus rapidement que l'air, mais parce qu'il faut davantage d'énergie pour chauffer l'eau que l'air (en d'autres termes, l'eau a une capacité thermique très supérieure). Les océans absorbent cette chaleur à leur surface, qui enregistre donc la plus forte hausse de température ; elle pénètre plus lentement dans les profondeurs océaniques. La capacité thermique de l'océan augmente à un rythme de 11 zettajoules par an, ce qui représente vingt fois la quantité d'énergie consommée par l'humanité.

Bien que les océans absorbent 90 % de la chaleur en excédent, les températures de surface de la mer ont augmenté presque deux fois moins que celles de l'air à la surface des terres : de 0,9 °C depuis la fin du XIXe siècle, contre 1,9 °C pour la surface des sols (fig. 1). Sachant que les masses océaniques recouvrent 71 % de la surface du globe terrestre, cela représente un réchauffement moyen de 1,2 °C de la planète.

Lorsque la planète se sera réchauffée de 1,5 °C, les températures à la surface des terres auront augmenté d'environ 2,4 °C. Lorsqu'on parle de « température moyenne de la planète », on minimise donc considérablement l'impact réel du réchauffement sur les sociétés humaines. Or, la capacité thermique relativement

Évolution de la température de surface de la mer et de la température de l'air à la surface des terres dans le monde

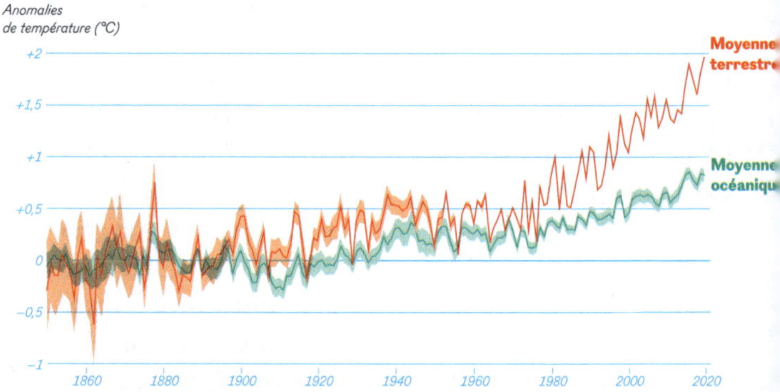

Figure 1 : Les anomalies de température des régions de glaces marines sont calculées séparément et ne figurent pas ici.

élevée des océans ne signifie pas que notre planète met du temps à se réchauffer et qu'elle a encore de la marge avant d'atteindre le réchauffement à l'équilibre.

Nombreux sont ceux qui pensent que l'essentiel du réchauffement climatique à venir étant déjà inscrit dans nos émissions passées, il sera impossible de le contenir à 1,5 °C, comme le prévoit l'accord de Paris. Fort heureusement, ce n'est pas le cas. Lorsque nous aurons atteint un taux d'émission zéro, la concentration des gaz à effet de serre dans l'atmosphère commencera à diminuer, contrant l'effet d'inertie thermique, de sorte qu'il reste tout à fait envisageable d'arrêter le réchauffement à 1,5 °C – à condition toutefois de parvenir assez vite à zéro émission nette.

Le réchauffement des océans pose un certain

nombre de problèmes inquiétants. En premier lieu, il fournit davantage d'énergie aux cyclones tropicaux, qui gagnent en puissance et s'intensifient plus rapidement. Deuxièmement, des océans plus chauds libèrent davantage d'eau par évaporation, ce qui accroît la pluviométrie à l'échelle mondiale. Malheureusement, cela exacerbe les épisodes de pluies torrentielles qui provoquent plus d'inondations qu'ils n'atténuent les sécheresses. Troisièmement, le réchauffement a tendance à réduire la capacité des océans à séquestrer le dioxyde de carbone. À l'heure actuelle, les océans absorbent près d'un tiers de nos rejets de CO_2, ce qui est considérable, mais des eaux plus chaudes retiennent moins bien le CO_2 (il suffit pour s'en convaincre d'essayer de faire bouillir de l'eau minérale). Quatrièmement, le réchauffement des océans a un effet délétère sur la vie marine, provoquant

Changements observés des niveaux des océans de la planète

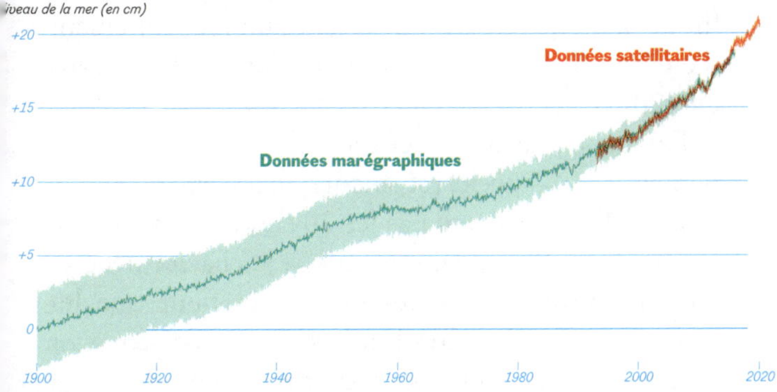

Figure 2

des catastrophes comme le blanchiment des coraux. Enfin, l'eau se dilate lorsqu'on la réchauffe, ce qui nous conduit à la difficulté suivante : l'élévation du niveau des mers.

La montée des eaux

Un réchauffement climatique planétaire se traduira inévitablement par une hausse du niveau des mers, et ce pour deux raisons. D'abord parce que l'eau des océans se dilate avec la chaleur, et étant donné que les océans font plusieurs milliers de mètres de profondeur, un très faible taux de dilatation thermique suffit à élever le niveau marin de plusieurs mètres. Ensuite parce que les glaces terrestres perdent de la masse et déversent des quantités supplémentaires d'eau dans les mers. Il y a suffisamment de glace sur Terre pour élever le niveau des mers de 65 mètres – la hauteur d'un immeuble de vingt étages – et à la fin de la dernière période glaciaire un réchauffement d'environ 5 °C a provoqué une montée des océans de 120 mètres.

Par comparaison, l'élévation du niveau des mers depuis le XIXe siècle est encore relativement faible, puisqu'elle ne dépasse pas les 20 centimètres (fig. 2). Il faut en effet longtemps pour que la chaleur pénètre dans les profondeurs des océans, et pour que les grosses masses glaciaires fondent. Nous n'en sommes toutefois qu'au tout début d'une montée des eaux bien plus importante, qui est déjà « inscrite » et se manifestera au cours des prochains siècles et millénaires, même si le réchauffement s'arrête.

Jusqu'à présent, l'élévation du niveau de la mer que nous avons observée correspond aux données indépendantes sur les différents facteurs contributifs, recueillies depuis le début du suivi satellitaire du niveau des océans, en 1993, à savoir :

- **la dilatation thermique des océans** 42 %
- **les glaciers** 21 %
- **la calotte glaciaire du Groenland** 15 %
- **la calotte glaciaire de l'Antarctique** 8 %

(Le solde peut être attribué au pompage des eaux souterraines pour l'agriculture et à l'imprécision de certaines données.)

Le sixième rapport d'évaluation du GIEC prédit que d'ici à 2100 le niveau des océans de la planète pourrait augmenter de 50 centimètres à 1 mètre, selon le niveau à venir d'émissions de gaz à effet de serre. Au vu des terribles inondations que provoque déjà la faible élévation que nous constatons jusqu'à présent, une montée de 1 mètre aurait des conséquences catastrophiques dans de nombreuses régions côtières. De plus, une grande incertitude demeure : le GIEC ne peut pas exclure que le niveau moyen des mers augmente de plus de 2 mètres d'ici à 2100, voire de 5 mètres à l'horizon 2150. Ce scénario pourrait se réaliser si d'importantes masses glaciaires, devenues instables, se déversent rapidement dans l'océan – un processus que les modèles scientifiques actuels ne permettent pas de simuler avec un degré de confiance suffisant. L'histoire de la Terre nous fournit toutefois une sévère mise en garde : ces phénomènes d'instabilité de la calotte glaciaire se sont déjà produits au cours des périodes glaciaires passées.

Bien que les océans soient reliés et forment un seul et même océan mondial, leur surface n'est pas plane et le niveau de la mer ne s'élèvera pas uniformément partout. Dans des villes comme Venise ou La Nouvelle-Orléans, les terres côtières sont en retrait ; parallèlement, le niveau de la mer monte en Scandinavie où, pendant la dernière glaciation, les calottes glaciaires avaient alourdi la masse terrestre. Mais la surface de l'océan elle-même peut différer d'une région à l'autre, en raison par exemple de la force gravitationnelle réduite des masses de glace terrestre en recul ou de changements des vents dominants, ou encore de la circulation océanique.

Changement des courants océaniques

La circulation océanique globale joue un rôle climatique déterminant en transportant de la chaleur dans le monde entier. Elle est engendrée par le vent et par les différences de densité des eaux des océans (circulation thermohaline), la densité de l'eau étant déterminée par sa température et sa salinité.

Le réchauffement climatique affecte le régime des vents et modifie du même coup légèrement ces courants marins poussés par les vents. Mais un bouleversement autrement inquiétant de la circulation océanique menace la circulation thermohaline, notamment dans l'Atlantique, où le système de courants océaniques brassant les eaux, appelé la circulation méridienne de retournement Atlantique (AMOC) – et parfois comparé à un « tapis roulant » de l'océan – joue un rôle déterminant dans le système de transport de chaleur, apportant de l'eau chaude dans l'Atlantique Nord depuis les tropiques, puis renvoyant de

Changement de température de surface de la mer dû à la circulation méridienne de retournement Atlantique

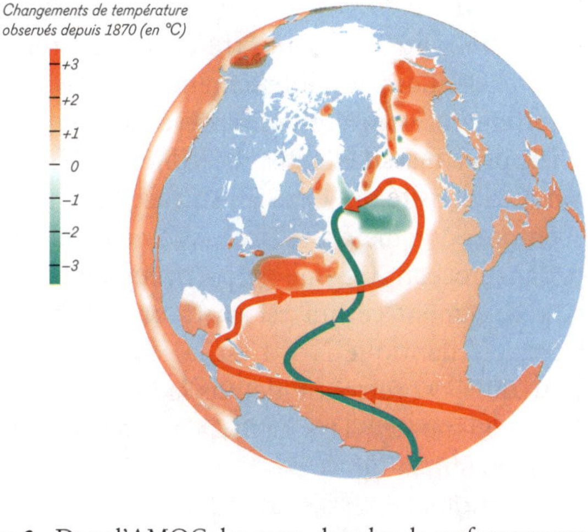

Figure 3 : Dans l'AMOC, les eaux chaudes de surface sont transportées vers le nord, et libèrent de la chaleur dans l'atmosphère avant de plonger à des profondeurs de 2 000 à 4 000 mètres, puis de repartir vers le sud sous forme de courant profond froid. L'AMOC déplace près de 20 millions de mètres cubes d'eau par seconde, soit près de cent fois plus que le débit du fleuve Amazone.

l'eau froide dans l'hémisphère Sud, vers l'Antarctique (fig. 3).

C'est essentiellement à cause de l'AMOC que l'hémisphère Nord est plus chaud que l'hémisphère Sud. Le déplacement et la libération de grandes quantités de chaleur augmentent la température de l'Atlantique Nord et des masses terrestres qui le bordent – dont une grande partie de l'Europe – de plusieurs degrés par rapport à la normale.

Les modèles climatiques prédisent depuis longtemps que dans le schéma de réchauffement planétaire, la région de l'Atlantique Nord qui se trouve juste au sud du Groenland ne se réchauffera que très peu, et pourrait peut-être même se refroidir, car on prévoit un affaiblissement de l'AMOC. Le réchauffement associé à la hausse des précipitations et à l'apport massif d'eaux de fonte du Groenland diminue la densité des eaux de surface qui, de ce fait, ne s'enfoncent plus aussi profondément qu'auparavant dans l'océan. Ce qui est préoccupant, c'est que c'est précisément ce qui est en train d'arriver dès à présent : l'Atlantique Nord est la seule région de la planète qui s'est refroidie depuis la fin du XIXe siècle (comme le montre la « tache » froide au sud du Groenland sur la figure 3).

Ce phénomène est particulièrement inquiétant parce que l'on sait que l'AMOC a un point de bascule au-delà duquel elle ne peut plus se maintenir et s'effondrera. Elle s'est déjà effondrée plusieurs fois au cours de l'histoire de la Terre, bouleversant les régimes climatiques dans toutes les régions de la planète.

Dans la pratique, voici comment elle fonctionne : en temps normal, l'AMOC apporte de l'eau de mer salée depuis les latitudes subtropicales vers l'Atlantique Nord, contribuant à densifier suffisamment les eaux pour qu'elles s'enfoncent en profondeur. Lorsqu'elle s'affaiblit, les courants transportent moins de sel vers le nord, ce qui la ralentit encore plus en diminuant encore plus la densité des eaux. À un moment donné, un cercle vicieux s'enclenche et la circulation méridienne s'arrête.

Depuis qu'en 1987 Wally Broecker nous a mis en garde en contre « de mauvaises surprises de l'effet de serre », on craignait que les émissions ne poussent l'AMOC à franchir son point de bascule. C'est effectivement là l'un des plus gros risques du réchauffement planétaire. Personne ne sait vraiment où se situe ce point de bascule, ni à quel point nous nous en sommes approchés. D'un côté, les modèles climatiques indiquent qu'il y a peu de risques qu'il soit franchi avant la fin du XXIe siècle. D'un autre côté, ces mêmes modèles peinent à représenter précisément la stabilité de l'AMOC alors que des données d'observation fournissent des signaux d'alarme crédibles indiquant que nous en sommes dangereusement proches.

Le franchissement de ce point de bascule refroidirait le nord-ouest de l'Europe, mais engendrerait aussi une hausse considérable des niveaux de la mer sur la côte Est de l'Amérique, entraînerait l'effondrement d'écosystèmes marins, réduirait les quantités de CO_2 absorbées par les océans, réchaufferait encore plus l'hémisphère Sud, et pourrait de surcroît déplacer la ceinture des pluies tropicales et bouleverser le régime des moussons en Asie. Et l'histoire de la Terre nous a appris qu'il faut près d'un millénaire pour que l'AMOC se rétablisse. /

Il y a suffisamment de glace sur Terre pour élever le niveau des mers de 65 mètres – la hauteur d'un immeuble de vingt étages.

2.12

L'acidification des océans et les écosystèmes marins

Hans-Otto Pörtner

À l'heure actuelle, la quantité de dioxyde de carbone dans l'atmosphère augmente près de cent fois plus vite qu'à la fin de la dernière période glaciaire, qui a vu la concentration de CO_2 atmosphérique augmenter d'environ 80 ppm (parties par million) en 6 000 ans. Et déjà, à près de 416 ppm, elle a atteint son plus haut niveau en 2 millions d'années.

Le CO_2 produit par les activités humaines pénètre dans les couches supérieures de l'océan mais, sous l'action de la biologie et des courants océaniques, il atteint aussi ses couches plus profondes. Comme sur Terre, la photosynthèse est le principal mécanisme biologique de séquestration du CO_2 atmosphérique dans l'océan. L'océan a absorbé 20 % à 30 % des émissions anthropiques de CO_2, les diluant, neutralisant leur acidité, et les enfouissant sous ses eaux profondes. Cependant, la capacité d'absorption du CO_2 de l'océan (et de la Terre) diminue à mesure que les niveaux de CO_2 atmosphérique augmentent, en partie à cause du réchauffement climatique. De plus, le CO_2 pénètre non seulement dans l'eau mais aussi dans les fluides corporels des organismes marins, notamment dans le sang des poissons, où il forme un acide faible. Pour désigner l'enrichissement en CO_2

de l'eau de mer et la baisse résultante de son pH, on parle d'acidification des océans.

Ce processus met en péril les organismes et les écosystèmes marins, ajoutant aux dangers liés au réchauffement et aux déperditions d'oxygène. L'acidité a déjà augmenté de près de 30 %. Même si les efforts actuels visant à réduire et, à terme, arrêter les émissions de CO_2 aboutissent, une part de l'acidification des océans et les risques qu'elle fait courir aux organismes et aux écosystèmes marins persisteront à long terme.

Jusqu'à présent, nous avons constaté que l'acidification des océans ralentit souvent la calcification – la coquille de certains organismes s'amincit ou se fissure, par exemple – ou déstabilise les écosystèmes carbonatés comme les récifs coralliens. Elle inhibe le processus de calcification, aussi bien pour le phytoplancton et les foraminifères marins (organismes unicellulaires à coquille), que pour les coraux et les coquillages tels que les moules et les oursins et réduit sensiblement le taux de croissance et la survie de certains groupes, notamment les échinodermes (étoiles de mer, oursins…) et les gastéropodes (escargots, bulots…). Les coraux, les mollusques et les échinodermes y sont particulièrement vulnérables. L'élévation des concentrations de CO_2 perturbe fortement le comportement de certains poissons, mais nous ignorons si ces perturbations sont durables et ont des répercussions à long terme sur les écosystèmes. Nous ne disposons pas pour l'instant d'assez de données pour savoir si les organismes sont capables de s'adapter et d'échapper à ce type de troubles fonctionnels. Nous savons cependant que tous les organismes marins sont directement impactés par ces altérations de la composition chimique de l'océan, et que les animaux qui s'en nourrissent sont indirectement touchés par les modifications de la chaîne alimentaire.

Les océans sont donc en train de se réchauffer et en même temps de s'acidifier – sans que l'on sache encore si les effets conjugués de la déperdition d'oxygène et de l'acidification influencent ou exacerbent déjà les impacts du réchauffement océanique. Les organismes complexes comme la faune et la flore marines se développent dans une fourchette de température relativement étroite et sont donc extrêmement sensibles à ce réchauffement. Le réchauffement est un facteur déterminant de l'évolution actuelle des aires de répartition de la faune marine et certaines espèces meurent lorsque les températures extrêmes dépassent leurs limites physiologiques de tolérance. Les animaux à sang froid et à respiration aquatique de l'Antarctique (comme les poissons des glaces) ou du Haut-Arctique (comme la morue polaire) ont des plages de tolérance thermique très étroites et sont donc d'autant plus vulnérables au fort réchauffement des régions polaires qu'il n'existe aucun autre habitat adapté vers lequel ils pourraient migrer. Dans les régions océaniques les plus chaudes, des espèces particulières et même des écosystèmes entiers, comme les récifs coralliens, se détériorent peu à peu sous l'effet des hausses de température. Il semble de plus en plus admis que les concentrations élevées de CO_2 et la perte d'oxygène de l'eau de mer affectent la tolérance thermique des espèces, ce qui modifie leurs aires de distribution et a une incidence sur leur survie et celle des populations humaines. L'état et la composition spécifique des écosystèmes subissent de tels bouleversements que leur avenir est incertain. Les exemples d'extinctions provoquées exclusivement par le changement climatique sont rares, mais plusieurs projections indiquent que les disparitions d'espèces dues à la destruction de l'habitat et à la dégradation de l'environnement induites par l'homme seront exacerbées par le changement climatique.

Nous devons absolument prendre des mesures pour renforcer la biosphère marine et accroître sa capacité d'absorber, transformer et stocker le CO_2. Il est indispensable de rétablir des écosystèmes sains et de créer des réseaux de zones protégées couvrant de 30 % à 50 % de la surface des océans. Nous parviendrions ainsi à mieux protéger la biodiversité, à reconstituer les populations de baleines, d'algues et de poissons, et à régénérer les mangroves, les herbiers marins et les prés-salés, qui contribuent tant à réduire l'acidification des océans qu'au cycle du carbone. L'impératif premier est de ne pas dépasser l'objectif de 1,5 °C de l'accord de Paris. Il en va de la survie de ces espèces marines aussi essentielles pour atténuer le changement climatique que pour nourrir l'humanité et protéger les régions côtières habitées. /

2.13

Les microplastiques

Karin Kvale

Les microplastiques ont beaucoup en commun avec les rejets de dioxyde de carbone d'origine anthropique. Ils proviennent pour la plupart des mêmes sources que les combustibles à base de carbone. Comme le CO_2, ce sont des polluants à longue durée de vie et, comme le CO_2, ils résultent de l'impact généralisé des activités humaines. Ces deux substances s'accumulent dans l'atmosphère et dans les océans, par le biais de nos contributions individuelles (les émissions de gaz d'échappement dans le cas du CO_2, ou la dégradation des pneus et des plaquettes de frein pour les microplastiques, par exemple) et de contributions collectives comme les activités agricoles et industrielles.

Les océans, qui couvrent 70 % de la surface de la Terre et reçoivent les eaux de presque tous les fleuves du monde, sont le dernier réceptacle d'une part encore mal quantifiée des plastiques qui échappent au contrôle de l'homme. Selon une estimation, chaque année, pas moins de 15 % à 40 % des déchets plastiques des pays riverains sont rejetés en mer, faute de système efficace de gestion des déchets. Des prélèvements effectués sur les plages et en haute mer ont mis en évidence l'augmentation continue (mais non uniforme) de la quantité de plastiques dans l'océan. Mais on ne retrouve aucune trace de microparticules de plastique – petits fragments de moins de 5 millimètres de long – dans les relevés effectués à la surface de l'océan. Les scientifiques en ont récemment repéré des concentrations surprenantes au plus profond des océans, dans des sédiments sous-marins aux marges du plateau continental, et à quelques mètres de la surface de la mer, où la lumière ne pénètre pas. De fortes concentrations de particules de microplastiques ont également été signalées dans l'océan Arctique, loin d'établissements humains. Au-delà de ces régions et d'autres zones d'accumulation connues, telles les gyres océaniques, la mer Méditerranée, la mer du Japon et la mer du Nord, pratiquement tous les espaces étudiés ont livré des microparticules de plastique. Leur omniprésence est telle qu'on les considère désormais comme une nouvelle composante de l'eau de mer.

La pollution marine par les plastiques présente de graves dangers. Nous sommes déjà sensibilisés à certains risques locaux : les sacs en plastique jetables et les filets de pêche sont néfastes pour les baleines, les tortues de mer, les oiseaux et d'autres animaux qui peuvent s'y empêtrer ou les avaler, et s'étouffer ou dépérir. Il en va de même pour les microplastiques : les copépodes, minuscules crustacés prédateurs, s'entravent dans des fibres de microplastiques, et ingèrent régulièrement des microbilles. Les plastiques flottants sont quant à eux un vecteur tout trouvé pour des espèces normalement sédentaires qui risquent de devenir invasives ; de la même façon, on a retrouvé en surface des océans des microplastiques tapissés de bactéries et de toxines pathogènes. Quand les huîtres et autres coquillages ingèrent ces particules infestées, les toxines peuvent s'accumuler dans leurs tissus et se transmettre (avec les bactéries) au consommateur. L'absorption de plastiques soumet la faune des fonds marins à un stress qui nuit à sa fécondité, ce qui, par ricochet, peut déséquilibrer tout l'écosystème.

Quel pourrait être l'impact du plastique rejeté en mer à l'échelle de la planète ? On sait depuis peu que les microparticules de plastique présentes dans l'atmosphère dispersent et absorbent le rayonnement solaire, mais il reste à déterminer si, au bout du compte, elles contribuent plutôt à réchauffer ou à refroidir la planète. L'océan est une source importante de microplastiques atmosphériques, qu'il projette dans l'air par les vagues et les embruns. Dans les décennies à venir, la pollution plastique des mers pourrait compromettre nos engagements climatiques. Des modélisations ont toutefois montré que les plastiques peuvent aussi bien accélérer la perte d'oxygène des océans que le réchauffement planétaire. Cela s'explique par le fait que les minuscules prédateurs à la base de la chaîne alimentaire ingèrent parfois des microplastiques en lieu et place de phytoplancton, ce qui a une incidence sur le fonctionnement de l'écosystème dans son ensemble. Ainsi, alors que pour l'heure la quantité absolue de plastique dans l'environnement naturel ne représente qu'une part très minime du problème du CO_2, elle pourrait avoir un impact disproportionnellement élevé sur les systèmes terrestres.

La pollution plastique semble d'autant moins près de ralentir que l'industrie pétrochimique considère le plastique comme son principal levier de croissance à long terme. Les sacs en plastique jetables et autres emballages pratiques et bon marché, omniprésents dans notre quotidien, se présentent désormais comme des matériaux « compostables » ou « recyclables », nous incitant à en utiliser davantage en toute bonne conscience. Or, les dispositifs de gestion des déchets à l'échelle mondiale sont très insuffisants, et incapables de recycler une grande part des produits commercialisés sur le marché. Faute de réglementation sur l'étiquetage des emballages, les consommateurs pratiquent un « recyclage optimiste » (qui consiste à jeter un produit dans un bac de tri sans trop savoir s'il est recyclable ou non), et contaminent ainsi le flux de déchets : des plastiques qui auraient pu être recyclés finissent dans une décharge, ou pire. Par ailleurs, l'absence de responsabilisation des filières internationales d'exportation des déchets se traduit par un afflux de plastiques usagés dans des pays où la réglementation et le contrôle sont insuffisants pour empêcher que des déchets mal triés finissent dans la nature. Chaque pays doit résoudre ses problèmes de gestion des déchets ou réglementer indépendamment sa production de matières plastiques. Une tragédie collective est en train de se jouer dans nos océans et notre atmosphère. Pour l'éviter, les États doivent coordonner de toute urgence leur action. /

2.14

L'eau douce

Peter H. Gleick

L'eau, sous toutes ses formes, est notre lien planétaire : elle est au cœur de notre alimentation et de notre santé, du bien-être de notre environnement, de la production de biens et de services, et elle scelle notre appartenance à une communauté. L'eau est aussi un élément fondamental de notre système climatique, articulé sur le cycle mondial de l'eau qui préside aux mécanismes d'évaporation, de précipitations, de ruissellement, d'échanges avec l'atmosphère et alimente les réservoirs terrestres. L'usage que nous en faisons a donc des incidences sur la crise climatique. Tant que nos systèmes énergétiques reposeront sur les combustibles fossiles, notre consommation d'eau générera des gaz à effet de serre. En témoigne l'exemple de la Californie, où pas moins de 20 % de la production d'électricité et un tiers du gaz naturel hors centrales électriques sont utilisés pour transporter, traiter et chauffer l'eau consommée par les entreprises et les particuliers. En décarbonant notre secteur de l'électricité et en nous passant d'énergies fossiles, nous pouvons contribuer à rompre ce lien énergie-eau-climat.

Les changements climatiques induits par l'activité humaine ont profondément modifié notre système hydrologique. Avec la hausse des températures, l'évaporation de l'eau des sols et des plantes augmente, libérant davantage d'eau dans l'atmosphère, ce qui entraîne des précipitations plus intenses dans certaines régions, et des sécheresses plus sévères dans d'autres. En montagne, la neige – source première d'eau pour des milliards d'individus – tombe sous forme de pluie ou fond plus tôt que d'habitude, aggravant les inondations et limitant la quantité d'eau disponible en période chaude. L'élévation du niveau des mers provoque des intrusions d'eau salée dans les aquifères d'eau douce des régions côtières, les rendant impropres à la consommation. Le réchauffement et la dégradation des fleuves ont des conséquences désastreuses sur les zones de pêche et autres écosystèmes aquatiques.

Les climatologues prédisent depuis longtemps ces impacts, qui se manifestent désormais parce que la communauté internationale a perdu du temps à tergiverser, temporiser et débattre. Et ces impacts sont aujourd'hui amplifiés par la crise mondiale de l'eau qui, en soi, est déjà dramatique. Des milliards d'individus sont encore privés d'eau potable saine et abordable et de systèmes d'assainissement. Les rejets de déchets industriels et humains polluent nos cours d'eau. Les prélèvements humains d'eau douce détériorent nos écosystèmes aquatiques dans le monde entier. Les conflits violents liés à l'eau augmentent en nombre et en intensité : en Inde et en Iran, la sécheresse et les pénuries d'eau ont récemment déclenché des émeutes ; en Afrique subsaharienne, agriculteurs et bergers s'affrontent sur la question de l'accès aux terres et à l'eau, qui est de plus en plus utilisée comme arme. De plus en plus de régions approchent ou ont atteint le « pic de l'eau », seuil critique où les pressions physiques, économiques ou écologiques interdisent de prélever davantage d'eau. L'homme a littéralement consommé certains fleuves jusqu'à la dernière goutte ou presque, comme le Colorado, partagé entre sept États, aux États-Unis et au Mexique. De nombreux bassins hydrogéologiques sont surexploités en Chine, en Inde, au Moyen-Orient et aux États-Unis, avec des conséquences en cascade : affaissements de terrain, enchérissement des coûts de pompage, épuisement des sols agricoles. Ces « pics de l'eau », associés aux impacts croissants du changement climatique, nous invitent à reconsidérer de fond en comble notre rapport à l'eau.

Cela étant, une autre approche est possible, une « voie douce » pour l'eau qui permettrait tout à la fois de résoudre les problèmes d'accès aux ressources en eau dans le monde et de réduire notre vulnérabilité au changement climatique. Cette « voie douce » consiste à renoncer à s'appuyer uniquement sur des infrastructures en dur et centralisées comme les barrages, les aqueducs et les grandes stations de traitement des eaux pour privilégier le traitement et le recyclage de l'eau, la récupération et la gestion rationnelles des eaux pluviales, les réseaux de distribution d'eau à plus petite échelle et, lorsque les conditions économiques et environnementales le permettent, la désalinisation des eaux saumâtres ou de l'eau de mer. Cette démarche nous impose également de reconsidérer la façon dont nous utilisons l'eau et d'optimiser les services qu'elle nous rend, tout en minimisant la quantité d'eau et d'énergie que nous consommons. La voie douce est une voie plus équitable, qui tient compte de l'importance fondamentale qu'il y a à préserver des écosystèmes sains et des communautés saines. Nous devons nous attaquer aux inégalités flagrantes de nos systèmes de distribution d'eau et d'énergie, afin de réduire les impacts disproportionnés que le changement climatique aura sur des communautés déjà marginalisées et vulnérables. C'est en assurant à tous de l'eau potable et des systèmes d'assainissement, en protégeant et régénérant les écosystèmes détériorés, et en bâtissant une résilience face aux impacts climatiques désormais inévitables que nous viendrons à bout de ces inégalités et que nous préparerons un avenir où les ressources en eau seront plus durables. /

2.15

Beaucoup plus près de nous qu'on ne le croit

Greta Thunberg

Les ministres de l'Environnement de près de deux cents nations se sont accordés hier soir sous l'égide des Nations unies pour adopter une nouvelle stratégie visant à endiguer la pire extinction de masse sur Terre depuis la disparition des dinosaures. Suscitant des exclamations de joie dans la salle des conférences de Nagoya alors sous la menace d'un typhon, le président japonais des pourparlers sur la biodiversité de l'ONU a d'un coup de marteau ratifié les objectifs d'Aichi : réduire au moins de moitié le taux de perte d'habitat naturel et sauvegarder la biodiversité pour 17 % des zones terrestres d'ici 2020, contre moins de 10 % aujourd'hui.

Ces mots sont extraits d'un article publié par Jonathan Watts dans le *Guardian* en 2010. Le papier se termine sur une citation de Jane Smart, alors directrice de la politique de conservation de l'Union internationale pour la conservation de la nature : « Il y a un élan, ici, que nous ne pouvons pas nous permettre de perdre – en fait nous devons bâtir à partir de cela si nous voulons avoir la moindre chance de mettre un terme à cette crise de l'extinction. »

Un des engagements non contraignants signés

en cette soirée de fin d'automne au Japon était de « réduire de moitié la disparition des forêts d'ici 2020 ». Mais alors que les objectifs d'Aichi arrivent à leur terme, il est évident que le monde a échoué à tenir ses promesses. La conclusion de tout ce travail à l'ONU en 2010 peut paraître un ratage sans précédent aujourd'hui, mais c'est en réalité loin d'être un événement isolé. En 1992, le Programme des Nations unies pour l'environnement affirmait dans son Agenda 21 son objectif de combattre la déforestation. La déclaration de New York, en 2014, s'engageait à inverser la déforestation d'ici 2030. Un des objectifs développement durable de l'ONU en 2015 était de « protéger, restaurer, promouvoir l'usage durable des écosystèmes terrestres, gérer durablement les forêts, combattre la désertification et stopper puis inverser la dégradation de la terre et mettre un terme à la perte de la biodiversité ». Ces projets sont tous très clairement voués à l'échec, s'ils n'ont pas d'ores et déjà complètement échoué.

Il y a une constante dans tout cela. De temps à autre, nos responsables prennent quelques engagements et mettent en place une série d'objectifs vagues, non contraignants, souvent lointains. Puis, dès qu'ils ont échoué à les atteindre, ils en fixent de nouveaux. Et ainsi de suite. Cela peut paraître absurde, mais fonctionne parfaitement – si votre but est de continuer sur votre lancée sans rien changer, croissance économique et forte cote de popularité. Puisque le niveau de l'intérêt du public vis-à-vis de ces engagements en faveur du climat et de la biodiversité, ainsi que la conscience de leur existence, est nul ou presque, et puisque les médias sont en quête de nouvelles positives, dans le cadre de leurs politiques de reportages sur les deux camps en présence – *tout ne peut pas être noir !* –, le message général qui est transmis, si tant est qu'il y en ait un, est le suivant : des actions sont engagées. Cela ne fonctionne peut-être pas toujours si bien, mais voilà, ils font de leur mieux, vraiment, et beaucoup de progrès ont été faits, alors arrêtez d'être si négatifs !

Quand les médias des nations fortunées daignent couvrir le problème, ils ne montrent pas ce qui en est à l'origine, par exemple une usine de SUV en Allemagne, une ferme laitière au Danemark, un centre commercial à Seattle, une forêt abattue en Suède ou un porte-conteneurs arrivant à Rotterdam rempli de jouets en plastique, de baskets et de smartphones. Au lieu de ça, nous avons droit à des images d'ours polaires dans l'Arctique, de glaciers en train de fondre dans l'Antarctique, de la calotte glaciaire s'effondrant au Groenland, d'exploitations forestières illégales en Amazonie ou de fonte du pergélisol dans les lointains paysages sauvages du nord de la Sibérie. Il ne s'agit pas là exactement de notre quotidien. Résultat, nous oublions que la crise climatique et écologique se produit partout, tout le temps. Elle est beaucoup plus près de nous qu'on ne le croit.

Le pergélisol, par exemple, ne fond pas seulement sur les rives de l'océan Arctique, mais aussi en Italie, en Autriche et dans d'autres régions alpines montagneuses. En Suisse, le village de Bondo a été détruit en 2017 par un énorme glissement de terrain, en partie causé par la fonte du pergélisol en altitude.

La même déforestation agressive et irresponsable en cours en Amazonie se produit dans les forêts boréales, au nord. Et les nations qui n'ont pas déjà abattu leurs forêts constatent une transformation sans précédent de leur géographie locale à mesure que leurs dernières forêts naturelles sont remplacées par des plantations synonymes de catastrophe pour la biodiversité.

La terre, arable ou non, est partout sur la planète inéluctablement dégradée, elle perd sa résilience et ses propriétés nutritives, dans un processus en partie entretenu par le réchauffement du climat, la déforestation, les monocultures et l'usage commun des terres pour l'agriculture et la sylviculture non dans l'objectif premier de subvenir à nos besoins mais dans celui de gagner autant d'argent que possible.

Et l'argent n'est pas le seul moteur derrière le massacre de la nature et de la biodiversité. La crise écologique est aussi – ironiquement – aggravée par notre quête pour réduire nos émissions de CO_2. L'un des moyens les plus efficaces de faire baisser nos émissions carbone est de les exclure des statistiques officielles. Et c'est exactement ce qui arrive avec la combustion de biomasse pour fournir de l'énergie. Sur le papier, du moins. Puisque les arbres repoussent, nous considérons comme renouvelable le fait de les abattre pour les expédier à l'autre bout de la planète afin de les brûler. Une étude de 2018 estimait qu'il faudrait « entre quarante-quatre et cent quatre années » pour que les forêts recapturent le carbone émis par la combustion du bois – si toutefois c'est possible, étant donné leur exposition de plus en plus grande à l'érosion des sols, aux températures extrêmes, aux incendies et aux maladies.

La décision de considérer la combustion de biomasse comme « renouvelable » a été prise bien avant le délai fixé par l'accord de Paris, dans ce qui avait été qualifié d'angle mort par le protocole de Kyoto dès 1997. Cette faille permet de créer quantité d'énergie très consommatrice de carbone – la combustion du bois émet encore plus de CO_2 par unité énergétique que la combustion du charbon – tout en clamant que les émissions sont en baisse et qu'une action radicale a été prise, par magie.

Les politiques climatiques de nations entières reposent sur cette faille. Au Royaume-Uni, la centrale électrique de Drax est le plus gros émetteur de CO_2, mais ses émissions de biomasse sont exclues des statistiques nationales. L'Union européenne ne parviendrait jamais à atteindre ses objectifs climatiques sans ce recours à cette gymnastique statistique. En 2019, 59 % de l'énergie prétendument renouvelable de l'Union européenne provenait de la biomasse. « Pour être tout à fait franc avec vous, la biomasse devra faire partie de notre mix énergétique si nous voulons réduire notre dépendance aux combustibles fossiles », a déclaré le vice-président exécutif de la Commission européenne aux journalistes fin 2021.

Cette combustion, bien sûr, nécessite du bois – beaucoup, beaucoup de bois. Les granulés de bois utilisés dans les centrales proviendraient des résidus de l'industrie forestière, de la sciure et des restes de la fabrication de produits en bois durables comme les meubles et les maisons. Cependant, on est souvent loin de la vérité. Au Canada, en Finlande, en Suède, aux États-Unis et dans les États baltes, des preuves montrent non seulement que des arbres entiers sont abattus pour être brûlés, mais que cela se passe très souvent dans des forêts anciennes et primaires – des forêts qui n'ont jamais connu de coupe jusque-là. Pas besoin d'être Sherlock Holmes pour en deviner les raisons. Il y a de l'argent à se faire, des objectifs climatiques à atteindre. Tout cela est parfaitement légal et en accord avec l'ensemble des procédures internationales et des instances en place. Lors de ma visite de la centrale de Drax, on m'a informée que quatre navires et sept trains y livraient des granulés tous les jours. Ça en fait, de la sciure et des restes de branches.

Alors quand nous disons que nos leaders n'ont pas agi à propos du climat durant ces trente dernières années, nous nous trompons lourdement. En réalité, ils se sont démenés comme de beaux diables. Mais pas de la façon que l'on croit – ou que l'on espère. Ils ont consacré ce temps à retarder activement les actions et à créer des cadres pleins de failles dont bénéficieront leurs propres politiques économiques nationales à court terme – et leur propre popularité. Tant que le niveau de connaissance demeurera aussi bas qu'il l'est aujourd'hui, ils continueront à faire illusion.

À la COP 26, à Glasgow, en 2021, après que l'échec complet des objectifs d'Aichi en 2010 a été révélé sans qu'aucun média s'en fasse l'écho, nos leaders se sont à nouveau engagés à mettre un terme à la déforestation, cette fois d'ici 2030. Dans le texte final – l'accord de Glasgow –, la conférence mentionnait aussi pour la première fois les mots interdits (« combustibles fossiles ») et, de plus, décrétait que les contributions nationales seraient désormais mises à jour non plus tous les cinq ans mais tous les ans. Inutile de dire que ces annonces vagues et non contraignantes ont généré une importante couverture médiatique pleine d'espoir.

Cependant, dans les semaines qui ont suivi, le Brésil a fait état d'une déforestation record en Amazonie et l'Union européenne a voté en faveur d'une nouvelle Politique agricole commune qui contribuera de façon efficace à mettre hors de portée ses engagements pris lors de l'accord de Paris. La Chine a ouvert de nouvelles centrales à charbon et l'administration états-unienne a cédé une zone de plus de 320 000 kilomètres carrés dans le golfe du Mexique pour l'exploration pétrolière et gazière – une vente qui, à terme, pourrait aboutir à la production de pas moins de 1,1 milliard de barils de pétrole brut et 125 milliards de mètres cubes de gaz. Pour ajouter à la farce, l'Union européenne a conclu qu'en dépit de ce qui avait été convenu à Glasgow, elle ne mettrait pas à jour ses objectifs climatiques à temps pour la COP 27, en Égypte.

Ces événements ont été suivis d'un silence médiatique massif. On n'a demandé de comptes à personne. Il n'y a pas eu de gros titres. Pas de une. On était passé à autre chose. Une fois de plus. Et c'est exactement ainsi que l'on crée une catastrophe.

La même déforestation agressive et irresponsable qui a cours en Amazonie se produit dans les forêts boréales, au nord.

2.16

Les incendies de forêt

Joëlle Gergis

Depuis des siècles, non contents de consommer des combustibles fossiles, les hommes défrichent les terres. Cette pratique a considérablement modifié la concentration des gaz à effet de serre d'origine naturelle comme le dioxyde de carbone et le méthane, déséquilibrant des processus naturels qui régulent la température de la planète depuis ses origines. La déforestation à grande échelle a modifié l'aptitude de la Terre à absorber le carbone excédentaire, à mesure que de plus en plus de surfaces couvertes d'écosystèmes naturels comme les forêts ou les tourbières ont été converties en terres agricoles et en zones urbaines bétonnées. Aujourd'hui, les forêts ne recouvrent plus qu'un tiers de la surface totale des terres émergées du globe, et plus de la moitié de cette superficie est concentrée dans cinq pays : le Brésil, le Canada, la Chine, la Russie et les États-Unis.

Les tendances climatiques à long terme, les conditions météorologiques locales et les pratiques de gestion des terres ont provoqué une recrudescence des incendies dans le monde. Lorsque de grands feux de forêt se déclarent, la végétation brûlée libère d'énormes quantités de carbone dans l'atmosphère. Le comportement des feux de forêt dépend des interactions complexes entre climat, conditions météo, paysage et processus écologiques, ce qui les rend difficiles à surveiller et à prédire. De ce fait, les incendies peuvent avoir sur le changement climatique des effets inattendus et non linéaires, dont les modèles climatiques actuels ne parviennent pas à bien rendre compte. Outre leurs impacts sur les émissions, les incendies forestiers génèrent une pollution atmosphérique qui peut présenter un danger pour la santé des personnes, contaminer la qualité de l'eau des bassins versants ravagés par les flammes et détruire des habitats et des espèces animales indispensables au maintien de la biodiversité planétaire. Un exemple de ces interactions complexes est le bassin de l'Amazonie, en Amérique du Sud : alors que cet énorme puits de carbone est en train de s'épuiser sous l'effet du changement climatique, on y brûle et abat la forêt pour favoriser l'agriculture industrielle. Cela menace non seulement de perturber le cycle mondial du carbone mais aussi de détruire l'un des derniers foyers de biodiversité au monde.

S'il y a toujours eu des feux de forêts d'origine naturelle, le changement climatique réchauffe la planète et modifie les schémas de circulation atmosphérique qui règlent les conditions météorologiques et climatiques régionales. Les feux de forêt surviennent aujourd'hui dans un contexte de températures plus élevées et de précipitations plus irrégulières qui tombent à des saisons moins définies. Les canicules et les sécheresses prolongées peuvent conduire à des températures plus chaudes, des précipitations inférieures à la moyenne, un faible taux d'humidité de l'air, une humidité réduite des sols, et des altérations du régime des vents – autant de facteurs susceptibles de déclencher des feux incontrôlés. La hausse des températures accroît le « déficit de pression de vapeur » (VPD), la force d'évaporation qui régule la quantité d'humidité que la surface de la terre et la végétation restituent à l'atmosphère. Après de longs épisodes de chaleur, de sécheresse et de vent, le VPD s'intensifie, asséchant les sols et la végétation, transformant des paysages normalement humides en combustible hautement inflammable. Les incendies peuvent partir de sources d'ignition naturelles (des impacts de foudre), ou être déclenchés par des humains, soit accidentellement (la chute d'une ligne de haute tension), soit délibérément.

Les scientifiques ont constaté que les conditions météorologiques propices aux incendies revenaient plus souvent et étaient plus marquées dans certaines régions du monde, notamment depuis les années 1970. Les feux de forêt se sont intensifiés dans toute l'Europe méridionale, l'Eurasie septentrionale, et dans l'ouest des États-Unis et de l'Australie. Le GIEC signale que les données liant les extrêmes météorologiques à haut risque au changement climatique d'origine anthropique sont plus nombreuses dans des régions comme l'ouest des États-Unis et le sud-est de l'Australie, où des études d'attribution formelles ont été réalisées. Des recherches récentes montrent que l'influence de l'homme sur les conditions météo attisant les feux de forêt a d'ores et déjà dépassé la variabilité naturelle sur près d'un quart de la planète, y compris dans des régions comme la Méditerranée et l'Amazonie. Des modélisations climatologiques montrent que le réchauffement climatique étend la zone à haut risque d'incendie qui, dans un scénario de réchauffement de 3 °C au-dessus des niveaux préindustriels, verrait son aire doubler par rapport à un réchauffement à 2 °C.

Avec le réchauffement planétaire, les saisons d'incendies sont déjà plus longues et plus sévères, et elles se propagent à des régions qui étaient jusqu'à présent classées en zone à faible risque. Cela se vérifie notamment lors des étés chauds, mais un réchauffement marqué dans certaines régions a étendu la saison d'incendies à l'année entière, les risques étant particulièrement élevés pendant les épisodes de sécheresse intense. Ainsi en 2019, l'année la plus chaude et la plus sèche enregistrée en Australie, des forêts subtropicales humides ont été dévorées par les flammes en plein hiver. Plus de la moitié des forêts humides Gondwana du pays a ainsi été réduite en cendres en une seule saison. Bien que les forêts d'eucalyptus de l'est du pays soient parmi les plus inflammables au monde, en règle générale les saisons de feux extrêmes n'en brûlent que 2 %. En 2019-2020, 21 % des forêts tempérées d'Australie sont parties en fumée en un seul épisode, l'ampleur des incendies battant un nouveau record mondial. Cet accroissement spectaculaire des surfaces dévastées lors des saisons de feux extrêmes dans le monde a conduit à parler de « mégafeux » pour décrire un feu incontrôlé particulier ou une série de feux de forêt qui détruisent plus de un million d'hectares. Les incendies records d'Australie ont calciné 24 millions d'hectares, et relargué plus de 715 millions de tonnes de dioxyde de carbone dans l'atmosphère en une seule saison de feux de brousse – soit plus que l'ensemble des émissions que génère le pays en une année. Cette catastrophe a touché 3 milliards d'animaux, qui ont péri ou ont été déplacés par l'échelle phénoménale de destruction des habitats.

Ces dernières années, des incendies de plus en plus dévastateurs ont également été observés dans l'hémisphère Nord. En 2021, la région nord-ouest pacifique des États-Unis et le sud-ouest du Canada ont connu des canicules extrêmes, avec des pics de chaleur historiques. Dans la ville de Lytton, en Colombie-Britannique, le mercure s'est affolé, affichant 49,6 °C le 29 juin 2021, juste avant que des feux incontrôlés détruisent près de 90 % des bâtiments. C'était la première fois que des températures aussi extrêmes, quasi désertiques, touchaient une région aussi septentrionale de la planète. La Californie a également enregistré le plus grand incendie de forêt de son histoire, le Dixie Fire, qui a ravagé plus de 400 000 hectares en trois mois. Plus au nord, des records de chaleur et de sécheresse ont attisé des feux de tourbières et de forêts arctiques en Sibérie et dans l'est de la Russie, avec des panaches de fumée qui ont atteint le pôle Nord pour la première fois de l'histoire. Selon une estimation du service de surveillance de l'atmosphère Copernicus (CAMS) de l'Union européenne, en 2021 les feux incontrôlés ont émis 6,45 milliards de tonnes de CO_2, quantité record qui équivaut à plus du double des émissions totales dans l'Union européenne pour l'année.

Plus la planète se réchauffera, plus les feux de forêt gagneront en puissance et en fréquence. À mesure que la saison des feux déborde sur des régions et des saisons jusqu'alors fraîches, plus de forêts brûleront, relâchant d'immenses quantités de carbone dans l'atmosphère, ce qui amplifiera encore le réchauffement. Cette boucle de rétroaction positive revient à appuyer sur l'accélérateur d'une voiture dont les freins ont lâché. Des processus complexes, non linéaires, comme la dynamique des incendies (y compris ceux déclenchés par les impacts de foudre) sont difficiles à surveiller, et tout aussi difficiles à décrire mathématiquement et à simuler avec des modèles climatologiques de pointe. De ce fait, les boucles de rétroaction du cycle du carbone qui amplifient le réchauffement, comme celles qui sont associées aux feux incontrôlés, sont actuellement soit totalement absentes, soit représentées de façon incomplète dans les dernières générations de modèles climatiques. Les scientifiques ne savent donc pas exactement comment elles influenceront la trajectoire du réchauffement futur. Mais nous savons que plus la planète se réchauffera, plus le risque de déclencher des réactions d'autorenforcement responsables de l'instabilité climatique sera élevé. Si le monde parvient à limiter le réchauffement bien en deçà de 2 °C, le risque d'incendies destructeurs diminuera, ce qui permettra à nos écosystèmes terrestres de rééquilibrer le cycle du carbone planétaire et de régénérer la vie sur notre Terre. /

2.17

L'Amazonie

**Carlos A. Nobre, Julia Arieira,
Nathália Nascimento**

Le bassin de l'Amazonie abrite la plus grande forêt tropicale humide du monde, s'étirant sur une superficie de quelque 6 millions de kilomètres carrés. Élément critique du système climatique terrestre, elle joue un rôle essentiel dans les cycles de l'eau de la planète et la régulation des cycles climatiques. La forêt amazonienne absorbe chaque année environ 16 % du dioxyde de carbone atmosphérique par photosynthèse, contribuant à séquestrer entre 150 et 200 milliards de tonnes de carbone dans les sols et la végétation. De plus, par le processus d'évapotranspiration – le transfert vers l'atmosphère de l'humidité des pluies et de l'eau du sol –, elle agit comme un climatiseur géant, abaissant les températures de l'air à la surface de la terre et générant des précipitations. Ce refroidissement – qui peut atteindre 5 °C dans les zones forestières – est indispensable pour atténuer les effets des sécheresses et des canicules saisonnières dans la région.

Mais ces dernières décennies, la structure, la composition et le fonctionnement de la forêt tropicale humide amazonienne ont commencé à changer. La température de la région a accusé une hausse moyenne de 1,02 °C entre 1978 et 2018, et l'année 2019-2020 a été la seconde année la plus chaude depuis 1960, avec une hausse de 1,1 °C. Depuis vingt ans, nous constatons aussi une diminution du taux d'humidité atmosphérique au-dessus du sud-est de la forêt amazonienne, particulièrement durant les mois les plus secs (de juin à octobre). Le réchauffement et l'assèchement de l'air résultent l'un et l'autre de changements climatiques d'origine anthropique, aggravés par le changement d'affectation des terres – en particulier par l'expansion de l'agriculture dans les zones forestières, le brûlage des déchets agricoles et une multiplication des feux de forêt (qui, en Amazonie, sont souvent dus à la propagation de brûlis incontrôlés sur des prairies aménagées). Le brûlage de la biomasse émet des particules fines de carbone suie qui ont réduit la couverture nuageuse sur la forêt, augmenté le réchauffement de surface, asséchant ainsi l'atmosphère au-dessus de l'Amazonie. La déforestation a également joué un rôle déterminant, en réduisant l'évapotranspiration. La variabilité du climat a par ailleurs accru la fréquence des extrêmes météorologiques sur la région, notamment les sécheresses et les canicules. L'Amazonie pourrait connaître des températures encore plus chaudes et davantage de sécheresses d'ici à la fin du siècle si les émissions de gaz à effet de serre atteignaient de très fortes concentrations (supérieures à 1 000 ppm équivalent CO_2, contre 414 ppm actuellement), ce qui se traduirait par des températures supérieures à 35 °C pendant plus de 150 jours par an – plus du double de la moyenne annuelle des vingt dernières années, établie à 70 jours par an.

En un mot, l'Amazonie est aujourd'hui au bord de la catastrophe. Près de 17 % des forêts amazoniennes ont été rasées pour faire place aux activités humaines. Ce chiffre est étroitement lié à la construction de routes – 95 % des déboisements se situent sur une bande de 5,5 kilomètres de part et d'autre des axes dégagés. À quoi il faut ajouter au moins 17 % de surfaces forestières dégradées par les coupes sélectives, le ramassage de bois de chauffe, et les dégâts causés par le vent et le feu. Au Brésil cette déforestation et ces dégradations sont surtout dues à l'avancée des prairies et des terres arables, mais dans d'autres pays amazoniens la forêt a été sacrifiée à l'extraction minérale et pétrolière. La déforestation amplifie tant les effets du changement climatique que l'ensemble de la région pourrait se réchauffer de plus de 3 °C, tandis qu'en Amazonie orientale les précipitations risquent de diminuer de 40 % entre juillet et novembre. L'alliance d'un climat plus chaud et plus sec et de la fragmentation rapide de l'Amazonie accroît considérablement les risques d'incendies forestiers : des pans entiers de la forêt sont désormais exposés à la lumière directe du soleil et à la force des vents, et les sols sont plus secs. Les feux incontrôlés aboutissent à une nouvelle hausse de la mortalité des arbres et des rejets de carbone, enclenchant une boucle de rétroaction que viennent attiser des épisodes extrêmes, comme la terrible sécheresse qui a suivi le puissant épisode El Niño de 2015-2016 : 2,5 milliards d'arbres sont morts, émettant près de 495 millions de tonnes de dioxyde de carbone – soit quasi autant que tout le CO_2 qu'émettent chaque année des pays industrialisés comme l'Australie, la France ou le Royaume-Uni.

Une grande partie de la forêt amazonienne est aujourd'hui sur le fil du rasoir. L'Amazonie pourrait approcher d'un point de non-retour et amorcer un processus de savanisation : la forêt s'effacera peu à peu devant un paysage de savane dégradée, marqué par une prolifération d'herbes et de plantes ligneuses, pour s'adapter à une saison sèche plus longue (en décalant sa feuillaison saisonnière) et aux feux de brousse à répétition (à travers de nouvelles stratégies de repousse après les incendies). Les forêts de l'Amazonie centrale, méridionale et orientale pourraient selon nous opérer cette transition soit quand la hausse de température de la région approchera des 4 °C, soit sous l'effet des moindres précipitations et de saisons sèches plus longues et plus sévères, soit encore quand la déforestation aura décimé 40 % de la superficie forestière totale du bassin de l'Amazonie. Compte tenu de toutes les pratiques humaines qui contribuent à modifier l'Amazonie – la déforestation, la multiplication des feux, le réchauffement planétaire et la hausse inexorable des concentrations de CO_2 –, il n'est pas exclu que 60 % de la forêt amazonienne disparaisse avant 2050. Cette perte massive de terres forestières aura des conséquences considérables et irréversibles, qui se répercuteront aussi sur le bien-être des populations humaines : en dégradant des écoservices forestiers essentiels, elle menacera la production alimentaire et elle nous privera d'une « barrière verte » contre la propagation des maladies infectieuses. Elle aura aussi des impacts dévastateurs sur la biodiversité, accélérant la disparition d'habitats et perturbant des interactions à bénéfices réciproques entre différentes espèces, comme la pollinisation et la dispersion des semences.

De plus en plus de signes indiquent que la forêt amazonienne approche dangereusement de ce point de bascule. En Amazonie méridionale, la saison sèche dure déjà trois à quatre semaines de plus qu'en 1980 – surtout dans les zones déboisées –, tandis que la pluviosité a diminué de 20 % à 30 % et que le mercure a grimpé de 2 °C à 3 °C. On constate par ailleurs une réduction notable de l'évapotranspiration et du recyclage de l'eau par la forêt, et certaines zones forestières ont commencé à émettre plus de carbone qu'elles n'en stockent. Le bassin de l'Amazonie dans son ensemble approche d'un point où il cessera d'être un puits de carbone pour devenir une source de CO_2.

Selon nos projections, l'Amazonie pourrait devenir une savane dégradée – ou une forêt secondaire dégradée, moins riche en espèces et avec un couvert forestier plus ouvert – entre 2050 et 2070, et cette transformation toucherait 60 % à 70 % de la forêt tropicale humide. Si la forêt atteint son point de bascule, elle relâchera plus de 200 milliards de tonnes de dioxyde de carbone dans l'atmosphère, et l'objectif 1,5 °C de l'accord de Paris sera forcément dépassé. Dans un tel scénario, la perte de diversité sera immense, condamnant à l'extinction des milliers d'espèces végétales et animales endémiques, comme l'opossum à épaules noires, le tamarin bicolore, et le capucin des Ka'apor. Enfin, pour les habitants de cette région, la savanisation couplée à une hausse des rejets de gaz à effet de serre n'annonce rien de bon : pendant près de la moitié de l'année, les températures maximales quotidiennes, dopées par un fort taux d'humidité de l'air, dépasseront le seuil physiologique de tolérance à la chaleur du corps humain, menaçant directement la survie des populations. /

2.18

Les forêts boréales et tempérées

Beverly E. Law

On distingue dans le monde trois grands types de forêts, en fonction de leur latitude et de leur climat (fig. 1) : les forêts boréales (ou taïga), les forêts tempérées et les forêts tropicales. Les forêts boréales et tempérées représentent environ 43 % de l'ensemble du couvert forestier de la planète, soit presque autant que les forêts tropicales. Bien que ces dernières abritent davantage d'espèces animales, l'environnement plus rude des hautes latitudes compte un plus grand nombre de sous-espèces. Distribuées sur la bande circumpolaire qui traverse la Russie (73 %), le Canada et l'Alaska (22 %) ainsi que la Scandinavie (5 %), les forêts boréales ont évolué dans des conditions climatiques très froides où la saison de croissance végétale est très courte. Les espèces résineuses persistantes – sapin, pin, épicéa – dominent avec le mélèze, espèce robuste à feuilles caduques. Les forêts tempérées s'étendent pour leur part entre des latitudes de 25° et 50° dans les hémisphères Nord et Sud et recouvrent aussi bien des forêts humides qui poussent dans un climat doux et humide, comme les forêts de conifères sempervirentes de la côte de Colombie-Britannique (Canada), que les forêts d'arbres à feuilles caduques dans des régions où les températures hivernales descendent en dessous de 0 °C.

Distribution du couvert forestier mondial par domaine climatique

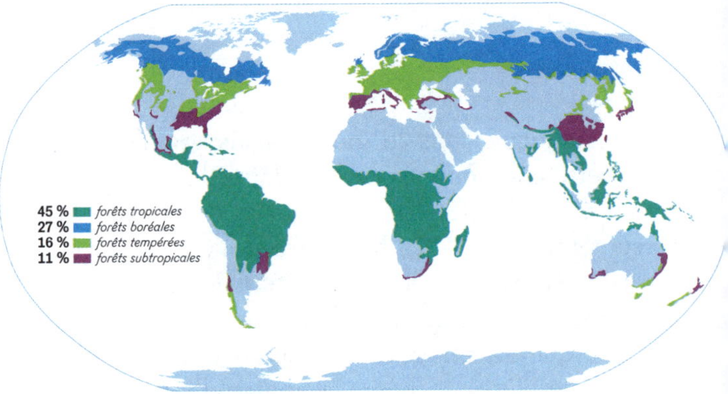

Figure 1 : En 2020, on estimait la superficie forestière mondiale à 4,06 milliards d'hectares, soit 31 % de la superficie terrestre totale.

Les effets du changement climatique sur les forêts diffèrent d'un paysage et d'une région à l'autre, en fonction des variations de température et de pluviosité, de la résilience des écosystèmes forestiers et de la vulnérabilité d'espèces données. Leur immense superficie fait jouer aux forêts boréales un rôle majeur dans la régulation du climat et la protection de la biodiversité. Elles offrent un habitat aux migrations de longue distance de certains mammifères et poissons, accueillent d'importantes populations de grands prédateurs, et constituent une zone de reproduction pour 1 à 3 milliards d'oiseaux migrateurs. Elles stockent entre 367 et 1 716 gigatonnes de carbone (GtC), essentiellement dans les sols. Seuls 8 % à 13 % de la forêt boréale sont véritablement protégés et près de la moitié est exploitée pour la production de bois, surtout en Russie. Les coupes ont considérablement réduit l'étendue des forêts anciennes, détruisant leurs habitats, leur biodiversité et leur résilience. L'exploitation forestière, associée aux effets perturbateurs des incendies incontrôlés de ces trente dernières années, a également réduit la quantité de carbone séquestré dans les arbres. Entre un climat qui continue de se réchauffer et l'extension des surfaces détruites par le feu, l'aptitude des forêts boréales à stocker et à séquestrer du carbone risque de diminuer encore. En réaction à ces bouleversements, les forêts boréales se déplacent vers le nord. Leur zone de verdissement est trois fois plus étendue que la zone de brunissement, due à la mortalité des arbres sur les marges les plus chaudes du biome, ce qui pourrait compenser les pertes de carbone dues aux feux de forêts. Les impacts imbriqués du changement climatique, de l'exploitation, de l'homogénéisation et du changement d'affectation des terres (en déboisant pour exploiter des sables bitumineux, par exemple) ont également accéléré les pertes de biodiversité dans l'ensemble de la région boréale. Les forêts boréales d'Amérique du Nord abritent par exemple des troupeaux de caribous migrateurs qui peuvent parcourir entre 500 et 1 500 kilomètres chaque année, et des populations de loups migrateurs et sédentaires. La disparition des couloirs migratoires qui permettaient à ces animaux de migrer vers un climat et un habitat plus cléments met en grave péril leur survie même. Toutes les populations de caribous du

Canada figurent aujourd'hui sur la liste des espèces en danger ou menacées.

Contrairement aux forêts boréales, les forêts tempérées présentent une grande variété d'écotypes. Les forêts humides se répartissent le long de la côte ouest d'Amérique du Nord, où les conifères dominent, et à la pointe méridionale humide d'Amérique du Sud, où les forêts de feuillus sont en grande partie peuplées d'espèces de hêtres. Dans les forêts tempérées des Appalaches et du nord-est des États-Unis on trouve les mêmes espèces feuillues qu'en Europe centrale et du Sud-Est (chêne, frêne, hêtre, orme et érable) ainsi que des résineux persistants (sapin, pin, épicéa). Ces forêts tempérées mixtes présentent les

En 2022, les forêts aménagées de Colombie-Britannique qui étaient des puits de carbone sont devenues des sources de carbone.

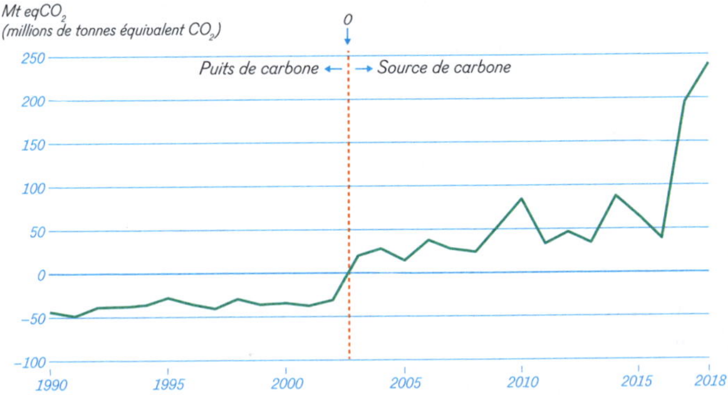

Figure 2 : Calculé sur la croissance forestière diminuée de la dégradation, de la combustion des résidus, des feux incontrôlés et de la décomposition des produits issus du bois récolté.

densités de carbone les plus élevées du monde. Les forêts tempérées anciennes (de plus de quatre-vingts ans), du fait de leur forte densité de carbone et de leur canopée étagée, offrent un habitat critique à de nombreuses espèces menacées et en danger et sont des espaces de grande biodiversité. Toutefois, comme celles des régions boréales, les forêts tempérées sont fortement exploitées – à tel point que les émissions liées aux coupes sont plus de sept fois supérieures à celles de toutes les causes naturelles combinées (le feu, les insectes et les dégâts causés par le vent).

Dans l'ensemble, les forêts de l'hémisphère Nord tendent à stocker davantage de carbone, avec un bilan carbone net de l'écosystème forestier d'environ 1,44 GtC par an. Pour les forêts boréales et tempérées, on estime le potentiel d'atténuation global des solutions de gestion des forêts naturelles à environ 8,3 GtC d'ici à 2100 (soit 0,11 GtC par an). Ces estimations portent essentiellement sur les forêts tempérées et restent approximatives, car nous ne disposons que de données lacunaires pour les régions boréales les plus reculées. Les forêts tempérées de l'ouest des États-Unis, qui, sous le climat futur, présenteront des densités de carbone moyennes élevées et une vulnérabilité faible à modérée à la sécheresse ou au feu, stockeraient l'équivalent d'environ huit ans d'émissions fossiles de la région ; ce qui à l'horizon 2100 représenterait 18 % à 20 % du potentiel d'atténuation global pour l'ensemble des forêts boréales et tempérées.

Dans le monde entier, plusieurs forêts riches en

carbone ont déjà franchi le point de bascule, de sorte qu'au lieu de jouer leur rôle de puits de carbone elles sont devenues des sources de carbone, ce qui ne laisse pas d'inquiéter. Des forêts de Colombie-Britannique ont basculé en 2002 sous l'effet conjugué des feux incontrôlés, de l'exploitation et de la pullulation d'insectes xylophages, notamment du dendroctone du pin ponderosa et de la tordeuse des bourgeons de l'épicéa (fig. 2). Ces insectes dévastateurs s'attaquent à l'écorce des arbres, creusant des trous dans lesquels ils pondent, et leurs larves tuent les arbres en se nourrissant de leur sève et en bloquant la circulation des nutriments. La prolifération de vastes colonies d'insectes a été favorisée par la hausse des températures hivernales dans les Rocheuses, plus rapide que la moyenne mondiale. Les larves ont mieux survécu sous des températures plus clémentes, accélérant ainsi le dépérissement de la forêt. Les hivers moins rigoureux ont aussi permis aux insectes de traverser la ligne continentale de partage des eaux, menaçant les forêts de l'est du Canada et des États-Unis. Étonnamment, le rapport d'inventaire des émissions de Colombie-Britannique 2021 révélait que les forêts de la province émettent davantage de carbone dans la région que le secteur de l'énergie. Une autre analyse a montré que les estimations officielles des émissions de la Colombie-Britannique ne tenaient pas compte des émissions des forêts. Si ces dernières étaient comptabilisées, les émissions de la province augmenteraient de 40 %.

Les forêts naturelles des zones boréales et tempérées peuvent contribuer de manière significative à atténuer le changement climatique et la perte de biodiversité – à condition toutefois qu'on les laisse pousser plus longtemps. La « gestion forestière durable », si courante dans ces régions, est en revanche beaucoup moins efficace, puisqu'elle s'attache en premier lieu à assurer un approvisionnement stable de bois, plutôt qu'à favoriser des écosystèmes durables. Les scieries industrielles récoltent de jeunes arbres avant même qu'ils n'aient eu le temps d'atteindre leur potentiel de stockage de carbone de la biomasse. Avec le temps, ces arbres stockent moins de carbone et en émettent plus que les forêts anciennes. Ce n'est donc pas en limitant ainsi le carbone forestier que l'on parviendra à un climat durable.

Le plus efficace pour accroître le stockage et la séquestration de carbone serait au contraire de laisser se développer les forêts anciennes et adultes, et d'espacer beaucoup plus les coupes sur les terres

Stratégies d'atténuation du changement climatique dans les forêts tempérées du nord-ouest pacifique des États-Unis

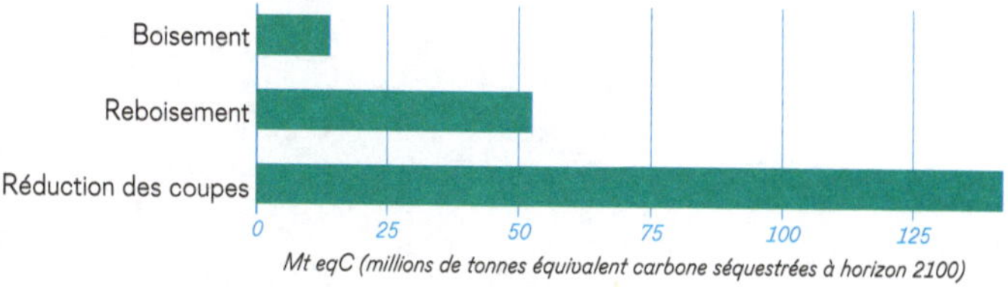

Figure 3 : Réduire les coupes sur les terres publiques et doubler l'intervalle des coupes sur les terres privées a permis aux forêts adultes et anciennes de séquestrer du carbone. Cette stratégie constitue l'apport le plus significatif au bilan carbone net de l'écosystème à l'horizon 2100.

forestières existantes. Le reboisement et le boisement sont également de bonnes stratégies, mais donnent de moins bons résultats (fig. 3). La protection des forêts permet de laisser l'écosystème absorber le carbone au lieu de le relarguer dans l'atmosphère, et préserve en outre la biodiversité et les ressources en eau, comme en témoignent les forêts humides tempérées. Pour atténuer les effets du changement climatique et préserver la biodiversité, il est impératif d'enrayer les pertes forestières et de régénérer des écosystèmes forestiers riches en carbone et en espèces. /

2.19

La biodiversité terrestre

Andy Purvis et Adriana De Palma

La biodiversité désigne la variété des formes de vie sur Terre, et elle est essentielle à notre survie. Elle assure en effet la propreté de l'air et de l'eau, la fertilité des sols, le contrôle naturel des nuisibles et des maladies, et nous fournit des aliments, des combustibles et des plantes qui servent de base à nos médicaments ; elle a même des effets bénéfiques sur notre santé mentale. La biodiversité aide les écosystèmes à ralentir le changement climatique (en absorbant du CO_2 atmosphérique) et à y réagir (en leur fournissant davantage de stratégies adaptatives). Elle nous permet aussi de mieux supporter le réchauffement – en milieu urbain par exemple, les îlots de verdure ont un effet refroidissant qui atténue les vagues de chaleur.

À l'échelle locale, la biodiversité est naturellement plus foisonnante dans les espaces qui bénéficient d'assez d'ensoleillement, de précipitations et de surfaces de sols pour que des forêts structurellement complexes puissent pousser, avec suffisamment de niches différentes et de biomasse pour accueillir une profusion d'espèces différentes. À l'échelle du paysage, elle est naturellement plus développée dans les zones montagneuses des tropiques humides, où les climats ont très peu évolué depuis des millénaires. Dans ces régions du monde, de nombreux régimes climatiques se côtoient, accueillant chacun sa propre communauté d'espèces, adaptées précisément au milieu et vivant en symbiose. Nombre d'espèces de ces écosystèmes n'existent nulle part ailleurs sur Terre. De même dans les îles tropicales les plus reculées, les quelques espèces originelles qui s'y sont implantées n'ont généralement pas rencontré trop de prédateurs, et ont donc eu suffisamment de temps et d'espace pour évoluer et donner naissance à de nombreuses formes de vie distinctes. Dans les paysages de plaine, en revanche, un même type de climat – donc d'écosystème naturel – couvrant des centaines voire des milliers de kilomètres déroule souvent des paysages beaucoup moins riches en espèces animales. Sous les latitudes plus froides, la faune est généralement moins diversifiée car la croissance végétale ne suffit pas à entretenir la dynamique des réseaux trophiques. De même, les environnements hostiles accueillent moins de vie car très peu d'organismes peuvent survivre au froid ou à la chaleur extrêmes, à l'aridité ou aux incendies naturels.

Ce schéma d'ensemble de la biodiversité terrestre reflète des processus qui se sont développés sur des millions d'années, mais la plupart de l'humanité vit désormais dans des lieux où trois vagues de changements d'origine anthropique ont entraîné une perte considérable de biodiversité.

La première de ces vagues remonte à la préhistoire, à l'époque de nos premiers contacts avec de nombreuses espèces qui vivaient sur la planète. La pratique de la chasse a contribué à la disparition de nombreuses espèces de grands mammifères et d'oiseaux (ce que l'on appelle « l'extinction de la mégafaune »), tandis que les rats et les chats que nous avons introduits dans d'innombrables îles ont éliminé beaucoup d'espèces d'oiseaux indigènes qui, ayant évolué dans un milieu dénué de prédateurs, ne savaient plus voler.

Il y a environ dix mille ans, le nomadisme a cédé la place à l'agriculture sédentaire, amorçant la deuxième vague de changement. L'homme a alors entrepris de réorganiser délibérément les écosystèmes pour les adapter à ses besoins alimentaires et matériels, faisant de la planète un monde plus facile à habiter. Les paysages agricoles qui sont ainsi apparus étaient généralement une mosaïque de différentes cultures (dont beaucoup changeaient chaque année), de jachères, de prairies et de vastes espaces naturels. Cette hétérogénéité, et le fait que seule une partie de la biomasse du paysage était récoltée, a permis à un grand nombre d'espèces de prospérer aux côtés des humains. Aujourd'hui, la plupart des peuples autochtones de la planète continuent à gérer leurs terres de cette façon et les initiatives actuelles en faveur d'une agriculture plus respectueuse de la nature s'inspirent de ce modèle.

À partir de la seconde moitié du XVIIIe siècle, les révolutions concomitantes de l'agriculture et de l'industrie manufacturière ont précipité la troisième vague de changements induits par l'homme. La gestion des écosystèmes a fait place à la domination des écosystèmes. La croissance démographique a poussé à cultiver davantage de terres et à couper davantage de bois de construction et de chauffage, accélérant la déforestation. Aujourd'hui, les énergies fossiles qui alimentent pratiquement tous les secteurs de notre économie génèrent du CO_2 beaucoup plus vite que les écosystèmes ne peuvent en absorber. Notre empreinte sur près de 75 % des terres est visible de l'espace, et nous faisons peser toute une série de lourdes menaces sur diverses régions du monde (fig. 1). La plus évidente tient sans doute aux méthodes de culture de plus en plus intensives qui concernent plus de 30 % des terres. À lui seul, l'élevage du bétail accapare une superficie équivalente à l'Amérique du Nord et du Sud réunies.

Les impacts de ces atteintes à la nature varient d'une région à l'autre. Dans les rares régions du monde n'ayant pas de tradition d'agriculture sédentaire, la chasse reste souvent le principal facteur de perte de diversité, de sorte que les impacts correspondent peu ou prou à l'extinction de la mégafaune de la première vague. Par exemple, dans les régions reculées de nombreuses forêts tropicales humides, la chasse au gibier sauvage a largement ou totalement décimé les grands mammifères ; de même, le braconnage menace les grands mammifères dans beaucoup de zones officiellement protégées. Dans les régions où l'agriculture de subsistance domine, les effets ressemblent davantage à ceux de la deuxième vague : la perte de biodiversité est localisée dans les écosystèmes naturels transformés en écosystèmes agricoles plus simples, mais les paysages aménagés – un patchwork complexe et changeant, exempt de produits phytosanitaires – préservent généralement des niveaux modérés de biodiversité.

Nombre de menaces graves sur la biodiversité dans le monde

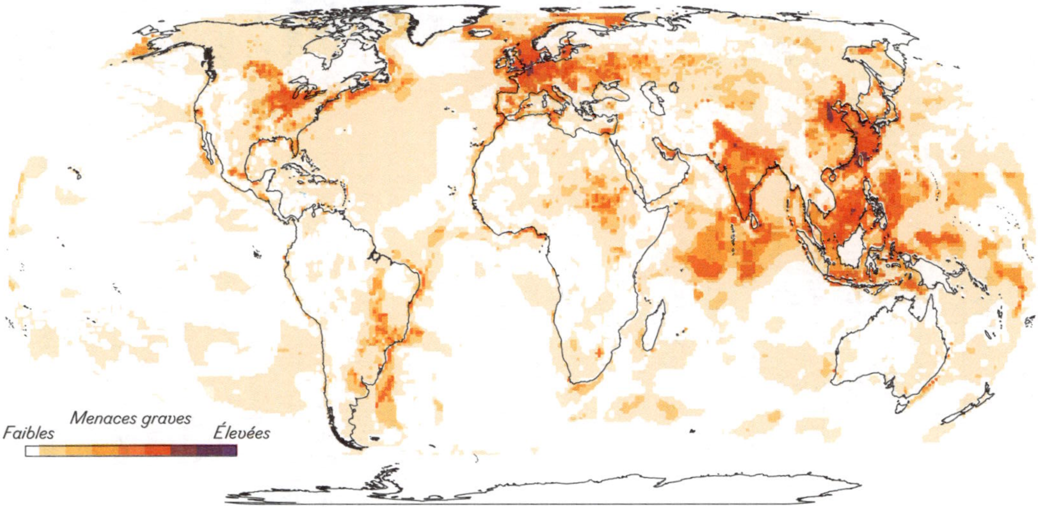

Figure 1 : Exposition des masses terrestres et des océans de la planète à l'une ou plusieurs des seize variables essentielles de biodiversité – dont le changement climatique, l'usage humain, la population humaine et la pollution induite par l'homme – en 2020.

Dans les régions où la troisième vague est bien amorcée – les plus foncées, sur la figure 1 –, la toile du vivant est tellement élimée qu'elle est à deux doigts de se décomposer. Les terres cultivées par des méthodes intensives sont d'une telle simplicité structurelle qu'elles n'offrent plus que très peu de niches aux espèces sauvages. La biomasse est prélevée en telle quantité qu'il n'en reste pas suffisamment pour héberger des réseaux alimentaires complexes. La biomasse végétale et la couverture forestière de la planète ne représentent plus que la moitié de ce qu'elles seraient à l'état naturel, et l'effectif du cheptel mondial de bétail dépasse largement celui de 5 000 espèces de mammifères sauvages réunies. Par ailleurs, l'usage des produits phytosanitaires a fait de la plupart des terres cultivées (et de nombre de cours d'eau dans lesquels ils se déversent) des environnements hostiles auxquels très peu d'espèces peuvent survivre. Paradoxalement, les espèces qui se sont le mieux adaptées aux pesticides sont les nuisibles eux-mêmes, alors que des milliers d'espèces qui pourraient contribuer à leur élimination, à la pollinisation et à la fertilité des sols sont souvent décimées. C'est le cas de plusieurs espèces de guêpes dont les larves dévorent les parasites ; des abeilles, des mouches, des scarabées, des phalènes et des papillons, si utiles à la pollinisation des plantes cultivées ; des vers de terre et d'un grand nombre d'insectes tels les collemboles, qui recyclent les éléments nutritifs de plantes mortes pour fertiliser le sol. Si depuis cinquante ans l'agriculture intensive a énormément augmenté la production agricole, elle a largement privé l'humanité de presque tous les autres services que la nature lui rendait.

La nature doit désormais faire face à une nouvelle menace : le changement climatique induit par l'homme. Si ses impacts sont encore relativement limités, nous assistons déjà à une migration de certaines espèces vivantes qui essaient de fuir la chaleur. Les espèces des hautes latitudes sont remontées en direction des pôles, les forêts boréales commencent à empiéter sur la toundra, et les espèces de montagne se déplacent vers de plus hautes altitudes. Il y a une quinzaine d'années, le réchauffement climatique a fait sa première victime officielle : le *Melomys rubicola*, petit rongeur endémique de l'île de Bramble Cay, minuscule langue de sable située à la pointe nord de la Grande Barrière de corail, en Australie. Le rongeur y a été aperçu pour la dernière fois en 2009, et il a probablement disparu à la suite des inondations répétées de son habitat dues à de fortes tempêtes et à la montée du niveau de la mer.

Bien que le changement climatique ne détruise pas encore autant la biodiversité que l'usage humain des terres, tous les signaux sont au rouge. À l'échelle régionale, la richesse de la biodiversité repose exclusivement sur la stabilité du climat. Si nous ne parvenons pas très vite à enrayer le changement climatique, il promet de faire bien d'autres ravages. Les espèces endémiques de haute montagne verront tout bonnement leur habitat disparaître. Face à l'avancée du front chaud, les espèces de plaine devront fuir leur environnement pour trouver des climats plus favorables : toutes n'y parviendront pas à temps. Les cultures devront également être déplacées vers des zones plus tempérées, où elles grignoteront des espaces sauvages, déclenchant de nouvelles vagues de destruction d'habitat, et beaucoup de régions aujourd'hui productives deviendront trop arides pour une agriculture rentable. Les migrations d'espèces entraîneront à leur suite les hommes, qui seront eux aussi contraints de se déplacer rapidement. L'appauvrissement de la biodiversité pourrait même enclencher un cercle vicieux avec le changement climatique : les écosystèmes qui ont perdu leur biodiversité stockent moins de carbone et résistent donc moins bien aux événements extrêmes et aux autres changements climatiques.

Mais un avenir durable est encore possible, à condition que nous soyons disposés à laisser davantage de place à la nature et à moins la solliciter. Pour limiter le nombre d'extinctions au cours des décennies à venir (faute de pouvoir les empêcher), et éviter les conséquences les plus catastrophiques du réchauffement, nous devons dès maintenant préserver les espaces qui concentrent le plus d'espèces uniques, mais aussi restaurer et protéger leurs écosystèmes. La régénération des écosystèmes riches en carbone et en biodiversité est une véritable solution fondée sur la nature – et il est urgent de la mettre en œuvre. /

2.20

Les insectes

Dave Goulson

J'ai toujours été fasciné par les insectes. À cinq ou six ans déjà, j'allais fourrager dans les herbes folles de la cour de récréation de mon école pour ramasser des chenilles à la livrée zébrée d'anneaux jaunes et noirs. Je les mettais dans ma boîte à déjeuner pour les ramener à la maison. Puis je les nourrissais jusqu'à ce qu'elles se transforment en magnifiques papillons aux ailes rouge et noir (vous aurez peut-être reconnu le carmin, ou goutte-de-sang). C'était ma passion, et j'ai eu la chance d'en faire mon métier. Depuis trente ans, je me suis spécialisé dans l'étude de l'écologie des bourdons, ces grosses abeilles duveteuses rayées de jaune qui, au printemps et à l'été, bombillent maladroitement parmi les fleurs dans nos prairies et nos jardins. Leur allure gauche est trompeuse, car ce sont les grands intellectuels du monde des insectes, capables d'étonnants exploits de navigation et d'apprentissage, et ils ont une vie sociale complexe et parfois féroce.

J'ai commencé à m'intéresser aux insectes pour la simple et bonne raison que je les trouvais fascinants et très beaux, mais depuis j'ai appris qu'ils étaient extrêmement importants. Les insectes représentent l'essentiel de la vie sur Terre : sur 1,5 million d'espèces répertoriées, plus des deux tiers sont des insectes. Ils sont la proie d'un grand nombre d'animaux plus gros qu'eux – la plupart des oiseaux, les chauves-souris, les lézards, les amphibiens et les poissons d'eau douce. Ce sont également d'importants agents de contrôle biologique pour les parasites agricoles, le recyclage de toutes sortes de matières organiques (cadavres, déjections animales, feuilles, souches en décomposition), et ils contribuent à maintenir la santé des sols. La majorité des espèces végétales sauvages de la planète dépendent des insectes pollinisateurs pour leur reproduction, au même titre que les trois quarts des plantes que nous cultivons. Sans insectes, notre monde s'arrêterait de tourner.

Au vu du nombre faramineux de services essentiels qu'ils rendent, le déclin rapide de tant d'espèces d'insectes doit nous inquiéter. Au Royaume-Uni, par exemple, les effectifs de papillons ont diminué de moitié depuis 1976. Dans les réserves naturelles d'Allemagne, la biomasse des insectes volants a accusé une incroyable régression de 76 % entre 1989 et 2016. Aux Pays-Bas, les populations de trichoptères ont diminué de 60 % entre 2006 et 2017, et la biomasse des papillons de nuit (ou hétérocères) de 61 % entre 1997 et 2017. En Amérique du Nord, le nombre de papillons monarques, réputés pour leurs migrations annuelles entre le Mexique et le Canada, s'est effondré de 80 % depuis les années 1990. Quelques espèces d'insectes inversent la tendance, mais la plupart semblent être dans une situation préoccupante. Selon certains calculs, le taux moyen de déclin pourrait se situer entre 1 % et 2 % par an – ce qui paraît minime, mais équivaut pour les insectes à une apocalypse à l'échelle d'une vie humaine. Le plus inquiétant est que nous ne savons pas à quel moment ces disparitions ont débuté, puisque nous ne disposons d'aucune donnée antérieure aux années 1970 – et il est fort possible que nous ne voyions qu'un bout d'une bien plus longue dégringolade. Nous n'avons pas davantage d'information sur l'état des effectifs d'insectes sous les tropiques, grands réservoirs de biodiversité des insectes. Malheureusement, les preuves de l'effondrement de ces populations sont encore trop fragmentaires, pratiquement toutes les études à long terme sur le sujet étant centrées sur l'Europe et l'Amérique du Nord.

À quoi est dû ce déclin ? En 1962, trois ans avant ma naissance, dans son livre *Printemps silencieux*, Rachel Carson tirait déjà la sonnette d'alarme sur les effroyables dégâts que nous infligions à notre planète. Si elle était encore là pour voir combien ces atteintes se sont aggravées, elle en pleurerait. D'immenses surfaces d'habitats naturels foisonnant d'insectes comme les prés de fauche, les tourbières, les landes et les forêts tropicales humides ont été rasées au bulldozer, brûlées ou labourées. Les sols ont été dégradés, et les fleuves, envasés et pollués par des produits chimiques industriels et agricoles ou épuisés par la surexploitation. Les problèmes de pesticides et d'engrais dont parlait déjà Rachel Carson se sont considérablement amplifiés, puisque à l'échelle planétaire, ce sont aujourd'hui quelque trois millions de tonnes de pesticides qui seraient déversés chaque année dans l'environnement. Aux États-Unis, l'impact des épandages phytosanitaires a augmenté de 150 % depuis la sortie de *Printemps silencieux*. On a par ailleurs introduit de nouveaux pesticides beaucoup plus toxiques pour les insectes que tous ceux qui existaient à l'époque de Carson.

Songeons à l'imidaclopride, un insecticide de la famille des néonicotinoïdes qui est aujourd'hui le plus utilisé dans le monde, bien que depuis 2018 l'Union européenne l'ait interdit en raison de sa toxicité pour les apidés. L'imidaclopride est à peu près sept mille fois plus nocif pour les abeilles que le DDT, l'insecticide massivement utilisé dans les années 1960 et 1970.

Outre toutes ces pressions, les insectes sauvages doivent à présent faire face au dérèglement climatique, phénomène qui, du temps de Rachel Carson, n'entrait pas en ligne de compte. Si une hausse des températures et des précipitations favorise certains insectes, comme les moustiques, la plupart des autres espèces la supportent mal. Mes chers bourdons disparaissent déjà des marges méridionales de leur aire de distribution, étouffant sous leur manteau velouté à mesure que le climat se réchauffe. Par le passé, les changements climatiques se produisaient lentement, et la faune, bien plus nombreuse, se déployait dans de vastes habitats intacts. Les populations d'insectes pouvaient aisément migrer vers les pôles à la saison chaude et revenir au début de la saison froide. Aujourd'hui la plupart se sont effondrées et n'occupent plus que de petits fragments d'habitat restants. Pour rejoindre les pôles, les insectes doivent franchir des étendues de terres agricoles et de zones urbaines hostiles, sans pour autant être assurés de trouver une parcelle d'habitat adapté quelque part au bout de leur route. Le changement climatique accroît par ailleurs la fréquence de tempêtes, sécheresses, inondations et incendies, autant d'événements qui ne peuvent que porter un coup dur – voire, pour certaines espèces, le coup de grâce – à des populations déjà en déclin.

Le biologiste américain Paul Ehrlich comparait la disparition d'espèces d'un écosystème aux ailes d'un avion dont on enlèverait les rivets. Si on en retire un ou deux, l'avion continuera probablement de voler. Que l'on en enlève dix, vingt ou cinquante, l'aile finira par casser et l'avion s'écrasera au sol. Les insectes sont les rivets qui assurent le bon fonctionnement des écosystèmes.

Si nous voulons inverser le déclin apocalyptique des insectes, nous devons agir sans attendre. Nous devons engendrer une société capable d'apprécier les insectes à leur juste valeur, pour leur utilité autant que pour eux-mêmes. Cette éducation commence bien entendu par nos enfants, en les sensibilisant à l'environnement dès le plus jeune âge. Nous devons reverdir nos zones urbaines. Imaginer des villes vertes, emplies d'arbres, de potagers, de mares et de fleurs sauvages jusque dans le moindre recoin libre – jardins, parcs, lotissements, cimetières, bords de routes, passages à niveau et ronds-points –, pour en faire des espaces propres de tout pesticide et bourdonnants de vie. Nous devons également modifier notre système alimentaire. La façon dont nous cultivons et transportons nos produits a de profondes répercussions sur notre santé et sur l'environnement ; nous avons donc tout intérêt à trouver des solutions durables. Il est urgent de réformer en profondeur notre système actuel, tant il nous est préjudiciable : il contribue largement aux émissions de gaz à effet de serre, à la pollution et à l'érosion de sols essentiels et décime la biodiversité sur laquelle repose la production alimentaire. Nous devons travailler en bonne intelligence avec la nature, en favorisant la prolifération des insectes prédateurs et des pollinisateurs, au lieu de chercher à les contrôler et à les éliminer. Les pratiques agricoles alternatives comme l'agriculture biologique et biodynamique, la permaculture et l'agroforesterie ouvrent des perspectives prometteuses. Nos sociétés aspirent à ce type de changement. Nous pourrions avoir un secteur agricole dynamique et respectueux de la nature, avec davantage de petites exploitations employant plus de main-d'œuvre, axées sur la production durable de produits sains, veillant à l'intégrité des sols et favorisant la biodiversité, qui produirait surtout des fruits et des légumes plutôt que de la viande, mais un tel programme ne pourra se faire qu'avec le soutien actif des responsables politiques et des consommateurs.

Il n'est pas encore trop tard. La plupart des espèces d'insectes n'ont pas encore totalement disparu, mais beaucoup, hier encore abondantes, ne présentent plus que de bien maigres effectifs et sont à deux doigts de sombrer dans l'oubli. La population de papillons goutte-de-sang aux ailes rayées de rouge que je chassais dans mon enfance a décliné de 83 %, mais il en reste encore quelques spécimens, et ils pourraient très bien se reconstituer si nous prenions des mesures dès maintenant. Nous n'en savons pas assez pour prédire si nos écosystèmes peuvent encore tenir longtemps, ou s'ils approchent des points de bascule au-delà desquels l'effondrement sera inévitable. Pour reprendre l'image des rivets de l'aile d'avion de Paul Ehrlich, nous ne sommes peut-être pas très loin du point où les ailes vont casser. /

2.21

Le calendrier de la nature

Keith W. Larson

De nombreuses espèces restent dans la même aire géographique de distribution année après année. Certaines espèces migratoires – oiseaux, papillons, baleines et autres – modifient en revanche leurs aires de répartition au gré des saisons. Ces schémas de migration saisonnière sont généralement pilotés par les modifications des conditions météorologiques, de l'habitat et de la disponibilité de ressources alimentaires. De la même façon, nombre d'espèces végétales et animales traversent différents stades de développement saisonniers. C'est ce que l'on appelle la phénologie. Tout comme les déplacements d'aires de distribution, ces événements récurrents déterminants dans la vie de la faune et de la flore sont dictés par des facteurs environnementaux, tels que les variations de température, de précipitations et la durée du jour.

La phénologie des arbres nous est familière : au printemps, ils se parent de nouvelles feuilles, souvent suivies d'une floraison ; à la fin de l'été, ils produisent des fruits, et enfin, à l'automne, leurs feuilles changent de couleur et tombent au sol. Chez les mammifères, les événements phénologiques se manifestent sous diverses formes : tandis que certaines espèces hibernent pendant les mois froids, d'autres changent la couleur de leur pelage pour se fondre dans leur environnement. Du fait de la régularité de ces événements saisonniers, on compare la phénologie au « calendrier de la nature ». Ce calendrier est important parce qu'il permet aux individus de synchroniser leurs cycles de reproduction pour éviter que les stades essentiels de leur cycle de vie ne tombent pendant des périodes défavorables (en ayant par exemple à élever leur nichée en hiver, lorsque la nourriture est rare).

Même dans les environnements tropicaux qui semblent bénéficier de climats relativement stables, l'intensité des saisons des pluies permet de prévoir la période de floraison et de fructification des végétaux, ce qui détermine la phénologie de reproduction de toute une variété d'insectes, de mammifères et d'oiseaux. Mais à mesure que l'on se déplace vers de hautes latitudes, les événements phénologiques saisonniers sont plus prononcés. En Suède, c'est au printemps qu'ils sont les plus spectaculaires. Les ornithologues se retrouvent pour repérer l'arrivée des premiers oiseaux migrateurs, comme le pouillot fitis et le gobemouche noir, arrivés de leurs lointaines zones d'hivernage des tropiques. Les citadins voient sortir de terre les premières fleurs mauves du crocus dans leur jardin, ou les tapis d'anémones sylvie dans les forêts de hêtres. Les écureuils et les ours sortent d'hibernation pour retrouver les rayons du soleil et d'abondantes sources de nourriture. Le lièvre variable et le lagopède des saules se débarrassent de leur livrée blanche d'hiver pour mieux se camoufler dans leur environnement reverdi.

Les aires de distribution et la phénologie de ces espèces constituent des indicateurs remarquablement précis du changement climatique, que les chercheurs suivent de près pour détecter les signes avant-coureurs d'altération des écosystèmes de la planète. Pour s'adapter au réchauffement de la Terre, les espèces animales et végétales n'ont guère de choix. Soit elles se déplacent pour suivre les conditions environnementales nécessaires à leur survie, ce qui implique généralement de migrer vers de plus hautes latitudes et altitudes ; soit elles décalent leur calendrier phénologique – ce que font par exemple les plantes en avançant leurs périodes de feuillaison et de floraison au printemps. Celles qui n'ont pas les moyens de se déplacer ou d'adapter leur horloge interne sont vouées à la disparition, à l'échelle locale, régionale ou planétaire. La vitesse à laquelle se produisent les changements est un facteur déterminant : si le climat se réchauffe trop vite, les espèces pourraient ne pas avoir le temps de réagir.

Nous avons déjà répertorié de nombreux exemples d'espèces qui ont déplacé leur aire de répartition et décalé leur calendrier phénologique. En Europe, la mésange charbonnière avance chaque été sa période de ponte d'une quinzaine de jours. Dans les régions tempérées d'Amérique du Nord, plus de la moitié des espèces végétales et animales ont déplacé leur habitat vers des régions plus septentrionales et plus élevées. Le cas le plus spectaculaire est certainement celui de la cryosphère (les régions dominées par les glaces permanentes ou temporaires), foyer exclusif de nombreux animaux propres à l'Arctique et à l'Antarctique comme l'ours polaire et le manchot, qui recule de 87 000 kilomètres carrés chaque année. Certaines espèces ont toutefois ceci de fascinant qu'elles seraient en train de s'adapter à un monde plus chaud non en se déplaçant mais en réduisant leur taille corporelle. Tous les organismes possèdent des mécanismes de thermorégulation qui leur permettent de maintenir leur équilibre thermique et, partant, l'apport calorique de leur alimentation. La règle de Bergman prédit que les populations et les espèces vivant à des altitudes et latitudes élevées (sous des climats plus froids) ont un corps plus gros (présentant un ratio surface externe/taille minime), ce qui leur permet de maintenir une température interne constante sous des climats froids. Une étude récente a démontré que la masse corporelle de plusieurs espèces aviaires d'Amérique du Nord diminuait avec le réchauffement planétaire. Ici encore, le rythme du réchauffement lié à nos activités est important, car plus nous réchauffons vite la planète, moins nous laissons de chances à certaines espèces de s'adapter ou de se déplacer.

Il est également essentiel de bien comprendre comment les réactions des différentes espèces au réchauffement pourraient affecter – ou être affectées par – leurs interactions complexes avec d'autres espèces. La pollinisation, par exemple, est aussi indispensable à la reproduction des plantes que le sont les insectes et les fruits à la survie des oiseaux migrateurs. En quoi l'avancée de la floraison ou de l'éclosion d'insectes pourrait-elle nuire à leurs pollinisateurs ou leurs proies ? Beaucoup d'espèces, dont les oiseaux migrateurs, réduisent les risques de concurrence alimentaire et territoriale en désynchronisant leurs événements périodiques, tels que la reproduction. En Europe, les gobemouches noirs reviennent plus précocement des tropiques où ils ont passé l'hiver, afin d'éviter la concurrence avec les mésanges charbonnières, qui colonisent leurs sites de nidification. Dans les régions subarctiques des montagnes de Scandinavie, des hivers plus chauds ont repoussé la limite des forêts de bouleaux vers de plus hautes altitudes – mais si ce recul en zone alpine est indubitablement lié au réchauffement, la dégradation des pâturages d'hiver de certains mammifères, comme le renne des Samis, en Finlande, n'y est pas non plus étranger.

La complexité de ces interactions est telle qu'il est difficile de mesurer pleinement les impacts d'un changement climatique rapide. Des régions tempérées jusqu'aux latitudes boréales et arctiques, les « faux printemps » dus à des épisodes de chaleur extrême en hiver peuvent avoir des répercussions catastrophiques pour les végétaux et leurs pollinisateurs qui se fient à la douceur des températures printanières. Le gel peut donner aux arbres le signal de la chute des feuilles, mais un printemps précoce ne conduira pas forcément à une feuillaison précoce. Si, trompés par des températures élevées, les animaux hibernants sortent trop tôt de leur tanière, leurs sources d'eau et de nourriture risquent d'être encore recouvertes de neige et de glace. A contrario, les oiseaux migrateurs comme l'hirondelle rustique risquent d'arriver trop tard pour profiter pleinement de l'abondance d'insectes dont l'horloge interne est réglée sur les signaux de l'environnement, tandis que le signal de migration de l'hirondelle est ancré dans de longues périodes de sélection naturelle. Ces décalages phénologiques sont susceptibles de bouleverser les systèmes agricoles dépendant des pollinisateurs et compromettent encore plus la survie d'innombrables espèces déjà impactées par les changements liés aux activités humaines.

Aujourd'hui, la vitesse à laquelle s'opèrent les changements climatiques et environnementaux met à rude épreuve notre capacité de prédire la résilience des espèces et de leurs communautés. On voit se déplacer non seulement les aires de répartition des espèces, mais des biomes entiers. Or le biome arctique de la toundra a atteint sa limite septentrionale et ne peut aller plus loin. Tous ces bouleversements nous ont précipités en territoire inconnu et promettent de transformer durablement les écosystèmes locaux. À l'échelle planétaire, ils sont susceptibles de déclencher des boucles de rétroaction qui modifieront les cycles du carbone et des nutriments, ce qui perturbera davantage notre système climatique, accentuant le réchauffement et détériorant plus encore les conditions nécessaires à la vie sur notre Terre. /

2.22

Les sols

Jennifer L. Soong

Les sols de l'ensemble de la planète renferment plus de 3 000 gigatonnes de carbone, soit plus du double que n'en contiennent l'atmosphère et toute la végétation de la planète. Cet énorme réservoir souterrain régule le cycle mondial du carbone, tout en contribuant à la production alimentaire, à la biodiversité, à la résistance aux sécheresses et aux inondations et à l'équilibre des écosystèmes. Nous savons aujourd'hui que le changement climatique met en péril la capacité de ce bassin de carbone à absorber le CO_2 atmosphérique en excédent – et du même coup à atténuer les effets délétères de nos rejets de CO_2.

L'essentiel du carbone présent aujourd'hui dans les sols provient de l'atmosphère. Le carbone organique des sols se forme lors de la photosynthèse des végétaux terrestres, qui fixent le CO_2 atmosphérique pour synthétiser les composés organiques constitutifs de leurs tissus, tout en puisant leurs nutriments dans le sol. Pendant sa phase de croissance et après son dépérissement, la matière végétale est décomposée par des micro-organismes du sol (bactéries, champignons…) qui se nourrissent du carbone et des éléments nutritifs et les recyclent. Au cours de ce processus de décomposition, les nutriments sont restitués au sol pour relancer le cycle de croissance des plantes, tandis qu'une grande part du carbone est totalement dégradée par les micro-organismes et retournée à l'atmosphère sous forme de CO_2 par le processus de respiration. Mais tous les types de carbone du sol ne sont pas identiques. Une partie reste piégée sous terre, et échappe à la décomposition en adhérant à des surfaces minérales ou en se mélangeant à des mottes de terre, les agrégats. Ainsi protégé par des surfaces minérales, des agrégats ou simplement par la profondeur d'enfouissement, ce carbone organique reste séquestré dans les sols pendant des décennies, des siècles, voire des millénaires.

Au fil du temps, la quantité de carbone accumulée dans les sols par les plantes a dépassé la quantité de carbone dispersée par la décomposition, formant un énorme réservoir de carbone du sol indispensable pour maintenir l'équilibre des gaz à effet de serre à l'échelle de la planète. Les échanges gazeux qui s'opèrent à la surface du sol, par lesquels les végétaux absorbent le carbone et les micro-organismes les restituent par respiration tout en en laissant une partie dans le sol, transfèrent naturellement entre l'atmosphère et la biosphère des flux de CO_2 dix fois plus importants que la totalité des émissions d'origine humaine. Ce mécanisme de recyclage naturel du carbone entre l'atmosphère et la terre joue un rôle fondamental dans la régulation du climat terrestre : un changement infime pourrait avoir des effets considérables sur le climat, faisant basculer le point d'équilibre du cycle planétaire du carbone.

Avec la hausse des températures, l'activité des micro-organismes s'accélère et les sols renvoient davantage de CO_2 dans l'atmosphère. Cette augmentation des émissions de carbone du sol pourrait faire basculer le cycle naturel du carbone dans un cercle vicieux : le réchauffement accroît les émissions de CO_2 du sol, amplifiant ainsi le réchauffement planétaire, ce qui à son tour accroît les émissions de CO_2 du sol, et ainsi de suite. Cette boucle de rétroaction positive pourrait être particulièrement dommageable aux écosystèmes des hautes latitudes, où le réchauffement s'accélère et où le froid a piégé un immense réservoir de carbone du sol dans les sols gelés en permanence, le pergélisol. Si le pergélisol est généralement trop froid pour être décomposé, son dégel, déjà amorcé, le rend vulnérable à la décomposition microbienne et par là même plus susceptible de relâcher du CO_2 dans l'atmosphère.

Pour éviter d'en arriver au point où le carbone du sol et le réchauffement enclencheraient une boucle de rétroaction positive qui pourrait aboutir à un emballement des montées en températures, nous devons agir dès à présent. Le premier impératif est de réduire immédiatement et significativement nos émissions de gaz à effet de serre. Il nous faut également planter davantage d'arbres et de plantes à racines profondes, et les protéger ; préserver les écosystèmes naturels et adopter des pratiques agricoles durables ; et enfin faire tout ce qui est en notre pouvoir pour séquestrer davantage de carbone dans les sols et limiter les émissions de CO_2 dans l'atmosphère. Telles sont les conditions de survie de notre monde. /

Un changement infime des flux de carbone du sol pourrait avoir des effets considérables sur le climat, faisant basculer le point d'équilibre du cycle planétaire du carbone.

2.23

Le pergélisol

Örjan Gustafsson

Il n'existe dans la nature que très peu de mécanismes qui, en l'espace de quelques décennies à peine, provoquent un transfert net de carbone de la terre ou des océans vers l'atmosphère assez important pour accélérer de manière significative la crise climatique. Les principaux coupables sont la fonte du pergélisol et le dégazage naturel des hydrates de gaz sous-marins – la décomposition du méthane fossile piégé dans la glace – dans l'Arctique.

Le pergélisol est un sol composé de terre, de sédiments, de tourbe ancienne, de roche, de glace et de matière organique, qui reste gelé toute l'année et qui existe aussi bien sur les terres émergées que sous l'eau. Les quelques mètres d'épaisseur des sols gelés émergés de l'Arctique contiennent la moitié du carbone terrestre de la planète, renfermant près de deux fois plus de carbone que n'en stocke l'atmosphère sous forme de CO_2 et deux cents fois plus de méthane. Le pergélisol n'occupe pas moins de 60 % de l'immense territoire de la Russie. Il y a peu encore, on pensait que c'était un gisement de carbone inactif, isolé, « en sommeil », et qu'il ne participait pas aux échanges avec les autres bassins de carbone dans le cycle mondial du carbone. Or, la hausse des températures dans l'Arctique étant deux à trois fois plus rapide que la moyenne mondiale, les réservoirs de carbone du pergélisol sont maintenant réactivés.

Les hydrates de gaz naturel, ou clathrates, sont des molécules de méthane emprisonnées dans une cage de molécules d'eau gelée qui se sont formées au cours des temps géologiques dans des conditions de basses températures et haute pression, dans les fonds marins ou les profondeurs du sol. Pendant des millions d'années, ils se sont accumulés en épaisses couches sédimentaires sur le plancher océanique de l'Arctique, généralement à moins de 300 ou 400 mètres au-dessous du niveau de la mer. Certains hydrates sont également présents dans les eaux moins profondes du pourtour de l'Arctique eurasien, mais il leur aurait fallu des conditions bien plus froides pour se former. Ils sont apparus lors du dernier maximum glaciaire dans la toundra du nord-est de la Sibérie, qui était alors submergée par la montée des mers due à la fonte des glaciers, et forme aujourd'hui la mer de Sibérie orientale, au sud de l'océan Arctique. Cette région côtière inaccessible et très peu étudiée, aussi grande que l'Allemagne, la Pologne, le Royaume-Uni, la France et l'Espagne réunis, hébergerait près de 80 % du pergélisol immergé de la planète et environ 75 % des dépôts peu profonds d'hydrates de la Terre.

Cet immense réservoir de carbone et de méthane anciens qui s'étend sur le paysage et le plancher marin arctique est un « géant endormi », et de plus en plus de signes indiquent qu'il est en train de se réveiller. Lors de nos expéditions scientifiques des vingt dernières années sur toute la frange septentrionale du continent eurasien, la plus vaste mer côtière du monde couvrant la moitié du Cercle arctique, nous avons clairement constaté que le dégel du pergélisol libère du carbone vieux de plusieurs milliers d'années, et nous avons vu d'abondants nuages de bulles de méthane remonter des eaux peu profondes du plateau continental, provenant très probablement du dégel du pergélisol sous-marin et de la désagrégation des hydrates de méthane.

D'un bout à l'autre de la masse terrestre de l'Arctique eurasien et nord-américain, la couche supérieure du pergélisol fond et regèle chaque année. Mais quand les températures montent, cette couche dite « active » s'épaissit tandis que le pergélisol recule vers le nord. Même si nous parvenons à maintenir le réchauffement de la planète sous la barre de 1,5 °C, les scientifiques pensent qu'entre un tiers et la moitié de l'ensemble du pergélisol aura disparu d'ici à la fin du XXIe siècle. De plus, la hausse des températures et des précipitations risque d'accélérer l'effondrement de cet écosystème particulier et de dégrader les dépôts plus profonds de carbone organique.

Le long des milliers de kilomètres de côte de l'Arctique sibérien, il existe de vastes dépôts de pergélisol riche en glace formés durant la dernière glaciation (le yedoma, ou dépôts de glace complexe). Affaiblie par le réchauffement, la montée du niveau de la mer et une érosion plus active due à une exposition accrue à la fréquence des tempêtes, cette couche de roche sédimentaire est particulièrement vulnérable et menace de s'effondrer.

En dehors de l'Arctique, le pergélisol du plateau

himalayen-tibétain, le « troisième pôle » de la planète, soulève également de vives inquiétudes. Cet immense champ de glace permanente ne correspond qu'à un dixième environ du pergélisol terrestre arctique, mais les scientifiques sont persuadés qu'il pourrait être encore plus vulnérable à un effondrement, du fait de sa topographie montagneuse, de sa plus faible latitude et de la proximité des centres de population et des activités humaines qui le perturbent directement, comme le pâturage, la construction et les émissions de particules fines de carbone noir comme la suie. Si l'on sait que l'effondrement du pergélisol a doublé au cours de ces dernières décennies dans l'Arctique, les scientifiques annoncent maintenant que le pergélisol du plateau tibétain s'effondre dix fois plus vite et est associé à des dégagements de gaz à effet de serre.

Alors que la plupart des études sur les rejets de méthane et de CO_2 dans l'Arctique se sont concentrées sur le pergélisol terrestre, les chercheurs s'intéressent désormais davantage au pergélisol immergé et aux hydrates de méthane. Le pergélisol sous-marin pourrait en effet être encore plus vulnérable que le pergélisol terrestre. Si l'un et l'autre ont la même origine, la zone qui a été inondée par la montée du niveau de la mer à la fin de la période glaciaire a non seulement été réchauffée par le changement climatique naturel des dix mille dernières années, mais au cours de cette même période elle a gagné près de 10 °C sous l'effet des eaux de surface. Le réchauffement induit par l'homme pourrait aggraver la fonte de ce permafrost sous-marin.

Figure 1

Pergélisol terrestre et sous-marin dans l'hémisphère Nord, 2020

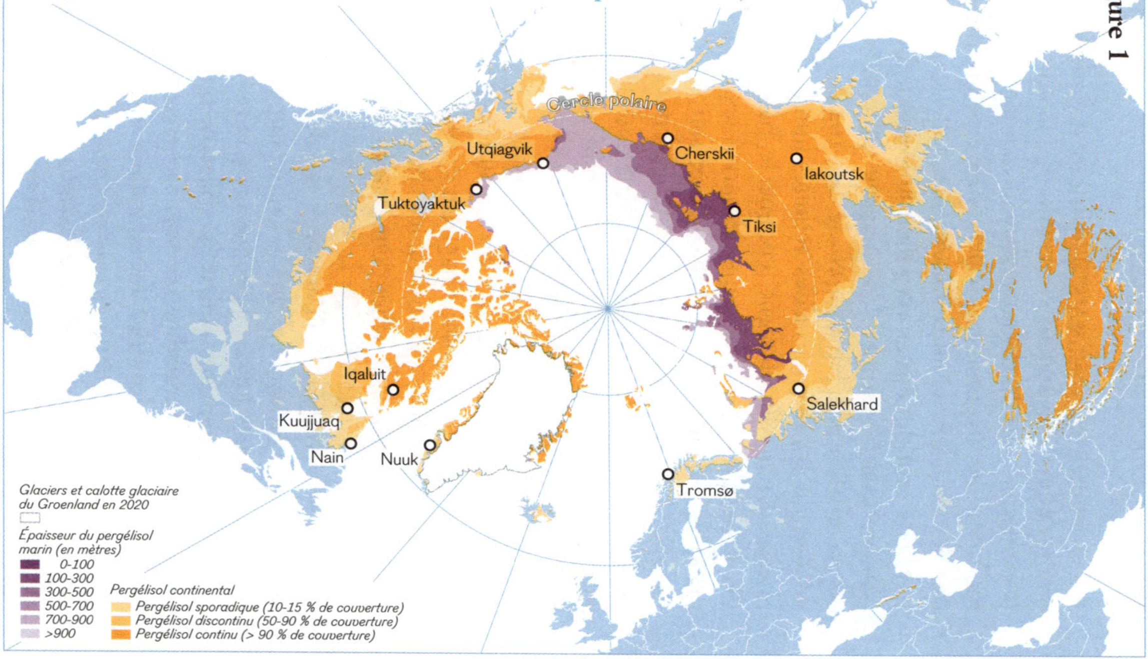

Les immenses gisements d'hydrates de méthane enfouis à quelque 300 ou 400 mètres le long du talus continental de l'Arctique eurasien sont également menacés, car ils sont situés à la même profondeur que les courants chauds provenant de l'Atlantique qui pénètrent de plus en plus dans la région (un phénomène que l'on appelle l'« atlantification »). Nous avons en effet observé au cours de ces dix dernières années que les concentrations de méthane dans l'immense mer de Sibérie orientale, peu profonde, sont dix à cent fois supérieures aux concentrations normales dans d'autres zones de l'océan. Nous avons également constaté un dégagement de bulles de méthane sur des centaines de sites. Cela indique que le système de pergélisol sous-marin subit des perforations, qui libèrent des quantités de méthane supérieures à celle de tous les océans du monde réunis. Pour le moment, ces émissions ne représentent qu'un petit pourcentage de la totalité des émissions naturelles et anthropogéniques de méthane, mais il ne fait aucun doute que le dégazage de grandes poches de méthane du pergélisol sous-marin est amorcé.

Le géant endormi commence à se réveiller, mais ses émissions ne sont pas prises en compte dans nos budgets carbone. Les scientifiques pensent que, même avec nos engagements climatiques actuels (que nous avons peu de chances de respecter), la vitesse de fonte du pergélisol terrestre de l'Arctique libérera autant de méthane et de CO_2 au cours de ce siècle que tous les pays de l'Union européenne réunis. Ces rejets – sans parler du rôle du pergélisol sous-marin et des hydrates de méthane – compromettraient sérieusement notre aptitude à stabiliser le réchauffement en dessous du seuil de 1,5 °C ou 2 °C.

Nous devons dès à présent arrêter d'extraire des combustibles fossiles des réservoirs de l'Arctique et éviter de polluer davantage l'atmosphère avec des polluants à courte durée de vie comme les aérosols de carbone suie, particulièrement nocifs car, non contents de contribuer à réchauffer l'atmosphère, lorsqu'ils se déposent sur la neige et la glace ils assombrissent la surface et amplifient la rétroaction glace-albédo. Nous pourrions facilement réduire les émissions de carbone suie en limitant le torchage des gaz dans l'industrie pétrolière et gazière en Arctique, et en réglementant la combustion de bois à l'air libre dans la ceinture boréale, y compris en Scandinavie, en Russie et au Canada. Il est urgent d'adopter ces mesures d'atténuation et d'infléchir la courbe des émissions anthropogéniques en réagissant immédiatement. À titre personnel, j'espère que tandis que nous assistons au réveil du géant endormi des hydrates du pergélisol arctique, nous réveillerons également notre seule et unique société mondiale. /

Le géant endormi commence à se réveiller.

2.24

Quels scénarios à 1,5 °C, 2 °C ou 4 °C de réchauffement

Tamsin Edwards

Les effets commencent à se faire sentir. Nous avons déjà franchi la barre de 1 °C de réchauffement. Des vagues de chaleur battent des records. Des inondations dévastent même les pays les mieux préparés. De féroces incendies dévorent forêts et villages, jusqu'aux terres gelées du Grand Nord.

Ce n'est ni notre imagination qui nous joue des tours ni un effet de la couverture médiatique : le climat a bel et bien changé. Les épisodes de chaleur intense, qui avant que l'activité humaine n'entre en jeu ne se produisaient qu'une fois tous les dix ans, sont désormais trois fois plus probables. La probabilité de pluies diluviennes a augmenté de 30 %, celle des sécheresses (marquées par moins de précipitations et un sol plus sec), de 70 %. Et les scientifiques voient désormais l'empreinte de l'homme sur quelques-uns des événements les plus catastrophiques que l'humanité ait jamais connus : certains sont, par notre faute, trois, dix ou cent fois plus probables ; d'autres auraient été pratiquement impossibles sans notre influence.

En quoi notre monde sera-t-il différent avec 1,5 °C ou 2 °C supplémentaires de réchauffement (les limites basses et hautes fixées par l'accord de Paris) ? (fig. 1)

Quel avenir choisirons-nous ?

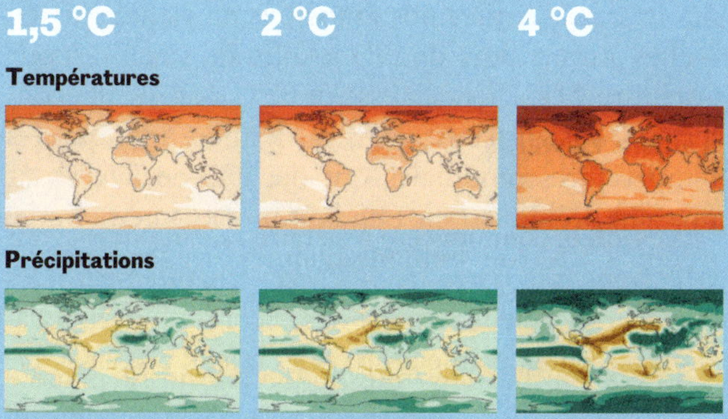

Figure 1

Les événements météorologiques extrêmes qui se produisaient une fois tous les dix ans avant l'intervention humaine seront…

	1,5 °C	2 °C	4°C
Chaleur extrême	4 fois plus probables	6 fois plus probables	9 fois plus probables
Fortes précipitations	50 % plus probables	70 % plus probables	3 fois plus probables
Sécheresse	2 fois plus probables	2 fois plus probables	4 fois plus probables

Figure 2

Et à quels changements devrons-nous nous attendre si nous ignorons cet engagement mondial et continuons à laisser filer nos émissions au rythme actuel – elles auront alors doublé à la fin du siècle –, pour atteindre 4 °C ? Une hausse de 3 °C ou 4 °C pourrait paraître insignifiante, mais la dernière fois que les températures mondiales ont dépassé de 2,5 °C les niveaux préindustriels pendant une longue période, c'était il y a trois millions d'années. À l'époque où nos ancêtres commençaient à tailler des outils en silex.

Les perturbations que connaîtra notre planète vont s'exacerber avec chaque demi-degré supplémentaire. Les masses continentales et les régions polaires se réchaufferont plus vite. Le cycle de l'eau s'amplifiera : de nombreuses parties du monde déjà humides recevront encore plus de précipitations, et les régions en manque d'eau seront plus impactées par les sécheresses. Le régime des moussons changera.

De nombreux types d'événements météorologiques extrêmes continueront de s'aggraver (fig. 2). Avec 1,5 °C supplémentaire, les canicules qui jadis n'arrivaient qu'une fois par décennie risquent de se produire quatre fois plus souvent, exposant des centaines de millions de gens à des épisodes de chaleur extrême meurtriers d'ici au milieu du siècle. Avec 2 °C supplémentaires, la probabilité de chaleurs extrêmes sera multipliée par six, et à 4 °C de réchauffement ces températures que nous qualifions actuellement d'extrêmes reviendront pratiquement chaque année. Les précipitations et les sécheresses extrêmes deviendront également plus fréquentes et plus intenses.

Vu de l'espace, le visage de notre Terre changera progressivement. D'ici à 2050, même si le réchauffement est limité à 1,5 °C, la glace de mer recouvrant l'océan Arctique disparaîtra presque, au moins une fois en septembre, révélant un océan sombre. Si elle en venait à disparaître totalement, elle se reconstituerait l'hiver suivant sous forme d'une plaque plus fine et plus fragile. Avec 3 °C ou 4 °C supplémentaires, elle fondra entièrement pendant la plupart des étés, voire tous.

La limite de 4 °C n'est pas la plus haute que nous puissions atteindre. À long terme, plusieurs scénarios possibles se dessinent, selon nos choix à venir. La partie gauche de la figure 3 met en regard les températures stables des deux derniers millénaires avec les scénarios possibles de réchauffement jusqu'en 2300.

Nous pourrions prendre des mesures pour limiter le réchauffement à la partie basse de cette fourchette, entre 1,5 °C et 2 °C. Or, même à ces températures, nous perdrions un grand nombre de glaciers du monde, sinon de la plupart, et nous assisterions à un réchauffement des océans et à un recul des calottes glaciaires. En revanche, l'élévation du niveau de la mer à échéance 2300 – la courbe bleue du graphique de la figure 3 – serait relativement limitée. Avec un peu de chance, elle ne dépassera pas 50 centimètres, mais elle pourrait aussi atteindre 3 mètres – de quoi transfigurer les régions littorales d'un bout à l'autre de la planète.

Si en revanche nous continuions à rejeter des gaz à effet de serre dans l'atmosphère, décennie après décennie, siècle après siècle, nous nous retrouverions sur une planète méconnaissable : en 2300, le thermomètre planétaire afficherait 10 °C de plus. Il ne resterait pas un seul glacier dans le monde. Chaque année, nous accroîtrions le risque de déstabiliser la calotte glaciaire de l'Antarctique, si tant est que nous ne l'ayons pas déjà fait, ce qui contribuerait rapidement à élever le niveau de la mer pour plusieurs siècles. La montée des eaux pourrait atteindre 7 mètres, comme le montre la courbe rouge de la figure 3. Dans le pire des cas, et l'Antarctique est particulièrement sensible, la hausse des mers pourrait être beaucoup plus importante encore.

Supposons que nous puissions réduire instantanément nos émissions à zéro. Certaines régions de la planète n'en continueraient pas moins de changer, en réaction à nos émissions passées. Les glaciers terrestres continueraient de reculer pendant des décennies ou des siècles, et les océans ne cesseraient pas de se réchauffer. Quoi que nous fassions, le niveau des mers montera et les inondations des régions côtières se poursuivront.

Un jour peut-être, dans un avenir lointain, serons-nous à même d'inverser certains impacts du changement climatique, si tant est que nous réussissions à ramener les températures à leurs niveaux antérieurs en éliminant l'excédent de dioxyde de carbone de l'atmosphère. Alors, notre climat redeviendrait plus normal et la glace de mer de l'Arctique se reformerait chaque été. Après encore bien

Scénarios d'avenir possibles d'ici à 2300

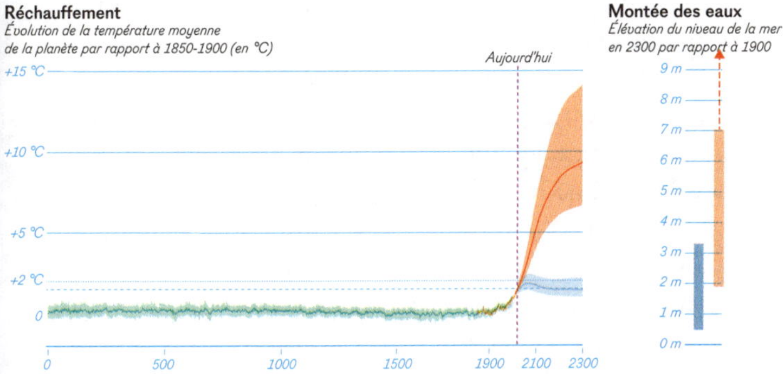

Figure 3 : Les variations de température des deux derniers millénaires, suivies par les scénarios de réchauffement futur jusqu'en 2300. La ligne en pointillé correspond à un réchauffement de 1,5 °C. À droite, l'élévation du niveau des mers en 2300 dans les mêmes scénarios.

longtemps, nous pourrions même assister à une nouvelle avancée des glaciers. Il ne sera toutefois pas possible d'inverser beaucoup d'autres changements de la planète à une échelle de temps humain réaliste. Le réchauffement des océans, le rétrécissement des calottes glaciaires et la hausse du niveau des mers persisteront pendant plusieurs centaines ou milliers d'années.

Dans ces conditions, que faire ? C'est simple. Le GIEC a prévenu que « faute de réductions immédiates, rapides et massives des émissions de gaz à effet de serre, la limitation du réchauffement aux alentours de 1,5 ou même à 2 °C sera hors de portée ».

Où en sommes-nous pour l'instant ? Un monde où l'on s'obstinerait à brûler des combustibles fossiles gagnerait 4 à 5 °C d'ici à 2100. Heureusement, nous avons mis en place un certain nombre de mesures réduisant considérablement le risque de connaître un tel avenir. Nous avons également accompli des progrès technologiques et modifié nos modes de vie. Si ces mesures sont correctement appliquées, les experts prédisent que le réchauffement ne devrait pas dépasser 3 °C au XXIe siècle.

Nous avons également pris des engagements à long terme, à commencer par ceux de l'accord de Paris définissant pour chaque pays l'objectif de réduction d'émissions d'ici à 2030, assortis de calendriers fixant la date où chaque État prévoit d'arrêter totalement d'ajouter des gaz à effet de serre dans l'atmosphère. Si nous tenons ces promesses, le réchauffement se stabilisera à un peu plus de 2 °C, et pourrait même ne pas dépasser le seuil de 2 °C. À chaque nouvelle mesure, chaque nouvel engagement, ces prédictions sont revues à la baisse.

En effet, chaque tonne de dioxyde de carbone que nous éviterons de rejeter atténuera proportionnellement le réchauffement planétaire, pour le rapprocher de notre objectif de 1,5 °C - 2 °C. Comme nous l'avons souligné, même ramené à ces niveaux, le réchauffement aurait encore des conséquences désastreuses, et la dernière fraction de degré sera la plus difficile à éviter. Mais le changement climatique n'est pas un jeu que l'on gagne ou que l'on perd. C'est une courbe que nous pouvons continuer à infléchir pour nous assurer un monde meilleur. L'avenir s'annonce plus prometteur que nous ne l'imaginions, mais pas aussi radieux que nous l'espérons. Ce qui arrivera maintenant dépend de nous. Et les générations futures sauront ce que nous avons ou n'avons pas fait. /

TROISIÈME PARTIE /

Quels impacts sur l'humanité ?

« Nous
ne savons pas
relier les points. »

3.1

Le monde a de la fièvre

Greta Thunberg

Le monde a de la fièvre. La fièvre est généralement le symptôme d'autre chose, comme une infection, une maladie, un virus. La crise climatique est aussi un symptôme, ou un résultat si vous préférez, d'une crise de la durabilité beaucoup plus profonde. En d'autres termes, ce n'est pas la hausse de la température moyenne qui est la racine du problème. C'est plutôt le fait que nous vivons au-dessus de nos moyens, exploitant les gens comme la planète. Ou, plus précisément, c'est ce que font un petit nombre d'entre nous. Des inégalités absurdes divisent le monde. Les 10 % les plus riches sont la cause de 50 % de nos émissions carbone. Les 1 % les plus riches sont responsables de près de deux fois les émissions de la moitié de la population la plus pauvre, à en croire un rapport de 2020 d'Oxfam et du Stockholm Environment Institute.

L'humanité n'a pas créé cette crise – elle a été créée par les gens au pouvoir et ceux-ci savaient exactement quelles valeurs inestimables ils sacrifiaient afin de gagner des quantités inimaginables d'argent et de maintenir un système qui leur était bénéfique. Ce sont – entre autres choses – les structures économiques et sociales qui génèrent ces inégalités si perverses qu'elles nous mènent vers le précipice écologique. L'idée d'une croissance infinie sur une planète finie.

Quand on chauffe de l'eau dans une casserole, on sait que pour bouillir elle devra atteindre 100 °C. Mais on ne peut pas prédire exactement quand la première bulle va apparaître, ni la deuxième, et ainsi de suite. On sait seulement que l'eau, à un moment, va se mettre à bouillir. C'est en ces termes que j'ai entendu certains scientifiques décrire le processus de la crise climatique. Et cette même image peut s'appliquer à la crise, plus large, de la durabilité.

Beaucoup se sont demandé quel serait le premier désastre à figer temporairement le monde moderne globalisé. Serait-ce un conflit en lien avec les ressources naturelles, une crise énergétique ou un effondrement financier ? Au lieu de quoi, c'est une pandémie apparue du jour au lendemain qui a changé nos vies.

À l'hiver 2022, au moment où nous terminons ce livre, il n'est pas possible de dire si le Covid-19 a été transmis aux humains par d'autres animaux, des chauves-souris en l'occurrence. Il reste des incertitudes ; ce que nous savons, en revanche, c'est que la plupart des épidémies viennent des animaux ; ce sont des zoonoses. En réalité 75 % de toutes les nouvelles maladies infectieuses trouvent leur origine dans la vie sauvage. Les habitats naturels devraient fonctionner comme un bouclier protecteur, mais en repoussant trop loin la barrière naturelle nous nous sommes exposés à des niveaux de risque accrus. Donc, le coronavirus a pu se transmettre, ou non, des animaux aux humains. Quoi qu'il en soit, notre destruction de la nature prépare gentiment la création de nouvelles pandémies – potentiellement plus mortelles. Depuis l'apparition de la pandémie à l'échelle mondiale, en février 2020, la communauté scientifique nous l'exprime clairement. Pourtant, personne ne semble voir le lien.

Alors, pour information, sachez que l'on nous avait donné tous les faits. Comme l'a résumé le directeur exécutif du Programme d'urgence de l'Organisation mondiale de la santé dans un discours daté de février 2021 :

> *Nous sommes en train de créer les conditions dans lesquelles les épidémies se multiplient, nous forçons et incitons les gens à migrer loin de leur foyer à cause du stress climatique. Nous en faisons tant et nous le faisons au nom de la mondialisation, à la poursuite de cette chose merveilleuse que certaines personnes appellent la « croissance économique ». Eh bien selon moi, c'est devenu une nuisance, pas une croissance, à cause de ses conséquences, l'incitation à des pratiques non durables en matière de gestion des communautés, du développement, de la prospérité ; nous faisons des chèques en blanc que nous ne pourrons pas encaisser en tant que civilisation à l'avenir. Un jour, quand nous ne serons plus là, nos enfants se réveilleront dans un monde où existera une pandémie au taux de mortalité bien supérieur, qui pourrait mettre notre civilisation à genoux une bonne fois pour toutes. Nous avons besoin d'un monde plus durable, où le profit n'a pas la priorité sur les communautés. Où cela n'est pas l'alpha et l'oméga, où l'asservissement à la croissance économique est sorti de l'équation. Nous avons besoin d'une croissance durable dans nos communautés.*

Si vous deviez lire ce livre d'ici quelques années, disons plusieurs dizaines d'années après qu'il aurait été écrit, vous pourriez en conclure que de telles paroles ont dû avoir un impact. Vous imaginez peut-être qu'il y a eu des articles ou des reportages à ce sujet à la radio ou à la télévision. Mais je peux vous assurer que cela n'a suscité à peu près aucune réaction.

En matière de santé « nous nous tirons une balle dans le pied », résume Ana María Vicedo-Cabrera. Aujourd'hui, 37 % des décès liés à la chaleur sont causés par le changement climatique, une dizaine de millions de personnes meurent chaque année de la pollution de l'air et à mesure que notre planète continue de se réchauffer, le paludisme et la dengue pourraient en placer des milliards de plus en situation de risque d'ici la fin du siècle. Et tout cela pour une crise qui pourrait être décrite comme le prix à payer pour courir après la croissance économique à court terme, ou simplement le résultat d'un monde où la cupidité, l'égoïsme et l'inégalité ont tout déplacé, tout déséquilibré. En d'autres termes, la crise de la durabilité, c'est ce que l'on obtient une fois que l'on a relié tous les points. /

3.2

Santé et climat

Tedros Adhanom Ghebreyesus

La crise climatique est là, alimentée par notre dépendance aux combustibles fossiles, et l'on en constate d'ores et déjà les conséquences, bien réelles et souvent dévastatrices pour notre santé.

Les impacts sanitaires du changement climatique n'épargnent aucun pays du monde, mais ce sont les populations des pays à revenu faible ou intermédiaire, déjà confrontées à d'autres difficultés sanitaires, économiques et environnementales, qui sont les plus durement touchées. Les risques de famine et d'épidémie de maladies à transmission vectorielle s'intensifient jour après jour, tandis qu'une pénurie d'eau se profile et que le niveau de la mer monte.

Si, en soi, le changement climatique ne provoque pas de maladies, il a un effet sur leurs modes de propagation et compromet tout ce que nous faisons pour les combattre. Prenons par exemple le cas du paludisme : la hausse des températures, des précipitations et de l'humidité favorise la prolifération des moustiques vecteurs du paludisme et leur permet d'étendre leur aire de répartition, augmentant ainsi les risques de transmission, jusque dans des régions où aucun cas de paludisme n'avait encore été signalé. Une étude de l'Organisation mondiale de la santé estimait qu'entre 2030 et 2050, le changement climatique pourrait entraîner au bas mot 60 000 décès supplémentaires dus au paludisme, même en tenant compte de l'impact d'autres mesures visant à réduire l'incidence de la maladie. La même étude indiquait également qu'en 2030 au moins 5 % des cas de paludisme dans le monde, soit 21 millions de cas, seraient attribuables au changement climatique.

Ce n'est là qu'un exemple, mais il existe des centaines d'autres « risques sanitaires sensibles au climat ». Par exemple, les enfants nés après 2014 (qui ont donc moins de huit ans en 2022) connaîtront trente-six fois plus de vagues de chaleur qu'un individu né en 1960 (âgé de soixante-deux ans en 2022). En 2020, pas moins d'un cinquième (19 %) de la surface terrestre mondiale a été touché par une sécheresse extrême, entraînant une forte augmentation des pénuries de nourriture et d'eau. La liste est longue…

La vulnérabilité des individus à ces menaces est en grande partie déterminée par des facteurs sociaux : les impacts pèsent de façon démesurée sur les plus défavorisés, en particulier les femmes, les enfants, les minorités ethniques, les communautés pauvres, les migrants ou les personnes déplacées, les personnes âgées ou souffrant de problèmes médicaux sous-jacents.

Tout retard à contenir ces menaces sanitaires affectera en premier lieu les populations les plus défavorisées de la planète. En effet, la grande majorité des plus pauvres n'étant pas assurés, les crises et les chocs sanitaires font basculer chaque année quelque 100 millions de personnes dans la pauvreté, et les effets du changement climatique ne font qu'exacerber cette tendance. Pour répondre pleinement à l'urgence de cette crise, nous devons résoudre les inégalités dont elle découle.

À plus long terme, cependant, personne ne sera véritablement à l'abri. L'ampleur des risques sanitaires auxquels nous serons exposés dépendra largement de notre résolution à prendre dès à présent des mesures efficaces pour réduire nos émissions nocives et éviter de franchir des seuils de température critiques et des points de bascule irréversibles.

De nombreux États prennent conscience de l'urgence d'agir afin de protéger leurs citoyens des impacts climatiques de plus en plus graves et fréquents. Dans une enquête récente menée par l'OMS auprès de ses États membres, plus des trois quarts des pays indiquaient avoir élaboré ou être en train d'élaborer des stratégies ou des plans nationaux en matière de santé et de lutte contre le changement climatique.

Une ombre au tableau toutefois : alors que les pays à faible revenu et à revenu intermédiaire inférieur manquent souvent de ressources et de soutien technique pour mettre en œuvre ces plans, seuls un tiers d'entre eux bénéficient d'aides internationales. La solidarité mondiale, le renforcement des capacités et le partage des technologies et des savoir-faire seront essentiels pour surmonter ces obstacles.

Je constate cependant que nous comprenons de mieux en mieux les nombreux avantages – y compris pour la santé – qu'il peut y avoir à entreprendre une action rapide et ambitieuse pour enrayer et inverser la crise climatique, et cela m'emplit d'espoir.

Par exemple, beaucoup d'initiatives visant à réduire les émissions de gaz à effet de serre améliorent également la qualité de l'air et contribuent ainsi à atteindre nombre d'objectifs de développement durable des Nations unies. Certaines mesures encourageant l'activité physique – la marche et le vélo, par exemple – participent, par leurs effets bénéfiques sur la santé, à réduire l'incidence des maladies respiratoires et cardiovasculaires, de certains cancers, du diabète et de l'obésité.

Un autre exemple tient au développement des espaces verts urbains, qui favorisent l'atténuation et l'adaptation au changement climatique tout en apportant de multiples bienfaits pour la santé, tels qu'une réduction de l'exposition à la pollution de l'air et au stress, des îlots de fraîcheur, et des espaces de détente favorisant les échanges sociaux et l'activité physique.

Privilégier les produits végétaux nourrissants dans son régime alimentaire permettrait par ailleurs de réduire considérablement les émissions mondiales, renforcerait la résilience du système alimentaire et, d'ici à 2050, permettrait d'éviter chaque année jusqu'à 5,1 millions de décès liés à l'alimentation.

Les avantages sanitaires d'une politique d'atténuation ambitieuse dépasseraient largement son coût, et plaident d'autant plus en faveur d'un changement en profondeur qu'ils profiteraient à de nombreux secteurs. Des recherches ont en effet établi qu'une action climatique alignée sur les objectifs de l'accord de Paris sauverait des millions de vies en améliorant la qualité de l'air, les régimes alimentaires, l'activité physique, entre autres effets positifs.

Il arrive toutefois encore trop souvent que la prise

de décision en matière de climat ne tienne pas compte de ces retombées sanitaires. Il peut être facile d'oublier, lorsqu'on est plongé dans les chiffres et que l'on fixe des objectifs climatiques lointains, que derrière ces chiffres et ces objectifs il y a des gens dont la santé et l'avenir dépendent de mesures ambitieuses et immédiates.

L'attentisme a un coût exorbitant : chaque dixième de degré supplémentaire de réchauffement ajoute au prix à payer pour notre propre santé et celle de nos enfants. Au regard des enjeux sanitaires, la devise « 1,5 °C pour rester en vie » – par laquelle les pays les plus vulnérables appellent à une action climatique plus ambitieuse – peut être prise au pied de la lettre.

Des responsables de santé de tous les pays du monde tirent la sonnette d'alarme sur le changement climatique et adoptent de plus en plus de mesures pour protéger leurs concitoyens contre l'aggravation des impacts climatiques, tout en réduisant leurs propres émissions. En octobre 2021, quelques semaines avant la 26e édition de la conférence des Nations unies sur les changements climatiques (COP 26), plus des deux tiers des personnels de santé du monde ont adressé une lettre ouverte aux dirigeants nationaux. « Partout où nous dispensons des soins, dans nos hôpitaux, nos dispensaires et nos communautés dans le monde, nous faisons déjà face aux conséquences néfastes des changements climatiques sur la santé », déclaraient les signataires.

Au même moment, l'OMS publiait un rapport spécial sur les changements climatiques et la santé, détaillant les recommandations de la communauté sanitaire mondiale pour lutter contre les changements climatiques et rappelant les mesures prioritaires que les États doivent mettre en place pour faire face à la crise climatique, restaurer la biodiversité et protéger la santé humaine.

Appliquer ces recommandations pour un avenir sain – s'engager à assurer un relèvement sain, écologique et durable après la pandémie de Covid-19, créer des systèmes énergétiques propres à préserver et améliorer le climat et la santé, favoriser des systèmes alimentaires sains, durables et résilients –, c'est investir dans un monde plus sain, plus juste et plus résilient. Les économies avancées, en particulier, ont une occasion unique de faire preuve d'une véritable solidarité mondiale.

La COP 26 nous a rapprochés de cet objectif, en renforçant les engagements climatiques nationaux, en débloquant des fonds supplémentaires pour le climat à l'intention des pays vulnérables, et grâce aux dizaines d'engagements des États à décarboner et améliorer la résilience de leurs systèmes de santé.

Mais protéger la santé passe nécessairement par un investissement actif d'autres secteurs, à commencer par l'énergie, les transports, la nature, les systèmes alimentaires et la finance. Malheureusement, la plupart des secteurs sont encore extrêmement mal préparés aux changements qui s'imposent, et à chaque minute qui passe des industries polluantes utilisant des combustibles fossiles continuent de percevoir 11 millions de dollars de subventions.

Il nous reste beaucoup de chemin à faire pour

protéger notre santé et assurer un avenir sain à nos enfants, mais du moins savons-nous ce qu'il faut faire. Les arguments sanitaires en faveur d'une action climatique rapide n'ont jamais été plus impérieux. Mettons-nous au travail. /

3.3

Les maladies liées à la chaleur

Ana M. Vicedo-Cabrera

La chaleur est l'une des plus grandes menaces environnementales auxquelles nous sommes confrontés. Depuis quelques années, des vagues de chaleur extrême historiques, comme celles qui se sont abattues sur l'Europe en 2003 ou sur la Russie en 2010, ont démontré de manière stupéfiante leur potentiel de dévastation : on estime en effet que ces épisodes ont provoqué plusieurs milliers de décès supplémentaires. Aujourd'hui, environ 1 % de l'ensemble des décès survenus dans le monde est imputable à la chaleur, à raison de près de 7 décès liés à la chaleur par an pour 100 000 personnes – soit autant que la mortalité due au paludisme (fig. 1).

Il est impossible de ne pas relier la chaleur au changement climatique. Les changements climatiques d'origine anthropique sont aujourd'hui responsables de 1 décès sur 3 dus à la chaleur, soit 37 % des décès liés à la chaleur entre 1991 et 2018. Sachant que cette forte charge de mortalité se produit à un réchauffement compris entre 0,5 °C et 1 °C, nous sommes en droit de penser que cette charge s'alourdira au cours des prochaines décennies, à mesure que le réchauffement s'intensifiera pour dépasser les 2 °C ou 3 °C, voire les 4 °C. Des études récentes prévoient que, dans le scénario le plus pessimiste (c'est-à-dire si les émissions se poursuivent et qu'aucune adaptation ne se produit), le changement climatique multipliera par dix le nombre actuel de décès liés à la chaleur d'ici à la fin du siècle dans des régions comme l'Europe méridionale, l'Asie du Sud-Est et l'Amérique du Sud. Soulignons en outre que les tendances sociétales actuelles telles que le vieillissement de la population et l'urbanisation croissante constitueraient des facteurs amplificateurs, puisque les risques accrus liés à la chaleur s'observent surtout dans les zones urbanisées (en partie à cause de l'effet d'îlot de chaleur urbain) et chez les personnes âgées, particulièrement vulnérables aux impacts physiologiques de la chaleur.

Lorsqu'il est exposé à des températures élevées, l'être humain dispose de divers systèmes pour maintenir sa température corporelle dans une fourchette sûre (et étroite) proche de 37 °C. Il arrive cependant que ces mécanismes ne fonctionnent pas correctement chez certaines personnes, ou perdent de leur efficacité dans des conditions de chaleur extrême – généralement associée à une forte humidité. Pour évacuer notre chaleur corporelle, nous devons évo-

Facteurs de risque de mortalité dans le monde

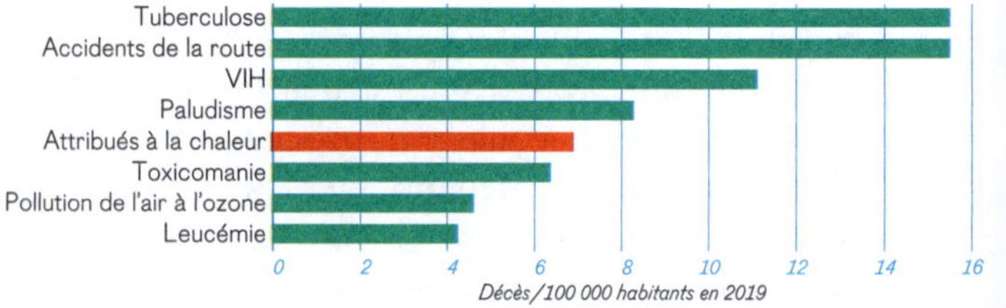

Figure 1

luer dans un air suffisamment frais. Or nous vivons dans des environnements où l'air peut souvent être plus chaud que notre corps. L'humidité ambiante doit donc aussi être assez faible pour nous permettre de nous refroidir en transpirant et continuer ainsi à dissiper la chaleur de notre organisme. Mais lorsque l'humidité relative de l'air atteint 100 %, la transpiration cesse de s'évaporer efficacement et ne refroidit plus notre peau. On appelle les températures accompagnées d'un taux d'humidité de 100 %, « températures du thermomètre mouillé », ou « températures humides ». Une température du thermomètre mouillé proche de 35 °C est fatale pour l'homme, mais elle cause de sérieux problèmes bien en deçà de ce seuil.

Lors d'un épisode de chaleur extrême, l'organisme ne parvient plus à réguler sa température, ce qui déclenche toute une série de mécanismes conduisant à diverses pathologies. Contrairement à une idée reçue, les coups de chaleur ne sont responsables que d'une infime partie de l'ensemble des décès dus à la chaleur. Une chaleur accablante peut provoquer plusieurs types d'affections aiguës, comme les crises cardiaques, ou exacerber des maladies sous-jacentes préexistantes comme la bronchopneumopathie chronique obstructive (BPCO). La mortalité n'est que la partie émergée de l'iceberg : la chaleur a également été associée à un risque accru d'hospitalisation pour des maladies cardiovasculaires ou respiratoires et des naissances prématurées.

La chaleur touche toutes les populations du monde, mais les personnes âgées, les femmes enceintes, les enfants et les personnes souffrant de maladies chroniques ont été identifiés comme des sous-groupes particulièrement vulnérables sur le plan physiologique. Les impacts varient également considérablement selon les régions, les pays et même les villes d'un même pays. Par exemple, en Europe les risques sont plus importants dans la région méditerranéenne que dans les villes du Nord. L'ampleur de l'impact sur une population donnée dépend de l'intensité de la chaleur, de la proportion de personnes vulnérables dans cette région et des ressources dont dispose la population pour se prémunir de la chaleur. Des évaluations récentes ont montré que les populations fortement urbanisées présentant des niveaux d'inégalité plus élevés sont les plus touchées.

Dans le monde actuel, les étés plus chauds et les épisodes de chaleur extrême deviennent la norme. Il est donc urgent de comprendre comment nous pouvons réduire notre vulnérabilité – ou en d'autres termes comment nous pouvons nous adapter efficacement à une hausse inéluctable des températures. S'il est vrai que nous nous sommes partiellement adaptés à la chaleur au cours de ces dernières décennies, nous ne savons toujours pas quelles seront les stratégies d'adaptation les plus viables pour l'avenir. La climatisation est longtemps apparue comme une solution efficace, mais ce n'est pas la seule qui s'offre à nous, et il reste encore à prouver qu'elle gardera son efficacité dans un monde beaucoup plus chaud – notamment au regard de la consommation d'énergie et des inégalités. Pour beaucoup, ce n'est tout simplement pas une solution réaliste. Les systèmes d'alerte canicule mis en place par les autorités sanitaires se sont également avérés utiles, mais là encore nous devons être prudents, car il est probable que les initiatives qui fonctionnent bien aujourd'hui ne seront pas aussi efficaces que nous l'espérons demain.

Les inégalités croissantes, l'urbanisation galopante et l'épuisement des ressources naturelles sont étroitement liés aux changements climatiques et ont également des répercussions, directes ou indirectes, sur notre santé. Il est donc essentiel que nous réfléchissions à des initiatives plus globales, plus ambitieuses et de plus grande envergure. C'est l'un des messages essentiels que les scientifiques s'efforcent de faire passer depuis le début de la pandémie de Covid-19, qui a mis en lumière les insuffisances manifestes de nos systèmes de santé publique. Malgré les mises en garde répétées des experts sur le risque de survenue de nouvelles maladies infectieuses dangereuses, la première vague de la pandémie a pris presque tout le monde de court et a révélé à quel point les gouvernements et les institutions de santé publique étaient mal préparés. Comme pour le changement climatique, la profusion de fausses informations, la défiance envers la recherche et l'absence de leadership communautaire, ainsi que la déconnexion entre les instances politiques, la communauté scientifique et la population en général, sont autant de facteurs qui ont singulièrement pesé sur la gestion de cette crise. Cette urgence sanitaire mondiale nous a appris que pour atténuer l'impact des crises sanitaires à venir, il était indispensable de mettre en place en amont des mesures efficaces de prévention, de capacité d'intervention et de riposte. Retenons la leçon de nos erreurs passées. Il n'est pas trop tard pour bâtir un monde plus résilient, plus durable et plus équitable pour la prochaine génération. /

La mortalité n'est que la partie émergée de l'iceberg.

3.4

La pollution atmosphérique

Drew Shindell

Le changement climatique et la pollution de l'air sont avant tout des tueurs invisibles. Nous voyons de temps à autre quelques victimes de tempête tropicale sur nos écrans de télévision, mais l'exposition à la chaleur tue chaque année des centaines de milliers d'individus. De la même manière, rares sont ceux qui savent que l'exposition à la pollution de l'air extérieur est à l'origine de près de 10 millions de décès par an dus à des maladies cardiaques ou respiratoires. L'exposition à des niveaux élevés de particules fines et d'ozone, un composant du smog, est en effet un facteur de risque aggravant de ces pathologies. Réduire les émissions responsables du changement climatique, qui proviennent en grande partie des mêmes sources que les polluants atmosphériques, induira donc de bien plus grands bénéfices que ne le pensent la plupart des gens. S'il est vrai que ce sont les individus les plus pauvres et les plus vulnérables de la société qui subissent le plus durement les effets délétères de la pollution atmosphérique et des changements climatiques, il faut également savoir que les avantages sanitaires des mesures d'atténuation du changement climatique ouvrent la voie à un monde plus juste et plus équitable.

L'une des mesures les plus efficaces que nous puissions prendre contre la pollution de l'air et la crise climatique consiste tout simplement à arrêter de brûler à tout-va. Arrêter de brûler des combustibles fossiles pour l'énergie est une mesure essentielle qui présente d'immenses avantages immédiats pour la qualité de l'air, lorsqu'on sait que 1 décès prématuré sur 5 est dû à la pollution liée aux combustibles fossiles. Arrêter de brûler des biocarburants pour la cuisine quotidienne (et parfois le chauffage) en permettant aux populations les plus pauvres du monde d'accéder à une énergie moderne et efficace offre des avantages considérables pour la santé en améliorant la qualité de l'air extérieur et intérieur. On estime que la pollution de l'air intérieur tue prématurément environ 4 millions de personnes chaque année, en particulier des femmes et des enfants, plus souvent exposés aux fumées de cuisine. De même, enfouir les déchets agricoles au lieu de les brûler réduit la pollution de l'air et restitue aux sols des éléments nutritifs essentiels. À long terme, toutes ces actions atténueront le changement climatique.

Nous devrions prendre d'autres mesures importantes pour que l'air que nous respirons soit plus sain et plus propre, en réduisant par exemple les émissions issues des décharges et du fumier. On dégagerait ainsi moins de méthane, gaz précurseur de l'ozone, ce qui limiterait la pollution locale. Nous devons par ailleurs réduire notre consommation d'aliments dérivés de l'élevage bovin car les immenses cheptels de bétail émettent de grandes quantités de méthane (principalement par la fermentation entérique et la fermentation des fumiers), qui représentent environ 30 % des émissions mondiales de méthane dues aux activités humaines. Ce point est important, puisque les émissions de méthane contribuent à environ un tiers de l'effet de réchauffement de l'ensemble des émissions de gaz à effet de serre à ce jour, et provoquent près de 500 000 décès prématurés par an dus à l'ozone.

Il est fondamental de garder à l'esprit que les bénéfices d'un air pur et de l'atténuation du changement climatique sont parfaitement complémen-

Rapport bénéfice/coût des réductions d'émissions pour les États-Unis en respect de l'accord de Paris par rapport à un scénario à hautes émissions

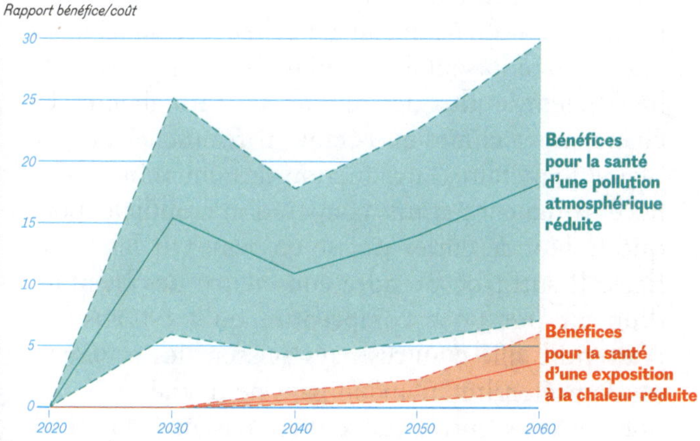

Figure 1 : Plus le chiffre est élevé, plus les bénéfices financiers d'une atténuation des émissions compensent les coûts engagés pour limiter le réchauffement. Les lignes en pointillé indiquent la fourchette possible ; les lignes continues indiquent la moyenne.

taires, d'où l'intérêt de mettre en place des politiques qui s'efforcent d'optimiser simultanément ces deux volets. Les bienfaits d'un air pur se font rapidement sentir, puisque la qualité de l'air réagit très vite aux variations d'émissions, comme en témoigne le ciel bleu qui, lors des confinements du Covid-19, s'est dégagé sur des villes normalement étouffées sous une chape de pollution, comme New Delhi, Guangzhou et Le Caire. Les bénéfices de l'atténuation du changement climatique mettent en revanche bien plus longtemps à se concrétiser car le système climatique réagit à un rythme plus lent, mais ils sont essentiels à long terme. L'aire géographique où s'opèrent ces deux changements environnementaux participe également de leur synergie : la pollution atmosphérique étant surtout un problème depuis l'échelle nationale jusqu'à l'échelle régionale, les pays qui réduisent leurs émissions sont ceux qui bénéficient le plus des retombées d'un air pur. Le changement climatique étant en revanche un problème planétaire, la réduction des émissions passe nécessairement par une coopération mondiale, pour que le monde entier puisse en ressentir les bénéfices. Il suffit de prendre conscience des bienfaits d'un air pur pour comprendre qu'il est absurde d'attendre que d'autres pays agissent les premiers, ou de prétendre qu'aucun pays ne devrait agir tant que tous les autres ne se sont pas mis d'accord. Nous avons ainsi montré dans une étude de 2021 que si les États-Unis réduisaient leurs émissions pour atteindre les objectifs de l'accord de Paris, les bienfaits qu'ils retireraient d'un air pur compenseraient largement les coûts de la transition sociétale dès la toute première décennie de leur action. Les bénéfices climatiques l'emportent également sur le coût de l'action, mais uniquement à partir de la seconde moitié du siècle et seulement si le reste du monde est également déterminé à poursuivre les objectifs de l'accord de Paris (fig. 1). Rien qu'aux États-Unis, la réduction des émissions mondiales au cours des cinquante prochaines années pour atteindre l'objectif de l'accord de Paris de maintenir le réchauffement en dessous de 2 °C pourrait éviter environ 4,5 millions de décès prématurés, 1,4 million d'hospitalisations et de passages aux urgences, et 1,7 million de cas de démence. Si seuls les États-Unis réduisaient leurs émissions conformément à l'accord de Paris, 60 % à 65 % de ces avantages se concrétiseraient tout de même.

Par conséquent, une perspective élargie prenant en compte le bien-être global de la société plutôt que les seuls effets du changement climatique peut inciter à passer à l'action en montrant aux gens comment s'assurer à court terme et localement des bienfaits sanitaires locaux et, en outre, empêcher la catastrophe climatique à long terme que beaucoup ont du mal à conceptualiser. /

Rien qu'aux États-Unis, la réduction des émissions mondiales au cours des cinquante prochaines années conformément à l'accord de Paris pourrait éviter environ 4,5 millions de décès prématurés.

3.5

Les maladies à transmission vectorielle

Felipe J. Colón-González

Les maladies à transmission vectorielle – transmises aux humains et entre humains par toutes sortes d'organismes, des moustiques aux phlébotomes en passant par d'autres arthropodes – sont responsables d'environ 17 % de l'ensemble des décès, maladies et invalidités enregistrés dans le monde, provoquant chaque année plus de 700 000 décès. Les principales sont le paludisme, la dengue, le chikungunya, la maladie à virus Zika, la fièvre jaune, l'encéphalite japonaise, la filariose lymphatique, la schistosomiase, la maladie de Chagas et la leishmaniose.

Plus de 80 % de la population mondiale vit actuellement dans une zone exposée au risque d'au moins une de ces maladies, et plus de 50 % de la population est susceptible d'en attraper au moins deux. Ces pathologies – dont beaucoup sont chroniques, invalidantes et stigmatisantes – sont très étroitement liées à la pauvreté et aux inégalités et constituent un obstacle majeur au développement socio-économique.

Le changement climatique peut avoir de nombreux impacts sur l'écologie et la transmission de ces maladies, et il est essentiel de comprendre ces effets pour anticiper les aggravations possibles de ce risque et y réagir. Avec la montée des températures planétaires, les maladies à transmission vectorielle se propagent

Les effets de la température et des précipitations sur la transmission saisonnière du paludisme

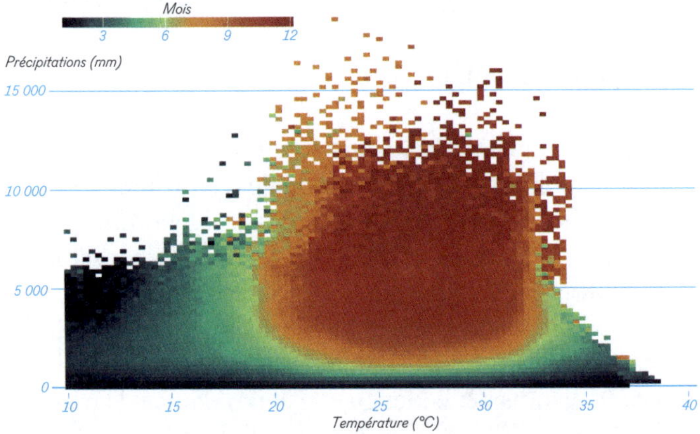

Figure 1 : Un climat plus chaud et de plus fortes précipitations allongent la saison de transmission – qui pourrait, dans certains cas, durer toute l'année.

peu à peu dans des régions du monde où elles n'existaient pas et refont surface dans des zones d'où elles avaient disparu depuis plusieurs décennies. En Afrique et en Amérique du Sud par exemple, le paludisme migre à de plus hautes altitudes, où le climat est devenu propice à la transmission. Des cas de dengue sont désormais signalés dans des pays comme l'Italie, la Croatie et l'Afghanistan – des pays où la maladie n'avait jamais réussi à se propager auparavant.

Leur transmission et leur propagation tiennent à des interactions complexes entre le climat, l'environnement et les caractéristiques de la population, tels les niveaux d'immunité et la mobilité. La probabilité que le changement climatique continue de déclencher l'émergence – et la résurgence – de maladies à transmission vectorielle suscite des inquiétudes croissantes et justifiées. À travers des expériences de laboratoire, des modélisations empiriques et des études sur le terrain, nous avons établi que les variations de température peuvent accroître le potentiel infectieux des agents pathogènes, car la température est un déterminant majeur de variables telles que la taille d'une population de parasites vecteurs, son taux de piqûre, sa probabilité de survie et sa durée de vie.

De manière générale, des températures plus élevées favorisent la transmission des maladies vectorielles, qui atteint un pic dans une fourchette de températures intermédiaires – environ 25 °C – alors que s'il fait trop chaud ou trop froid le risque de transmission est réduit. Ces effets varient en fonction de la nature du vecteur et de l'agent patho-

Évolution de la durée de la saison de transmission de la dengue à horizon 2080

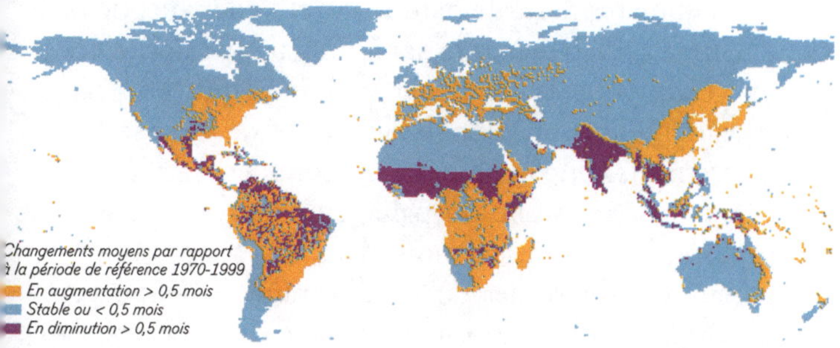

Figure 2

gène mais, à mesure que le changement climatique repousse de nombreuses régions vers une zone de températures intermédiaires (une sorte de « zone Boucle d'or » de température, idéale pour la propagation des maladies), les agents pathogènes et les vecteurs ont de plus en plus de chances de proliférer.

Les précipitations ont également des effets significatifs, notamment pour les insectes comme les moustiques qui passent trois phases de leur développement en milieu aquatique. Les précipitations influencent aussi indirectement d'autres espèces propagatrices dont le cycle de vie ne comporte pas de phase aquatique, comme les tiques ou les phlébotomes, à travers les variations du taux d'humidité. De plus fortes précipitations créent ou agrandissent des flaques d'eau, propices à la reproduction de ces insectes ; les sécheresses, quant à elles, favorisent indirectement l'apparition de sites de reproduction, en incitant les populations à collecter et à stocker de l'eau en prévision des périodes de pénurie.

Plusieurs études ont examiné les effets du changement climatique sur le paludisme et la dengue, deux des principales menaces sanitaires mondiales. Elles ont établi que le changement climatique pourrait considérablement allonger la durée de leur saison de transmission sur une année donnée.

D'ici à 2080, celle du paludisme pourrait ainsi se prolonger jusqu'à 1,6 mois dans les régions montagneuses d'Afrique, de Méditerranée orientale et d'Amérique du Sud. Or, s'agissant de zones où la transmission est actuellement faible, les populations sont mal immunisées et les systèmes de santé publique ne sont pas préparés à prendre en charge un nouvel afflux de patients. La saison de transmission de la dengue pourrait se prolonger jusqu'à quatre mois dans les zones du Pacifique occidental situées à moins de 1 500 mètres d'altitude.

Avec la hausse des températures, le climat favorisera la prolifération de certains insectes vecteurs et sera moins adapté à d'autres. Par exemple, le principal moustique vecteur du paludisme en Afrique pourrait être remplacé par un moustique d'une autre espèce, plus adapté aux fortes chaleurs de l'Afrique subsaharienne. Il se pourrait également que le climat devienne moins propice à la transmission du paludisme, mais plus adapté à celle d'autres maladies telles que la dengue, le chikungunya ou le zika, transmis par des moustiques qui préfèrent un temps plus chaud.

Les changements climatiques pourraient également modifier l'aire de distribution et de propagation des maladies vectorielles. Celles du paludisme et de la dengue pourraient s'étendre à des régions tempérées comme la France, la Bulgarie, la Hongrie et l'Allemagne, ainsi qu'à la côte est des États-Unis, du sud d'Atlanta jusqu'au nord de Boston (fig. 2). Si les systèmes de santé publique parviennent à identifier et à éliminer les foyers d'infection, une explosion du nombre de cas pourrait être évitée. La pandémie de Covid-19 a toutefois révélé la fragilité de nos systèmes de santé publique, jusque dans les pays les plus riches. Il sera donc indispensable de mettre en place des systèmes de veille épidémiologique, de suivi et d'alerte précoce pour préparer ces foyers à risque.

Alors que les maladies à transmission vectorielle s'étendent à de nouvelles régions, d'ici à 2070 le paludisme et la dengue pourraient toucher 3,6 milliards de personnes de plus que celles qui y étaient déjà exposées entre 1970 et 1999. Une forte réduction de nos émissions suffirait à ramener ce chiffre à 2,4 milliards, alors qu'un taux d'émissions accru le porterait jusqu'à 4,7 milliards.

Comme nous le voyons, l'enjeu est de taille : limiter le réchauffement climatique à 2 °C réduirait considérablement l'impact dévastateur des maladies vectorielles sur les communautés et les économies à risque. Si la lutte contre un grand nombre de ces maladies a considérablement progressé, les effets du changement climatique, associés à des facteurs de maladie tels que l'urbanisation croissante, les flux migratoires et les déplacements internationaux, ne pourront que compliquer davantage dans les prochaines décennies les efforts que nous déployons pour les contrôler et les éradiquer. /

L'aire de distribution
et de propagation du paludisme
et de la dengue pourrait
s'étendre à des régions
tempérées comme la France,
la Bulgarie, la Hongrie
et l'Allemagne,
ainsi que sur la côte est
des États-Unis.

3.6

La résistance aux antibiotiques

**John Brownstein, Derek MacFadden,
Sarah McGough et Mauricio Santillana**

La découverte des antibiotiques, l'une des plus grandes avancées de la médecine des cent dernières années, a assuré aux humains un moyen efficace de lutter contre les infections bactériennes. Les antibiotiques ont sauvé d'innombrables vies et leur utilisation constitue désormais un élément essentiel de la pratique de la médecine moderne. Cette ressource semble hélas appelée à décliner. En effet, plus nous consommons d'antibiotiques, moins ils sont efficaces car, avec le temps, les bactéries développent une résistance aux agents antibiotiques. C'est l'exemple même du principe de « survie du plus fort » : la sélection naturelle favorise la prolifération des gènes et des bactéries de résistance aux antibiotiques (y compris les « superbactéries » hautement résistantes).

D'un bout à l'autre du monde, les infections dues à des bactéries résistantes aux antibiotiques ne cessent d'augmenter. Selon certaines estimations, elles provoquent chaque année plusieurs dizaines voire des centaines de milliers de morts et entraîneraient des pertes économiques de l'ordre de plusieurs milliards de dollars. La résistance aux antibiotiques, ou antibiorésistance, s'est progressivement imposée comme l'un des plus graves problèmes de santé publique de notre époque. Comprendre les mécanismes précis qui pourraient relier le phénomène de résistance accrue aux antibiotiques à un autre grand enjeu de santé publique, le changement climatique anthropique, est l'une des questions les plus urgentes auxquelles nous sommes maintenant confrontés.

Au cours des cinq dernières années, les chercheurs ont réuni un ensemble de données laissant entrevoir un lien entre le développement de la résistance bactérienne aux antibiotiques et le climat, notamment la température ambiante : des études ont mis en évidence des corrélations entre l'élévation des températures ambiantes et une plus forte résistance des bactéries responsables de quelques-unes des infections les plus courantes chez l'homme. En effet, certaines des infections bactériennes les plus résistantes de ces dernières décennies ont été observées sous des latitudes moyennes chaudes. Nous savons que les bactéries résistantes à l'origine de ces infections et, dans certains cas, leurs gènes, se propagent et prolifèrent à toute vitesse dans le monde entier à partir de leurs aires de distribution originelles supposées. Nous ne savons en revanche toujours pas comment ils se propagent, mais ils pourraient bénéficier de multiples vecteurs, dans l'intestin ou sur la peau des humains ou des animaux, dans les produits alimentaires, ou dans l'environnement, par les cours d'eau par exemple.

Il semble également exister une corrélation troublante entre la vitesse de développement de l'antibiorésistance et le climat, les indices de prévalence de la résistance augmentant plus rapidement au fil du temps dans les régions les plus chaudes. Il est difficile de distinguer précisément le rôle des facteurs climatiques des autres caractéristiques régionales, mais de plus en plus d'éléments tendent à confirmer que le réchauffement climatique favoriserait de façon significative la résistance aux antibiotiques.

Ces résultats sont plausibles, a fortiori si l'on tient compte de l'impact de la température sur le cycle de vie des bactéries et sur les activités humaines ou animales en général. Nous savons que la survie et le taux de croissance des bactéries dépendent fortement de la température, il n'est donc pas irréaliste de déduire que le facteur température a un effet sur la contamination des humains et des animaux, ainsi que la persistance dans l'environnement. Une hypothèse que viennent étayer plusieurs études qui ont détecté de très nettes variations saisonnières des taux d'infection dues à des bactéries présentes dans notre propre flore, démontrant que les infections dermatologiques, urinaires et sanguines connaissent un pic pendant les mois les plus chauds. La température peut également accentuer le mécanisme de transfert des grappes de gènes d'antibiorésistance d'une bactérie à l'autre. L'un des gènes de résistance les plus inquiétants (le variant NDM-1) a été identifié dans les flaques d'eau des rues et dans l'eau potable de New Delhi. Il confère une résistance à certains de nos antibiotiques les plus puissants et les plus couramment utilisés. Le NDM-1 réside généralement dans un ensemble de gènes mobiles capables de migrer d'une bactérie à l'autre, et la même étude de New Delhi a révélé que ce transfert se produisait le plus souvent à des températures diurnes courantes pour la région. Il se peut qu'en favorisant la propagation d'organismes résistants et de leurs gènes des températures plus élevées facilitent la sélection et la propagation efficaces de la résistance.

Il est extrêmement difficile d'estimer le coût actuel de la résistance accrue aux antibiotiques, et plus encore son coût à venir. Selon certaines projections, d'ici le milieu du XXIe siècle, les décès attribuables pourraient se chiffrer chaque année en millions et les pertes économiques en millions de milliards. Ces chiffres doivent toutefois être interprétés avec prudence, car ils reposent sur des hypothèses imparfaites de veille sanitaire et de croissance économique et ne tiennent aucun compte de facteurs comme le réchauffement climatique, susceptibles d'accélérer la propagation des bactéries antibiorésistantes et des gènes de résistance. Les tendances climatiques qui s'annoncent pourraient provoquer un effet d'entraînement qui aggraverait considérablement l'impact de la résistance aux antibiotiques dans le monde au cours des prochaines décennies, hâtant du même coup la disparition de notre meilleur outil pour lutter contre les infections bactériennes. /

3.7

Alimentation et nutrition

Samuel S. Myers

En février 2020, une agricultrice kenyane du nom de Mary Otieno contemplait des champs de maïs recouverts d'une nuée de criquets pèlerins incroyablement voraces s'étirant sur 2 400 kilomètres carrés. Les récentes perturbations des circulations océaniques et atmosphériques n'étaient pas étrangères à cette infestation hors norme, mais la hausse des températures et des cycles de précipitations plus extrêmes avaient déjà pris leur tribut sur les rendements des récoltes de Mary, exceptionnellement maigres. Un mois plus tard, à la suite d'un événement secondaire qui avait provoqué, par effet d'entraînement, la transmission d'agents pathogènes des animaux à l'homme, le virus du Covid-19 arrivait au Kenya, menaçant la santé de Mary et de sa famille, provoquant des pénuries de main-d'œuvre et désorganisant la chaîne d'approvisionnement, les privant du même coup de produits et de matériels indispensables au travail de la ferme. Mary était loin de se douter qu'entre-temps la valeur nutritive de sa production se dégradait peu à peu en raison de la hausse des concentrations de dioxyde de carbone dans l'atmosphère. Toutes ces catastrophes – les unes soudaines, d'autres évoluant lentement – ont un point commun : elles résultent d'un dérèglement induit par l'activité humaine dans les systèmes et les rythmes naturels de notre planète.

Quelles sont les conséquences de ces perturbations environnementales de plus en plus rapides sur la santé et le bien-être humains ? Cette question relève du champ de la santé planétaire. Ce domaine médical nous rappelle que tout, en ce monde, est lié, et que les modifications et les dégradations que nous infligeons à la nature nous reviennent en boomerang, parfois sous des formes que nous n'attendions pas. La nutrition est l'une des manifestations les plus inquiétantes de ce retour de bâton.

À la suite d'expériences réalisées sur des sites répartis sur trois continents, nous avons découvert avec mon équipe de recherche que les cultures vivrières de base telles que le riz, le blé, le maïs et le soja s'appauvrissent en nutriments essentiels au maintien de la santé humaine. Nous avons fait pousser des cultures dans une atmosphère présentant une teneur en dioxyde de carbone de 550 parties par million (ppm), le niveau que notre planète devrait atteindre vers le milieu de ce siècle. Nous avons constaté que les produits cultivés à ces concentrations élevées de CO_2 présentaient des quantités significativement plus faibles de fer, de zinc et de protéines que les spécimens identiques cultivés aux niveaux actuels de CO_2. Ce qui revient à dire que le CO_2 que nous continuons à rejeter dans l'atmosphère de notre planète diminue la valeur nutritive de nos aliments. Des études ultérieures ont révélé que plusieurs variétés de riz soumises à des niveaux accrus de CO_2 contenaient beaucoup moins de vitamines B essentielles comme l'acide folique (folate) et la thiamine.

Quels sont les effets de cette diminution de la

teneur en zinc, en protéines, en vitamines B et en fer sur la santé humaine ? Des études de modélisation ont montré que cette chute de valeur nutritionnelle provoquerait probablement des carences en zinc et en protéines chez 150 à 200 millions de personnes, et exacerberaient les carences existantes chez environ 1 milliard d'individus. Or, les carences en zinc entraînent une augmentation de la mortalité due aux maladies infectieuses chez les enfants, et les carences en protéines sont un facteur de surmortalité infantile. Lorsque nous avons analysé l'impact de l'appauvrissement en vitamines B du riz, nous avons constaté que même à supposer que cet effet ne concerne que le riz et aucune autre culture, il se traduirait par une augmentation de 132 millions de personnes présentant une carence en folates, carence responsable de l'anémie ainsi que d'anomalies du tube neural chez les nourrissons. De même, nous avons estimé que 67 millions de personnes supplémentaires souffriraient d'une carence en thiamine, cause des lésions nerveuses, cardiaques et cérébrales. Pour le fer, nous avons établi que dans les pays où les taux d'anémie sont supérieurs à 20 %, les populations les plus vulnérables – 1,4 milliard de femmes et d'enfants de moins de cinq ans – perdraient au moins 4 % de leur fer alimentaire en raison de cet effet du CO_2 sur la teneur en nutriments des cultures. La carence en fer entraîne une anémie, une mortalité maternelle, une augmentation de la mortalité infantile et juvénile et une capacité de travail réduite.

L'augmentation des niveaux de gaz à effet de serre dans l'atmosphère n'est pas l'unique changement anthropique qui compromet notre santé et notre nutrition. Nous provoquons également l'extinction de certaines espèces à un rythme mille fois supérieur au taux de référence, et nous avons déjà réduit de deux tiers les populations d'oiseaux, de poissons, de reptiles, d'amphibiens et de mammifères depuis 1970. Les insectes ont été particulièrement touchés. Une étude portant sur des espaces protégés en Allemagne, par exemple, a révélé un déclin de plus de 75 % des insectes volants en vingt-sept ans à peine. Certains de ces insectes jouent un rôle fondamental pour assurer à l'humanité une alimentation nutritive : une grande partie de l'ensemble des calories et une part encore plus importante des nutriments de l'alimentation humaine proviennent de cultures qui dépendent d'animaux pollinisateurs. Nos recherches nous ont également amenés à conclure qu'un effondrement total des insectes pollinisateurs entraînerait jusqu'à 1,4 million de décès supplémentaires chaque année – décès dus, pour la plupart, à des maladies cardiaques, des accidents vasculaires cérébraux et certains cancers qui auraient pu être évités en consommant des fruits, des légumes et des fruits à coque nécessitant tous une pollinisation par les insectes. Dans une étude en cours d'évaluation, nous estimons que près d'un demi-million de décès surviennent chaque année en raison de l'insuffisance actuelle des effectifs de pollinisateurs dans la nature.

L'évolution rapide des conditions environnementales affecte d'autres dimensions de la production alimentaire, au-delà de l'agriculture. Les pêcheurs exploitent environ 90 % des ressources halieutiques mondiales au seuil maximal de durabilité ou bien au-delà, et les captures mondiales de poisson baissent régulièrement depuis 1996. Le réchauffement des océans est susceptible d'aggraver ces tendances en réduisant la taille et le nombre de poissons tout en déplaçant les pêcheries des tropiques vers les pôles. Du point de vue de la nutrition humaine, ces tendances sont préoccupantes car pour plus d'un milliard de personnes, l'unique source de nutriments essentiels tels que les acides gras oméga-3, la vitamine B12, le fer et le zinc est la consommation de poissons sauvages.

Pour des familles comme celle de Mary Otieno, le problème nutritionnel est intriqué dans un réseau de changements environnementaux planétaires dus à l'activité de l'homme. Tous les autres aspects de la santé humaine – de l'exposition aux maladies infectieuses aux maladies non transmissibles et à la santé mentale – sont également menacés par ces perturbations parmi d'autres des écosystèmes terrestres. Protéger notre planète n'est plus uniquement une priorité environnementale : c'est désormais aussi un impératif incontournable pour assurer un avenir vivable à l'humanité. /

La nutrition
est l'une des manifestations
les plus inquiétantes
de ce retour de bâton.

3.8

Nous ne sommes pas tous dans le même bateau

Greta Thunberg

Nos budgets carbone qui s'épuisent à toute vitesse devraient être considérés pour ce qu'ils sont : une ressource naturelle limitée qui appartient à parts égales à tous les êtres vivants. Que 90 % du budget qu'il nous restait pour avoir 67 % de chances de ne pas dépasser les 1,5 °C ait déjà été dépensé – principalement par les pays des Nords – est un fait qui ne doit pas être négligé. Tout comme les pays riches – y compris le mien – sont actuellement en train de consommer ce qu'il reste de ce budget à un rythme infiniment plus soutenu que ceux qui ont historiquement été exploités par ces mêmes nations.

Si tout le monde vivait comme nous en Suède, il nous faudrait les ressources de 4,2 planètes Terre pour subvenir à nos besoins. Et les objectifs climatiques fixés par l'accord de Paris seraient déjà un très lointain souvenir – un palier que nous aurions franchi il y a de très, très nombreuses années. Le fait que 3 milliards de personnes utilisent moins d'énergie, par tête et par année, qu'un réfrigérateur standard américain vous montre à quel point nous sommes loin actuellement de l'équité globale et de la justice climatique.

La crise climatique n'est pas une chose que « nous » avons créée. La vision du monde qui prédomine largement à Stockholm, Berlin, Londres, Madrid, New York, Toronto, Sydney ou Auckland n'est pas aussi répandue à Mumbai, Ngerulmud, Manille, Nairobi, Lagos, Lima ou Santiago. Les gens issus des régions qui sont les plus responsables de cette crise doivent se rendre compte que d'autres points de vue existent et qu'il faut les entendre. Parce qu'en matière de crise écologique et climatique – comme la plupart des autres questions d'ailleurs – nombreux sont ceux dans les économies riches qui se comportent comme s'ils régnaient encore sur le monde. Ils ont peut-être laissé les colonies se diriger par elles-mêmes, mais ils colonisent désormais l'atmosphère et resserrent leur emprise sur ceux qui sont les plus affectés et les moins responsables.

En épuisant le reste de notre budget carbone, les pays des Nords volent l'avenir, mais aussi le présent – non seulement de leurs propres enfants, mais surtout de tous ces gens qui vivent dans les régions les plus touchées, dont beaucoup n'ont pas encore

Émissions de carbone cumulées (1850 à 2021) par population actuelle, pour les pays indiqués

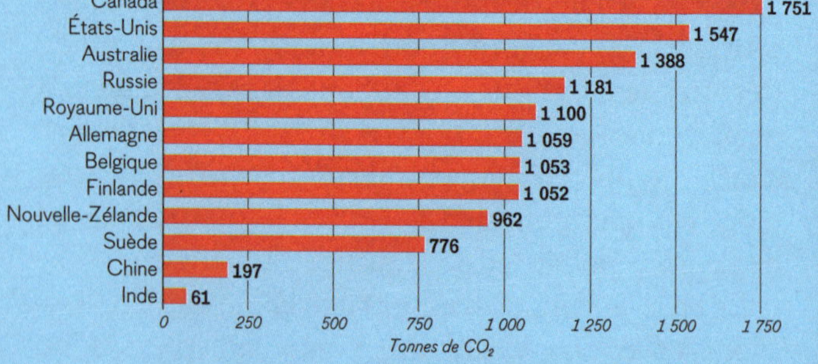

construit les infrastructures de base que les autres prennent pour acquises – les routes, les hôpitaux, l'électricité, les écoles, l'eau potable et la gestion des déchets. Et pourtant, ce vol profondément immoral n'existe même pas dans le discours du monde soi-disant « développé ».

Il y a de nombreuses choses que nous pouvons et devrions célébrer, comme les développements incroyables de l'énergie renouvelable ; le fait que de plus en plus de personnes prennent conscience de notre situation ; que le journalisme commence à faire ses premiers pas vers la couverture de la crise et demande des comptes aux responsables ; que nous soyons capables de transmettre des informations, des faits, de la solidarité, des idées à travers le globe en l'espace de quelques minutes, quelques heures. Et les personnes qui subissent le plus la crise, qu'ils ont si peu créée – les communautés qu'évoquent Saleemul Huq, Jacqueline Patterson, Hindou Oumarou Ibrahim, Elin Anna Labba et Sônia Guajajara dans leurs chapitres – ont fait preuve d'un esprit d'initiative remarquable et d'une volonté de nous enseigner, à nous tous, ce qu'ils ont appris. Et bien sûr, il nous reste du temps pour éviter les pires conséquences de la crise.

Mais ce n'est pas là la principale source d'optimisme dans la plupart des sociétés. Au lieu de ça, lorsque nous communiquons les meilleures données scientifiques, on nous incite à nous concentrer sur les possibilités, les occasions – sur la « révolution industrielle verte » (quel que soit le sens de cette expression), sur des histoires positives. Nous voulons des rapports fondés sur des solutions et de l'espoir. Mais de l'espoir pour qui ? Celles et ceux, relativement rares parmi nous, qui pourraient initialement être capables de s'adapter à un monde en réchauffement accéléré ? Ou pour l'écrasante majorité qui n'aura pas cette chance ? Que signifie même l'espoir dans ce contexte ? Est-ce l'idée que nous pourrions maintenir ce système, déjà condamné ? Que nous ne sommes pas obligés de changer ? Que nous pouvons continuer à vivre nos vies plus ou moins comme nous les menons aujourd'hui – dans un système dont la plupart des gens ne tirent aucun bénéfice ? Que nous pouvons « résoudre » cette crise avec les mêmes méthodes et le même état d'esprit qui nous ont mis dans cette situation pour commencer ?

Des progrès sont faits, dit-on, et voilà que nous devrions célébrer ces développements positifs. Alors si c'est le cas quels sont-ils exactement, ces progrès ? Peut-être que nous ayons significativement réduit nos émissions tout en maintenant, en parallèle, la croissance économique ? Oui, bien sûr. Mais est-ce vrai ? Observons deux exemples.

D'abord, le Royaume-Uni. Ses gouvernements successifs ne cessent de répéter que le pays a baissé ses émissions de 43 % entre 1990 et 2018. Mais une fois que l'on inclut les émissions liées à la consommation des biens importés, l'aviation et la marine internationales, ce chiffre est plus proche de 23 %. La baisse de ses émissions liées à la consommation s'explique simplement par l'action du pays dans le secteur de l'énergie, non par la réduction de l'intensité carbone de ses importations. En réalité, les émissions indirectes dues aux biens importés consommés par les habitants du Royaume-Uni n'ont été réduites que de 19 %. Auxquels il faut ajouter les 13,2 millions de tonnes de CO_2 manquantes relâchées chaque année par la combustion du bois à Drax – pour ne prendre qu'un exemple – ainsi que les émissions associées à la défense, significativement sous-déclarées. Le fait que le Royaume-Uni produise actuellement quelque 570 millions de barils équivalent pétrole chaque année et détienne pas moins de 4,4 milliards de barils équivalent pétrole supplémentaires en réserve, attendant d'être extraits du plateau continental, vient encore compliquer ses prétentions en matière de leadership climatique. Nous devons également garder à l'esprit que – comme dans de nombreuses études de cas nationales – les réductions restantes reposent en partie sur la solution de facilité : le passage du charbon au gaz fossile, légèrement moins catastrophique, impliquant quoi qu'il en soit des décennies supplémentaires de pollution de gaz à effet de serre.

Le second exemple est celui du pays dans lequel je vis, la Suède, qui rappelle fièrement à ses citoyens la baisse de ses émissions d'environ 30 % depuis 1990. Mais là encore, une fois incluses celles liées à l'aviation et la marine internationales, ainsi que les émissions biogéniques perdues dans les failles du Protocole de Kyoto, nos émissions n'ont absolument pas décru. Pire, une fois cumulées toutes les données disponibles sur cette période, elles ont en réalité augmenté.

On nous demande donc de nous réjouir – et de nous réjouir encore – de la sous-traitance, de l'exclusion des émissions, des petits calculs malins et de la négociation de cadres globaux qui rendent les choses parfaitement légales. Ou plutôt on nous demande de nous réjouir de nos duperies. Pendant ce temps, partout dans le monde, des gens subissent des sécheresses, de mauvaises récoltes, des invasions de sauterelles et des famines à grande échelle. D'autres nations entières s'enfoncent dans la mer. Et tout cela se produit à seulement 1,2 °C de hausse de la température moyenne mondiale.

Depuis la création du GIEC, en 1988, nos émissions de CO_2 ont plus que doublé. Un tiers de l'ensemble des émissions anthropiques a été rejeté depuis 2005. Et, à en croire une récente enquête du *Washington Post*, les données sur lesquelles reposent nos politiques climatiques sont des chiffres sous-estimés, faux. Il y a un écart très clair et jusqu'à 23 % de nos émissions totales de CO_2 sont portées disparues. Tel est le progrès que les gens au pouvoir ont créé ces trois dernières décennies. Le progrès qui selon eux ne doit pas être minimisé, qui n'est pas que du bla-bla.

« La vie humaine n'a pas de prix », ont affirmé nos responsables en prenant la décision de confiner nos sociétés afin de maîtriser la pandémie de Covid-19. Au moment où j'écris, cette tragédie, qui restera dans l'histoire, a coûté la vie à 5 467 835 personnes. Mais chaque année, 10 millions de personnes décèdent à cause de la pollution atmosphérique, ainsi que l'explique Drew Shindell dans son chapitre, au sein de cette partie. Il faut croire que certaines vies humaines valent moins que d'autres. Et si vous vivez dans la mauvaise région, si vous avez la mauvaise nationalité ou simplement si vous mourez du mauvais côté du monde, alors le risque est que votre mort ne compte pas. Ou, disons, qu'elle compte significativement moins. Il n'y aura pas de confinement pour votre sécurité, pas de conférence de presse quotidienne.

En matière de crise climatique, les choses ne sont pas différentes. Avec les politiques actuellement appliquées, nous nous dirigeons vers une hausse des températures de 3,2 °C d'ici la fin de ce siècle. Ce qui équivaut à une catastrophe. Mais nous ne réagissons toujours pas. En réalité, nous accélérons dans la mauvaise direction. Peut-être parce que les dirigeants nous croient encore capables de nous adapter. Les habitants des parties les plus fortunées du monde ont peut-être la même impression. Ce qui expliquerait pourquoi on parle si souvent de « prophéties de malheur » dès qu'on fait référence aux faits scientifiques, pour mieux les écarter. « Il n'y a aucune raison de paniquer ou de vous inquiéter – si vous vivez en Allemagne, en Australie ou aux États-Unis, vous vous en sortirez. Montez la clim, activez l'arrosage automatique et détendez-vous. »

Le mouvement Fridays For Future des grèves pour le climat existe partout dans le monde. Dans des pays comme le mien on nous dit : « Ne t'inquiète pas, parce que même si tes amis ou tes collègues ne réussissent pas à s'adapter, tout ira bien pour toi. » Et s'il ne s'agit pas là d'une forme d'écofascisme – ou de racisme –, je ne sais pas ce que c'est. Nous sommes tous confrontés à la même tempête, mais nous ne sommes décidément pas dans le même bateau.

Plus nous prétendrons pouvoir résoudre cette crise sans la traiter comme telle, plus un temps précieux sera perdu. Plus nous prétendrons pouvoir nous adapter à cette catastrophe interconnectée, plus d'inestimables vies seront perdues. Il ne peut y avoir de l'espoir que si nous disons la vérité. L'espoir, c'est toutes les connaissances que nous ont données la science pour agir et les histoires des gens assez courageux pour prendre la parole, comme ceux que vous lirez dans les pages qui suivent.

3.9

Vivre avec 1,1°C de plus

Saleemul Huq

Le problème du changement climatique a évolué au fil du temps. Il ne nous laisse que rarement de répit, et ce n'est certainement pas celui que nous imaginions il y a trente ans – il est bien plus grave. Il a franchi l'une de ses étapes les plus significatives à la date précise du 9 août 2021. Ce jour-là, le changement climatique est officiellement arrivé – le jour où le groupe de travail 1 du GIEC, un panel de scientifiques internationaux, a publié son sixième rapport d'évaluation. Ces scientifiques sont extrêmement compétents, et ils sont aussi extrêmement prudents – ils ne se mouillent pas trop. Et ils n'avaient encore jamais dit ce qu'ils ont dit cette fois-ci. « Sans équivoque, l'influence humaine a réchauffé l'atmosphère, les océans et les terres », ont-ils déclaré pour la première fois, ajoutant qu'en raison du changement climatique induit par l'homme la température de la Terre a augmenté de 1,1 °C. Nous n'en sommes donc plus à anticiper ou prévoir le changement climatique. Il est là. Et l'on voit clairement sa marque sur toutes les régions de la planète.

Désormais, chaque année, d'un bout à l'autre du monde, des extrêmes météorologiques pulvérisent tous les records, qu'il s'agisse d'une canicule, d'un typhon ou de pluies diluviennes. Au moment où j'écris ces lignes, quelque part dans le monde, de nouveaux records sont battus. Et cela continuera chaque année, et chaque année la situation sera pire encore que celle de l'année précédente. L'effort que nous déployons à l'échelle planétaire pour tenter de maintenir la hausse des températures en dessous de 1,5 °C est une stratégie à long terme – conçue pour l'avenir. Or, nous avons déjà franchi le seuil de 1,1 °C, et ce 1,1 °C fait déjà des dégâts, sous nos yeux. À mon sens, il est bien plus important de se demander comment vivre avec 1,1 °C de plus que comment éviter d'atteindre la hausse fatidique de 1,5 °C, mais c'est une question que nous n'avons pas encore abordée.

C'est là quelque chose que les dirigeants qui se sont réunis à Glasgow pour la COP 26, en novembre 2021, ne comprennent tout bonnement pas. Ils continuent de vivre comme si nous pouvions encore éviter les impacts du changement climatique. Or, ceux-ci ne peuvent plus être évités. Nous sommes désormais entrés dans une ère de « pertes et dommages ». Les « pertes » désignent ce qui a été irrémédiablement perdu, de la même manière qu'une vie humaine est perdue : une fois perdue, elle ne revient pas ; peu importe que l'on ait beaucoup d'argent, elle s'est éteinte, point. Il en va de même pour la perte d'une espèce ou d'un écosystème. Une fois disparu, il ne revient jamais. Il n'en reste rien, pas plus que d'une île qui a sombré, submergée par la montée des mers. Les « dommages » désignent quant à eux ce que l'on peut réparer, si l'on a suffisamment d'argent ou de ressources. Il faut de l'argent, certes, mais du moins est-ce faisable. Des récoltes perdues peuvent se récupérer à la moisson suivante. Une maison détruite par un ouragan peut être reconstruite.

« Pertes et dommages » sont également un euphémisme diplomatiquement négocié pour désigner ce dont nous n'avons pas le droit de parler : « responsabilité et indemnisation ». Ce sont là des mots tabous, surtout pour les diplomates des États-Unis et d'autres pays riches. Tout le monde peut comprendre l'idée que les pollueurs soient tenus pour responsables d'avoir provoqué une pollution, et que ceux qui en subissent les conséquences souhaitent être indemnisés. Mais lors des discussions sur l'accord de Paris les pays riches et pollueurs ont décrété que nous ne pouvions pas parler en ces termes – autre conséquence du monde inégal dans lequel nous vivons, dont l'héritage se poursuit aujourd'hui dans les pourparlers internationaux. Jusqu'à présent, les gouvernements n'ont pas fait la preuve de leur capacité d'agir à l'échelle mondiale ; ils agissent dans un esprit nationaliste. La pandémie de Covid-19 et la distribution de vaccins qui a suivi sont emblématiques de ces pays qui pensent qu'en s'occupant d'eux-mêmes ils peuvent éviter que les problèmes ne s'aggravent. C'est moralement et scientifiquement faux. Cette façon de penser est pourtant très fortement ancrée dans les esprits.

L'heure est maintenant venue de réfléchir à l'injustice mondiale. L'injustice manifeste qui fait que les pollueurs – en grande partie les riches du monde entier, qui sont les principaux responsables des émissions de carbone et des dommages environnementaux – portent préjudice aux pauvres. Les communautés touchées par la dégradation de l'environnement et le changement climatique sont majoritairement des personnes de couleur, pauvres, même dans des pays riches comme les États-Unis. Nous avons tous vu la tragédie qui a frappé la communauté noire de La Nouvelle-Orléans après l'ouragan Katrina. Et cette disparité des conséquences est un phénomène mondial. Le Bangladesh, mon pays, est confronté à une lente catastrophe à mesure que l'élévation du niveau de la mer menace les côtes, ce qui pourrait aboutir au déplacement de millions de personnes.

Mais l'histoire du Bangladesh n'est pas une histoire de victimes. C'est une histoire de héros, une histoire qui nous raconte l'avenir de la planète. Le reste de la planète connaîtra demain ce que nous connaissons aujourd'hui, et le reste de la planète va devoir venir nous chercher pour que nous lui apprenions comment faire face à ce problème. Nous n'avons pas toutes les réponses, nous n'avons pas toutes les solutions, mais nous apprenons très vite et je suis en mesure de partager quelques-unes de ces leçons. La première est que même si vous possédez tout l'argent et toute la technologie du monde, cela ne vous servira à rien. Ce n'est pas ce qui empêchera la mort et la destruction de déferler sur New York. L'ouragan Ida a inondé le réseau du métro, et bon nombre de pauvres sont morts dans leur appartement en sous-sol parce qu'ils n'ont pas pu sortir à temps. Vous pouvez construire une barrière, comme l'a fait la ville de Londres, pour protéger une ville contre les inondations, mais vous ne pouvez pas construire une barrière autour d'un pays entier. Le Royaume-Uni est très vulnérable aux impacts du changement climatique. L'argent et la technologie ont certes leur place, mais à eux seuls ils ne suffisent pas.

En temps de crise, ce qui est vraiment important, c'est la cohésion sociale – la solidarité –, et nous n'en manquons pas au Bangladesh. À chaque fois que nous essuyons un épisode météorologique extrême, nous nous relevons les manches et nous nous entraidons. Personne n'est laissé pour compte. Dans les écoles, on organise des exercices de sécurité afin que les enfants sachent où aller pour évacuer en cas d'urgence, et qui aider – une dame âgée, veuve et vivant seule, se verra affecter deux lycéens qui seront chargés d'aller la chercher.

Rien de tout cela n'empêche le typhon de toucher nos côtes, et il fait encore beaucoup de dégâts, mais il est moins meurtrier que par le passé. Et la raison principale, c'est que nous travaillons main dans la main, nous nous entraidons – nous faisons front tous ensemble. Ce n'est pas le cas dans de nombreux pays développés. Les riches peuvent vivre seuls dans leur bulle, parfois sans même connaître leurs voisins. Mais travailler en tant que communauté, comme nous le faisons au Bangladesh, contribue à renforcer la résilience et la capacité de faire face aux crises lorsqu'elles surviennent.

La seconde leçon que nous avons à offrir est

que les jeunes font toute la différence. À partir du moment où ils s'organisent et bénéficient de soutien et de conseils, ils peuvent constituer une force extrêmement puissante. La lutte contre le changement climatique nécessite un changement de perspective que les personnes âgées peuvent trouver difficile ; c'est l'une des raisons pour lesquelles nos dirigeants sont incapables de comprendre le changement de paradigme qui s'impose. Ce sont eux qui ne changent pas assez vite, qui empêchent le changement, lui résistent, partout. Les jeunes peuvent faire bouger les lignes. C'est vrai au Bangladesh, c'est vrai aux États-Unis, c'est vrai en Allemagne, c'est vrai en Suède. Le changement de paradigme dont nous avons maintenant besoin tient à faire de ces jeunes une force mondiale – et à ce titre nous avons un coup d'avance au Bangladesh. Nos enfants ne se bornent pas à aller manifester tous les vendredis, ils passent la semaine entière à sillonner leur quartier pour aider les gens, afin de préparer nos communautés aux impacts du changement climatique.

Pour apprendre à vivre avec un 1,1 °C de plus, nous devons trouver des façons d'envisager le changement climatique mondial qui nous responsabilisent, qui fassent de nous de véritables acteurs. Nous devons admettre que nous faisons partie du problème – nous sommes tous des pollueurs par notre alimentation et notre mode de vie. Et cela signifie que nous sommes en mesure d'agir pour résoudre le problème et que nous devons réduire nos émissions partout où nous le pouvons. Il y a toutefois une limite à ce qu'un individu peut réellement faire – vous ne parviendrez pas à réduire vos propres émissions à un niveau zéro, et ce n'est pas ce que l'on attend de vous. Vous devez en revanche faire plus que votre petite part. Plus que simplement changer votre mode de vie. Il faut agir avec les autres, faire équipe avec eux, et c'est précisément ce que font maintenant les jeunes. Prenez contact avec des gens qui partagent votre sensibilité, au bureau, à l'école, dans votre ville ou village, dans votre immeuble, où que vous soyez – trouvez des alliés qui vous rejoindront, puis passez à l'action : devenez militant. Vous devez vous organiser à une échelle qui vous permette réellement de changer la politique. Vous pouvez influencer vos dirigeants politiques, et quel que soit le niveau de démocratie ou le type de gouvernement de la société dans laquelle vous vivez, il y a toujours une possibilité de faire avancer les choses et de faire pression sur les dirigeants politiques. La tâche n'est pas aisée, mais elle est réalisable. Vous pouvez changer les choses à l'échelle mondiale. Commencez local, mais visez global. /

L'heure est maintenant venue
de réfléchir à l'injustice
mondiale. L'injustice manifeste
qui fait que les pollueurs
– en grande partie les riches
du monde entier,
qui sont les principaux
responsables des émissions
de carbone et des dommages
environnementaux – portent
préjudice aux pauvres.
Et cette disparité
des conséquences
est un phénomène mondial.

3.10

Le racisme environnemental

Jacqueline Patterson

C'est à l'époque où j'étais volontaire du Corps de la paix en Jamaïque, au début des années 1990, que j'ai véritablement commencé à prendre conscience de la terrible réalité des injustices mondiales. J'habitais à Harbour View, un petit village aux abords de la capitale où l'eau courante avait été contaminée par de grandes multinationales pétrolières sans qu'aucune indemnisation soit proposée aux habitants. Dans le cadre de ma mission, je travaillais avec de très jeunes enfants malentendants qui devaient leur infirmité à une épidémie de rubéole qu'un vaccin aurait suffi à leur épargner. Des colonies de squatteurs étaient disséminées dans la région – signe d'extrême pauvreté en dépit des revenus considérables que générait le secteur du tourisme, au seul profit d'une poignée de privilégiés. C'étaient là des manifestations d'un système capitaliste mondial vieux de plusieurs siècles, fondé sur l'exploitation implacable des êtres humains et l'extraction des ressources naturelles – c'est-à-dire une économie faite par et pour des suprémacistes blancs, avec des gagnants et des perdants, et une ligne de fracture nette tracée selon des critères de couleur de peau, de sexe et de nationalité séparant clairement le camp des dominants de celui des opprimés.

La Jamaïque partage un certain nombre de fondements historiques avec le pays dans lequel je vis et travaille – que l'on appelle désormais les États-Unis. Des fables aseptisées se sont imposées dans les mythes fondateurs des deux pays : d'intrépides aventuriers européens traversent vaillamment les océans pour découvrir de nouvelles terres et rapportent de pleines cargaisons de soies et d'épices. Une version qui passe sous silence la réalité des meurtres, des rapines, des maladies et des déportations. À peine avaient-ils posé le pied sur des terres volées dans toutes les Amériques que les explorateurs blancs décrétèrent que les premiers habitants autochtones étaient des êtres inférieurs, taillables et corvéables à merci, et remplaçables. Au nom de quoi ils ont massacré et asservi les communautés autochtones qu'ils croisaient sur leur chemin, les chassant de leurs terres. Au même moment en Afrique subsaharienne, des gens étaient arrachés à leur terre natale, entassés dans les cales des navires et emmenés sur le continent américain où, réduits en esclavage, ils bâtirent l'infrastructure et travaillèrent la terre, jetant les fondements de la révolution industrielle et de l'économie capitaliste moderne. En imposant leur domination sur ces gens, les colons ont institutionnalisé un rapport à la terre et à ses richesses ancré dans une folle logique d'exploitation.

Faisons un bond dans le temps : aujourd'hui, les ravages de la suprématie blanche, portée par un modèle économique extractiviste, perdurent. La déshumanisation et l'exploitation fondées sur l'appartenance ethnique demeurent le mode opératoire dominant. Aux États-Unis, au-delà des terribles souffrances que subissent les Noirs en butte aux forces de police et au complexe industriel pénitentiaire, les communautés noires, autochtones et de personnes de couleur (BIPOC) sont considérées dans tout le pays comme des pions interchangeables à volonté au service d'intérêts financiers. Les zones de sacrifice – des sites exposés à des menaces écologiques ou à des niveaux de pollution dangereux pour la santé – sont essentiellement peuplées de foyers à faible revenu et de personnes de couleur. De telles zones à haut risque ont vu le jour à Crossett, dans l'Arkansas, à East Chicago, dans l'Indiana, à Wilmington, dans le Delaware, pour n'en citer que quelques-unes. L'une de ces zones sacrifiées, celle de la communauté afro-américaine de Reserve, en Louisiane, a été surnommée « Cancer Town », la ville du cancer. Exposés à des émissions de chloroprène (un agent cancérogène avéré) 755 fois supérieures aux recommandations de l'Agence de protection de l'environnement (EPA), les résidents présentent le risque de cancer le plus élevé du pays, cinquante fois supérieur à la moyenne nationale. L'usine chimique qui produit l'air parmi les plus toxiques du pays a été construite sur le terrain d'une ancienne plantation exploitant des esclaves. Parallèlement, des ouragans et des inondations d'une violence extrême ont dévasté à plusieurs reprises des communautés BIPOC en Alabama, dans l'État de New York, en Louisiane et en Floride. Les communautés urbaines à prédominance BIPOC étouffent quant à elles dans leurs quartiers, où l'effet îlot de chaleur ne cesse de s'accentuer avec la fréquence et l'intensité accrues des canicules.

L'histoire de Chauncey, un jeune résident d'Indiantown, en Floride, illustre de façon saisissante les impacts de notre économie extractiviste sur les populations qui sont en première ligne. Chauncey est tout à la fois victime du racisme environnemental et de l'injustice climatique. Il habite à 3 kilomètres d'une centrale à charbon. Comme 71 % des Afro-Américains, il vit dans un comté qui ne respecte pas les normes fédérales de pollution de l'air. Pour que ses poumons lui permettent de respirer, il doit avaler chaque jour tout un sac de médicaments. Chauncey est asthmatique, or aux États-Unis trois à cinq fois plus d'enfants noirs que d'enfants blancs risquent d'être hospitalisés pour une crise d'asthme et les jeunes Noirs sont deux à trois fois plus susceptibles d'en mourir. Les jours où la qualité de l'air est mauvaise, Chauncey ne peut pas aller à l'école, car son traitement ne suffit pas à lui éviter une crise. Outre la pollution de l'air, sa ville figure parmi les zones à « très haut risque d'ouragan », risque exacerbé par le changement climatique : depuis 1930, elle a essuyé pas moins de soixante-dix-sept ouragans majeurs.

La population des États-Unis ne représente que 4 % de la population mondiale, pourtant le pays est responsable de 25 % des émissions historiques à l'origine du changement climatique planétaire. Il existe donc un lien de causalité direct entre ce que font les Américains et les dévastations infligées aux pays des Suds, qui se manifestent par des sécheresses, des inondations et d'autres catastrophes. Pourtant, lorsque les habitants des pays voisins sont obligés de quitter leurs terres rendues inhabitables par les pratiques irraisonnées des États-Unis, dans les zones frontalières du Texas comme Laredo et Del Rio, ils sont accueillis par des hommes à cheval brandissant leurs rênes pour les fouetter et des fonctionnaires de police chargés d'enfermer leurs enfants dans des cages.

La bonne nouvelle, cependant, est que certaines des solutions alternatives les plus dynamiques et exaltantes à ce système extractiviste et raciste proviennent des communautés BIPOC elles-mêmes. Des incinérateurs et des centrales à charbon ferment, et les oléoducs Dakota Access et Atlantic Coast se sont vu retirer leur permis d'exploitation, tandis que des militants mènent la fronde contre le chantier du pipeline « Line 3 » – qui doublerait la quantité de pétrole acheminé entre les sables bitumineux de l'Alberta et les raffineries du nord de Wisconsin. De Brooklyn, dans l'État de New York, à Boise, dans l'Idaho, en passant par Laredo, au Texas, on voit briller des étincelles d'espoir dans les actions d'individus issus des communautés les plus à risque – des mouvements locavores, des initiatives de recyclage, des projets d'énergie propre, et bien plus. Un exemple révélateur de cette tendance est le centre Jenesse de Los Angeles qui, à travers son approche intersectionnelle en faveur de la libération et de la durabilité, montre comment nous pouvons passer d'une économie extractiviste à une économie durable.

Le centre Jenesse d'intervention et de prévention des violences domestiques dessert essentiellement une population de femmes afro-américaines ayant réchappé de violences conjugales. Pendant des années, les factures d'électricité des logements de transition représentaient l'un des plus gros postes budgétaires du centre. L'association a donc décidé de passer à l'énergie solaire. Les sept résidentes qui étaient alors hébergées dans les foyers temporaires du centre ont été formées à l'installation solaire et ont intégré l'équipe de salariés qui a installé le nouveau système électrique solaire. Aujourd'hui, trois ans plus tard, ces anciennes résidentes sont employées dans le secteur de l'énergie solaire et mènent une vie indépendante avec leurs enfants. Leur nouveau métier leur a assuré un emploi et la sécurité de logement, réduisant ainsi le risque de les voir retourner chez leur agresseur : l'insécurité financière est en effet l'une des raisons pour lesquelles trop de personnes continuent à se mettre en danger. Ce projet à lui seul a permis de diminuer les émissions de gaz à effet de serre du centre, fourni davantage de ressources financières aux services de lutte contre les violences conjugales et assuré une vie plus sûre à de nombreuses familles.

Ce type de modèle économique régénératif et durable commence à prendre forme et à prospérer. Si nous voulons le reproduire à l'échelle mondiale, pour voir apparaître une société extrêmement diversifiée vivant en harmonie avec les richesses de la Terre, il faut que tout le monde s'investisse dans des systèmes régénératifs et coopératifs ancrés dans les valeurs fondamentales de la démocratie. Notre

Terre nourricière – tout comme les communautés de Reserve, d'Indiantown, de Los Angeles, de Laredo et d'autres – est en train de nous faire clairement comprendre qu'il est urgent et impératif de passer d'une économie mondiale extractiviste à une économie mondiale régénérative. /

3.11

Les réfugiés climatiques

Abrahm Lustgarten

Quand les paysages du Salvador se sont soudain transformés en déserts arides, Carlos Guevara savait qu'il ne s'agissait pas d'une simple sécheresse. Visiblement, le monde avait changé.

La première année, les pieds de maïs qu'il cultivait sur un hectare et demi en bordure du fleuve Lempa, non loin de son embouchure dans le Pacifique, n'ont poussé qu'à hauteur des hanches, puis ils se sont ratatinés sous la chaleur. Il n'a récolté que cinq sacs, contre quarante d'habitude. Au printemps suivant, en 2015, la situation s'est encore aggravée. De mai à juin, dans cette région luxuriante aux allures de jungle, il n'est pas tombé une seule goutte de pluie.

Guevara – dont les parents avaient émigré au Salvador depuis la Palestine pendant la Seconde Guerre mondiale – avait déjà connu des temps difficiles. Son village s'appelle Catorce de Julio – « 14 juillet » – en hommage au jour de 1969 où l'armée salvadorienne a déclaré la guerre au Honduras, ouvrant la voie à vingt années de violences et de guerre civile. Pendant cette période sombre, 80 % des habitants du village – soit quelque 7 000 personnes – ont été tués ou ont fui le pays. Guevara a survécu à tout cela et, dans les années 1990, il a été l'un des premiers à rentrer dans son village. Il est revenu parce qu'il croyait en la promesse de la terre, que l'eau était abondante et qu'avec un travail acharné la terre donnerait du maïs, des concombres, des piments et plus encore.

À présent, il ne lui restait même plus cela.

« Quand j'ai perdu mes récoltes, j'ai eu l'impression que le ciel m'était tombé sur la tête », confie-t-il. Ce gaillard tout en muscle, aux cheveux en brosse implantés en pointe qui lui donnent moins que ses quarante-deux ans, accompagne ses propos de grandes gesticulations, comme s'il jonglait avec une balle invisible. « On espère toujours offrir mieux à ses enfants, ou tout au moins faire en sorte qu'ils ne manquent jamais de nourriture. »

En 2016, les banques qui ont garanti les achats de semence sur les terres de Guevara l'ont averti que la prochaine saison de culture serait à nouveau déficitaire. La famille puisait dans ses économies pour acheter des produits qu'il cultivait autrefois. Entre-temps, des bandes violentes tentaient de recruter ses enfants et rackettaient la famille. L'épouse de Carlos, Maria, a entrepris de vendre des *pupusas* dans une vitrine qu'elle louait à une boutique en bordure de route, pour avoir « au moins un peu d'argent pour le lait de [leur] fils ».

Dans toute l'Amérique centrale, les années de sécheresse qui se succèdent depuis 2014 ont bouleversé plus de 3,5 millions de vies. Au Salvador, au Guatemala et au Honduras, 500 000 de ces personnes ont été exposées à un risque immédiat de malnutrition aiguë – et même de famine – du fait du déclin de la production agricole. Les autorités ont dû distribuer des rations de riz. Pour ne rien arranger, la fréquence des cycles du phénomène météorologique La Niña

– soupçonné d'être à l'origine de cette sécheresse sévère – augmentait, tendance qui est appelée à se poursuivre tant que les émissions d'origine fossile et anthropique continueront de réchauffer notre planète. Dans le village de Guevara et ailleurs, d'autres s'étaient résignés à abandonner leurs exploitations. La terre – et, de fait, tout l'écosystème – dont Carlos tirait sa subsistance l'abandonnait. Pire encore, elle semblait le repousser.

Par une soirée étouffante de printemps, après cette dernière récolte catastrophique, Guevara a annoncé à sa femme qu'il ne voyait qu'une seule solution : aller chercher du travail vers le nord.

Le lendemain matin, avec une tenue de rechange pour tout bagage et 50 dollars cachés dans les semelles de ses chaussures, il est parti à pied au village voisin de San Marcos Lempa, et a pris un autobus pour San Salvador, puis un autre pour traverser le Guatemala jusqu'à la frontière mexicaine, près de Tapachula. De là, changeant régulièrement de taxi pour éviter les postes de contrôle, il a rejoint Arriaga, où il a embarqué à bord de *La Bestia*, monstrueux train de marchandises dans lequel s'entassent les migrants pour un périlleux voyage vers le nord.

Pendant deux jours, Guevara s'est recroquevillé dans une minuscule cage au bout d'un wagon à céréales, seul endroit où il pouvait se reposer sans tomber du train. Plus tard, alors que le train traversait Veracruz et que le temps devenait plus froid, il a rampé à l'intérieur du silo et s'est glissé dans le maïs pour se réchauffer et échapper aux cartels qui s'attaquent aux migrants. Après des semaines de voyage, comme 500 000 autres migrants d'Amérique centrale qui, cette année-là, ont passé la frontière américaine, Guevara a franchi le Rio Grande et pénétré dans l'immensité aride du désert texan.

Dans toutes les régions du monde, la hausse des températures et les catastrophes climatiques touchent de plus en plus d'individus. Avec les sécheresses, les inondations, les tempêtes et les canicules, il devient plus difficile de cultiver la terre, de travailler et d'élever des enfants, et peu à peu les populations se déplacent, partant en quête de climat tempéré, de sécurité et d'emploi. L'insécurité alimentaire, en passe de devenir la première menace planétaire pour l'homme, nous rapproche jour après jour d'une vague catastrophique de migration climatique.

Pendant six mille ans, les humains ont vécu dans un spectre relativement étroit de conditions environnementales, recherchant un équilibre entre précipitations et chaleur à peu près équivalent aux climats de Jakarta et de Singapour d'un côté, et à ceux de Londres et de New York de l'autre. À l'heure actuelle, on estime que seul 1 % de la planète est trop chaud et trop sec pour être habitable. Mais les chercheurs ont conclu que d'ici à 2070 19 % de la planète – une zone abritant quelque 3 milliards de personnes – pourrait devenir inhabitable. En clair, le monde s'apprête à voir des centaines de millions de personnes déplacées et des milliards d'autres souffrir, avec l'emballement du changement le plus rapide et le plus dévastateur de mémoire d'homme.

Des migrations à pareille échelle ne pourront que déstabiliser le monde. Bien que de tels changements puissent être bénéfiques – les États-Unis sont après tout un produit de l'immigration –, l'ampleur de ce qui s'annonce risque davantage d'attiser la compétition et les conflits, puisqu'un nombre croissant de gens se disputeront des ressources raréfiées, tandis que les grandes puissances érigeront des murs, des clôtures et des barrières pour repousser les migrants. Les grandes organisations mondiales de sécurité et de défense préviennent déjà que les migrations climatiques pourraient entraîner l'effondrement de nations entières, tout en déplaçant l'équilibre des pouvoirs et des bénéfices mutuels vers d'autres pays, à savoir la Russie et la Chine, qui sauront profiter de l'aubaine.

Les foyers de changement se situent exactement où on les attendrait : dans les régions équatoriales qui sont déjà les plus chaudes, les plus peuplées, à la démographie galopante. L'Afrique subsaharienne compte près de 1 milliard d'habitants, chiffre susceptible de doubler dans les prochaines décennies. Or, la région du Sahel, dont la population devrait atteindre 240 millions d'habitants d'ici au milieu du siècle, est confrontée à la plus grave crise de l'eau au monde et connaît d'importantes migrations intérieures. Selon la Banque mondiale, le stress climatique pourrait déplacer jusqu'à 86 millions de personnes supplémentaires d'ici à 2050.

L'Asie orientale et l'Extrême-Orient sont d'autres épicentres où les fortes populations se heurteront à des terres trop chaudes et humides pour rester habitables. La Banque mondiale prévoit dans ces régions près de 89 millions de réfugiés intérieurs.

Ce phénomène frappera aussi de plein fouet l'Amérique centrale : d'après les modèles climatiques, cette région se réchauffera plus vite que toute autre et les sécheresses y seront plus longues, les périodes de culture plus courtes et les tempêtes plus violentes et plus destructrices. Dans les projections de la Banque mondiale à horizon 2050, les facteurs de stress climatique déplaceront jusqu'à 17 millions de personnes à l'intérieur des pays d'Amérique centrale – sans tenir compte des migrants qui, comme Carlos Guevara, partiront vers le nord, aux États-Unis. Mais les chiffres pourraient être encore plus élevés.

Pour essayer de comprendre les schémas de déplacement des migrants de demain, j'ai travaillé avec le démographe Bryan Jones de l'université de la Ville de New York et réalisé une simulation informatique semblable à celle qu'utilise la Banque mondiale. En intégrant les paramètres complexes du risque de sécheresse et des déplacements transfrontaliers, la modélisation indiquait qu'à échéance 2050 quelque 30 millions de Centraméricains migreraient vers la frontière méridionale des États-Unis, poussée à l'exil en partie par des facteurs climatiques.

La modélisation montrait également des résultats radicalement différents en fonction des différentes approches politiques des défis du changement climatique et des migrations. De toute évidence, l'avenir se joue sur les choix qu'effectuent aujourd'hui les dirigeants politiques. Ainsi, dans un monde implacable où, à un niveau maximal de réchauffement climatique seraient associés des politiques anti-immigration draconiennes et de stricts contrôles aux frontières, un monde qui réduirait les aides financières aux pays en développement, les réfugiés seraient plus nombreux et soumis à de plus grandes souffrances. A contrario, un monde où le réchauffement planétaire aurait été jugulé et où les États continueraient d'abonder les fonds d'aide aux régions déshéritées connaîtrait moins de déplacements de population et serait plus stable.

Presque immédiatement après son arrivée aux États-Unis, Carlos Guevara a été arrêté et renvoyé dans son pays. Le chauffeur qui l'avait pris en stop dans le désert a été interpellé par la police pour excès de vitesse. En rentrant dans son village, c'est à peine si Guevara l'a reconnu : il semblait vide. D'autres habitants, fuyant la sécheresse, étaient aussi partis, qui vers les États-Unis, qui vers les villes voisines. Mais au même moment une équipe du Programme alimentaire mondial des Nations unies (PAM) était arrivée à Catorce de Julio pour proposer des aides à l'agriculture et à l'irrigation, ouvrant à Guevara et à ses voisins de nouvelles perspectives de survie.

J'ai rencontré Carlos Guevara par une matinée lumineuse et chaude, dans l'un de ses champs. Les feuilles crissaient sous les semelles craquelées de ses bottes alors qu'il parcourait les rangs de cultures qui avaient séché sur pied, caressant des tiges cassantes, qui auraient dû être souples et fraîches. Le champ était sec et d'un brun uniforme. Son fils a jeté une pierre dans un puits peu profond. Elle a atterri dans un bruit sourd, sans une éclaboussure.

Mais un peu plus loin, une structure neuve est apparue : une serre à ossature métallique recouverte de plastique. Elle avait été construite dans le cadre d'un projet pilote du PAM visant à installer des fermes communales dans tout le Salvador, et à l'intérieur une atmosphère humide et de longs alignements de goutte-à-goutte veillaient sur des plants de poivrons aux grandes feuilles luxuriantes et de tomates juteuses – bien plus qu'il n'en fallait pour nourrir la famille de Guevara, et largement de quoi engranger des bénéfices. Guevara avait déjà réinvesti la recette de sa première récolte pour agrandir sa ferme et acheter une vache laitière. Sa famille n'avait pas été aussi prospère depuis cinq ans.

L'avenir de Carlos reste toutefois incertain. Le projet du PAM ne sera pérenne qui si les donateurs étrangers continuent de le financer. Et Guevara sait que dans cinq ans le climat aura empiré. La serre lui donne une raison de ne pas retenter de migrer vers le nord – pour le moment. Mais il a appris qu'il ne peut pas faire confiance à ce que l'avenir pourrait lui réserver.

« L'espoir est la dernière chose que l'on perd, me dit-il. Tant que le changement climatique poursuivra sur sa lancée, nous ne serons jamais certains d'avoir de quoi manger. » /

3.12

La montée des eaux et les petites îles

Michael Taylor

L'élévation du niveau de la mer est l'un des principaux effets du changement climatique qui menace les petites îles, comme celle des Caraïbes où je vis. On s'imagine très souvent des îles entières sur le point d'être englouties par les océans. L'image n'a rien de fantaisiste : si les émissions se poursuivent au rythme actuel, une élévation du niveau de la mer de un mètre ou plus est prévue d'ici à la fin du siècle. À supposer même que nous parvenions à limiter un tant soit peu le réchauffement climatique, une partie de cette hausse à venir est déjà scellée et des pans entiers d'îles de faible altitude vont être submergés. La menace existentielle de la montée des eaux est donc bel et bien réelle et l'image d'îles appelées à être rayées à plus ou moins court terme de la carte devrait suffire à mobiliser le monde entier pour lutter contre le changement climatique. Mais il n'est pas besoin d'attendre ce stade catastrophique pour constater la gravité des pertes engendrées par l'élévation du niveau des mers dans les petites îles. Elles sont d'ores déjà visibles.

Tout insulaire vous montrera un endroit du large qui était autrefois sur terre. La montée des eaux grignote inexorablement les plages et les côtes sur lesquelles reposent, directement ou indirectement, l'économie des îles : dans les Caraïbes, les plages sont un des grands piliers du tourisme, secteur qui représente 70 % à 90 % du PIB et fournit directement et indirectement en moyenne 30 % des emplois. Ces dernières années, de nombreuses plages des Caraïbes très appréciées des visiteurs ont vu leur bande de sable rétrécir, prise en étau entre la montée des mers et les aménagements côtiers. Elles perdent peu à peu leur attrait touristique, avec toutes les répercussions que cela comporte pour les nombreuses personnes travaillant dans ce secteur. Pour protéger les plages et les emplois qu'elles créent et soutiennent, les pays des Caraïbes installent des infrastructures coûteuses, notamment des brise-lames et des digues – bien qu'on ne puisse encore véritablement mesurer l'intérêt de tels investissements.

Mais les conséquences de l'érosion ne se limitent pas au tourisme, car de nombreuses petites communautés vivent essentiellement des ressources côtières. Les villages de pêcheurs se développent autour des plages, qui font office de lieux d'habitation, de débarquement des produits de la pêche et de marchés informels. Avec le recul des plages, leur espace de vie et de travail se restreint. Les poissonneries et les échoppes ferment les unes après les autres, et les habitants migrent vers l'intérieur des terres pour trouver d'autres moyens de gagner leur vie. À mesure que la pêche cesse d'être viable, des communautés entières finissent par déménager. Pour les petites îles des Caraïbes, l'image associée à la montée des eaux n'est donc pas uniquement celle d'îles appelées à disparaître dans un avenir plus ou moins lointain. C'est une image de plages, de moyens de subsistance et de communautés entières qui disparaissent, aujourd'hui même.

Nous voyons se manifester de plus en plus clairement des conséquences encore plus graves de la hausse actuelle du niveau de la mer. Dans certains endroits, elle retarde ou anéantit même le développement des pays, car elle exacerbe les inondations provoquées par des ondes de tempête dues à l'intensification des cyclones et des tempêtes tropicales dans notre monde plus chaud. Aux Bahamas, les inondations extrêmes que l'ouragan Dorian a laissées dans son sillage en 2019 ont fait plus de soixante-dix morts et engendré d'importants dégâts sur les îles de faible altitude Abacos et Grand Bahama – dégâts qui ont été chiffrés à un quart du PIB du pays. Hélas, ce type d'événement extrême ne semble plus être rare. Deux ans auparavant à peine, trois ouragans de catégorie cinq avaient balayé les Caraïbes, dont l'ouragan Irma – qui, à l'époque, était considéré comme le plus puissant jamais enregistré dans l'Atlantique Nord – suivi, quinze jours plus tard, par l'ouragan Maria. Parmi les pays touchés figuraient les petits États insulaires de Barbuda, Anguilla et les îles Vierges britanniques, qui, du fait de leur économie fragile, de leur faible niveau de vie et de leur retard de développement, mettront des années à s'en remettre. L'ouragan Irma a détruit 95 % des maisons de Barbuda et rendu un tiers du pays inhabitable. Même les tempêtes moins puissantes font désormais bien plus de dégâts à l'intérieur des terres qu'il y a quelques décennies, et constituent une menace directe pour les populations et les infrastructures de ces îles. La plupart des centres urbains des

Caraïbes sont construits au bord du littoral. Plus de 50 % de la population de la région vit à moins de 1,5 kilomètre d'un rivage. Si les eaux côtières montent de un mètre, on estime que jusqu'à 80 % des terres entourant les ports de la région pourraient être immergées.

Envisager l'impact de la montée des eaux, c'est aussi imaginer un patrimoine que nous ne léguerons pas aux générations futures. Le phénomène rétrécit les habitats, déplace l'aire de répartition des espèces côtières, diminue la biodiversité et réduit les écoservices. L'élévation du niveau marin accroît la salinité des aquifères côtiers, qui sont souvent l'unique source d'eau potable des populations locales. Elle menace de nombreux sites du patrimoine culturel et cérémoniels situés dans les zones côtières et ne pouvant pas être déplacés en cas d'inondation. Elle limite les espaces publics de détente et de jeu que sont les plages. L'accès à l'eau potable, des écosystèmes dynamiques, un patrimoine culturel préservé et des espaces récréatifs sont autant d'attentes raisonnables pour la prochaine génération. C'est le moins que nous leur devions.

À quelques exceptions près, les petites îles sont les territoires qui ont le moins contribué au changement climatique. Elles en paient pourtant le prix fort. Nous ne parlons pas uniquement d'îles appelées à disparaître un jour, mais de moyens d'existence menacés, de retard de développement et d'un patrimoine dilapidé – en ce moment même. /

3.13

La pluie au Sahel

Hindou Oumarou Ibrahim

Au Sahel, la pluie est tout. Dans ma communauté d'éleveurs nomades qui vivent autour du lac Tchad, nous avons beaucoup de mots pour décrire la pluie. Il y a ceux qui annoncent l'arrivée de la saison des pluies et l'amorce de notre migration avec nos troupeaux, et ceux qui nous disent que la saison sèche approche et nous engagent à revenir nous installer autour du lac. Nous avons des mots pour décrire les douces pluies qui irriguent nos cultures et des mots pour celles qui déferlent en tempêtes pour détruire nos champs.

Dans cet environnement hostile, nous avons appris à vivre en harmonie avec la nature. Nous coopérons avec nos écosystèmes. Nos vaches fertilisent la terre tout au long de notre chemin de transhumance. Tous les trois ou quatre jours, nous nous déplaçons d'un endroit à un autre pour laisser à la nature le temps de se régénérer. Et nous vivons aussi en harmonie avec nos voisins. Dans notre région, où la plupart des gens sont soit des agriculteurs, soit des pêcheurs, notre bétail est l'unique source d'engrais pour les sols, et quand nous quittons un endroit nous laissons derrière nous une bonne terre prête à être cultivée.

Quand je suis née, il y a trente ans, le lac Tchad était immense. Et il y a soixante ans, quand ma mère était enfant, le lac était presque une petite mer au beau milieu d'un désert. Aujourd'hui ce n'est plus qu'une goutte d'eau au cœur de l'Afrique. 90 % de notre eau a disparu. La température moyenne a augmenté. Nous vivons maintenant avec des augmentations de température supérieures à 1,5 °C, ce qui, concrètement, revient à dire que mon peuple vit déjà au-dessus du seuil fixé par l'accord de Paris. Et ce n'est qu'un aperçu de ce qui nous attend. Selon le dernier rapport du GIEC, nous approchons des portes d'un enfer climatique. Au Sahel, la température moyenne pourrait grimper de plus de 2 °C avant 2030 et de 3 °C à 4 °C d'ici au milieu de ce siècle. Au cours de ma vie, le visage du Sahel aura beaucoup changé.

Il ne pleut déjà pratiquement plus. La terre est souvent sèche et infertile. Nos vaches qui produisaient 4 litres de lait par jour ne donnent maintenant plus que 2 litres à peine, ou même un seul, car elles n'ont plus de pâturages. Et la pluie, qui était notre alliée, devient de plus en plus souvent notre ennemie. Au cours des cinq dernières années, des inondations ont à plusieurs reprises détruit nos terres, nos maisons, la culture de mon peuple.

Nous sommes désormais aux avant-postes des guerres climatiques. Les gens se battent pour les maigres ressources qui restent. Lorsque la nature est malade dans une région où 70 % de la population vit de l'agriculture, ils deviennent fous. L'alliance traditionnelle entre agriculteurs et éleveurs s'est brisée dans la compétition pour les bienfaits de la nature. Au Mali, au nord du Burkina Faso et au Nigeria, nous avons vu des villages incendiés par des gens qui voulaient s'emparer de la terre de leurs anciens amis.

Mais pour moi le Sahel reste une terre d'espoir.

Nous avons une armée de guerriers climatiques qui se battent farouchement. Dans ma communauté, les femmes ont déjà mis en place des solutions au changement climatique. Ces peuples autochtones puisent dans leurs savoirs traditionnels pour choisir les cultures résistant aux sécheresses et aux canicules afin de nous assurer une agriculture résiliente. Et dans la mémoire de nos grands-mères et de nos grands-pères, nous disposons d'une carte précise des anciennes sources, celles qui fournissent encore de l'eau au plus haut des pires saisons sèches.

Les connaissances traditionnelles des peuples autochtones ne nous donnent pas seulement des mots pour décrire la pluie, elles nous offrent les outils pour lutter contre le changement climatique. Pour avoir vécu pendant des siècles en harmonie avec la nature, à observer les nuages, les oiseaux migrateurs, la direction du vent, le comportement des insectes et de nos vaches, nous sommes armés pour résister. Nous n'avons peut-être pas eu la chance d'aller à l'école, mais nos aînés ont des maîtrises et des doctorats en protection de la nature et ils sont en passe de devenir des experts de l'adaptation climatique.

Nous ne voulons pas être de simples victimes du changement climatique. Nous ferons notre part. Nous la faisons déjà. Notre mode de vie est climatiquement neutre. Nous sommes la preuve vivante qu'il est possible de préserver les forêts et les savanes et d'accroître les stocks de carbone de la nature tout en produisant de la nourriture. Dans la plupart des pays industrialisés, l'agriculture est une source majeure d'émissions. Dans ma communauté, c'est un puits de carbone.

Nous prenons soin de la nature depuis longtemps, non seulement pour nous mais aussi pour les sept générations à venir. C'est ce qui guide la façon dont les choses se décident dans ma communauté. Avant de prendre la moindre décision importante, nous devons nous demander ce que les sept dernières générations auraient fait à notre place, et réfléchir à l'impact de cette décision pour les sept générations à venir. C'est une façon de mettre l'équité intergénérationnelle au cœur de chaque décision importante.

Le temps est maintenant venu pour la communauté mondiale d'écouter mon peuple et de l'aider. Pendant trop longtemps, les peuples autochtones ont été considérés comme des représentants de l'histoire de notre Terre. Mais nous n'appartenons pas au passé : nous représentons l'avenir.

C'est le cas des communautés autochtones du monde entier. La biodiversité est notre meilleur partenaire. Parce que nous ne considérons pas la nature comme un outil, comme une chose que l'on peut posséder, utiliser et détruire à volonté. La nature est notre supermarché, notre pharmacie, notre hôpital, notre école. Et pour de nombreuses communautés autochtones, c'est encore plus que cela : c'est l'essence de notre vie spirituelle, de notre culture, la source de notre langue. C'est notre identité.

3.14

L’hiver en Laponie

Elin Anna Labba

La Laponie est magnifique en ce moment. Les arbres sont lourds de givre, si blancs qu’ils se confondent avec les nuages. Sur la tourbière, on aperçoit des rennes. Un faon est allongé dans la neige. Il a baissé la tête, roulé en boule comme une pierre polie, le dos offert au ciel. Si l’on passait la main sur son pelage d’hiver laineux, on sentirait ses battements de cœur légers. Il a l’air paisible, assoupi comme un bébé repu de lait.

Mais les gens qui suivent les rennes depuis leur plus tendre enfance voient un tout autre tableau. Un petit ainsi recroquevillé dans la neige ne survivra pas bien longtemps. Ils savent qu’il est tard. Le faon est né à l’été dans les montagnes, et il est descendu jusqu’ici, suivant sa mère, mais il n’ira pas plus loin. Ils ont essayé de le nourrir, mais il était déjà trop faible. Il n’a rien mangé depuis trop longtemps.

La Laponie est un vaste territoire, à cheval sur quatre pays. Il s’étire sur tout le nord de la Suède, de la Norvège, de la Finlande et de la péninsule de Kola, en Russie. Les Samis, seul peuple autochtone d’Europe, élèvent des rennes depuis la nuit des temps et ont toujours protégé les animaux. D’aussi loin que l’on s’en souvienne, les gens d’ici se sont adaptés au renne. Leur vie s’organise autour de la neige, car l’été dans le Grand Nord n’est qu’un souvenir fugace et scintillant. Lorsqu'on vit dans un environnement enneigé une grande partie de l'année, on apprend à suivre la forme de la couverture neigeuse. C'est indispensable pour survivre. Avant même que le reste du monde ne ressente les premiers effets du changement climatique, une sourde inquiétude avait commencé à se répandre d'un bout à l'autre des communautés autochtones de l'Arctique. Il est en train d'arriver quelque chose de bizarre à la neige. Elle arrive plus tôt, et ensuite il pleut des cordes. Après quoi, elle gèle à nouveau. Comment se fait-il que les hivers nous transpercent jusqu'à la moelle, maintenant ? Les sabots du petit renne agonisant ont piétiné une neige qui ne devrait pas être là si tôt.

L'endroit où vit ma famille s'appelle Dálvvadis en langue same – « le village d'hiver ». En suédois, cette petite localité porte le nom de Jokkmokk. Elle est située dans les forêts du nord de la Suède, non loin des montagnes. Il n'y a pas si longtemps, de grands troupeaux de rennes venaient encore pâturer ici pendant l'hiver. Ils allaient et venaient librement et fouillaient dans l'épaisse couche de neige encore poreuse. Puis, quand la neige durcissait avec l'avancée de l'hiver, ils relevaient la tête pour aller grignoter le lichen des arbres. Au printemps, ils reprenaient la route des montagnes. Cette année, Jokkmokk est un paysage d'enclos. Tout le village est entouré de pâturages où les rennes sont nourris, au nord, à l'est, au sud et à l'ouest. On installe des rennes squelettiques dans les garages pour leur permettre de se réchauffer et de récupérer. Lorsqu'on pousse la porte d'un de ces refuges, l'odeur prend à la gorge, emplit les narines, s'insinue jusque dans les moindres replis. Les animaux sauvages ne sont pas faits pour vivre enfermés ; ils tombent malades, leurs yeux s'infectent, se brouillent d'écoulements purulents. Leur estomac lâche.

Alors, un frisson de panique nous parcourt l'échine. Nous avons confisqué leur liberté à ces animaux pour leur éviter de mourir dans la forêt, mais nous n'avons pas été capables de les protéger. Quels changements définitifs sommes-nous en train d'opérer ? Il y a toujours eu des années de famine et de désespoir, pour lesquelles le same a son propre mot : *goavvi*. *Goavvi* désigne une saison de pâture difficile, mais le mot signifie aussi « rude » et « implacable ». C'est un mot mythique qui sème la terreur, surtout parmi les anciens. Lors d'un *goavvi* resté dans les mémoires, il y a une centaine d'années de cela, une multitude de nouveaux buissons semblaient avoir poussé dans la forêt. Mais en allant y voir de plus près, on comprenait que ces buissons étaient en fait les bois de rennes morts, dépassant de la neige.

Lorsque les hivers implacables sont arrivés, les éleveurs ramassaient les herbes et arrachaient les lichens des arbres pour nourrir leurs animaux à la main. C'est un surcroît de travail que l'on peut consentir pendant un long hiver si l'on sait qu'il ne s'agit que d'une crise passagère et que des temps meilleurs viendront.

Mais les anciens disent maintenant que cette crise « passagère » dure depuis plus de dix ans et que l'on n'en voit pas la fin. Le changement climatique n'est pas une peur pour l'avenir : nous le vivons dans notre chair, ici et maintenant. « Le monde a changé. Nous nous obstinons à penser que ce n'est pas vrai, mais nous savons que c'est vrai », soupire une vieille éleveuse de rennes. Quand elle était jeune, il y avait encore des forêts totalement intactes. Aujourd'hui, les montagnes où allaient paître les rennes autrefois sont écorchées par les coupes à blanc des forêts et défigurées par des parcs éoliens. Les dernières routes de migration peuvent finir au cœur d'une mine souterraine. La couche de glace qui recouvre les lacs de retenue est cassante et incertaine. Le sol est tellement épuisé que l'on a parfois l'impression que son cœur bat aussi faiblement que celui du petit renne à l'agonie. Pourtant, la Suède veut encore croire qu'il reste des ressources à exploiter dans le Nord. La Laponie est la *Terra nullius* des pays nordiques ; on considère qu'elle est suffisamment inhabitée pour y implanter des industries vertes, mais aussi des « industries grises », polluantes.

Dans les pays qui n'ont pas encore accepté les leçons de leur histoire, on ne voit plus comment cette histoire se répète, comment le colonialisme d'hier revient sous de nouveaux oripeaux, trouve de nouveaux arguments, prend de nouvelles formes. Dans aucune région du monde, les populations déjà frappées de plein fouet par le changement climatique ne sont en mesure de contrôler leur propre histoire. Tout ce qu'ils ont perdu de leurs terres, de leur langue, de leur famille et de leurs croyances prépare malheureusement les peuples autochtones à cela. Histoire et présent marchent main dans la main.

Dans la grande épopée classique lapone sur les enfants du soleil, la fille du soleil s'inquiète : que va-t-il advenir des hommes ? Au coucher du soleil, les loups arrivent, se déplaçant d'un pas furtif dans l'obscurité de la nuit. Le soleil disparaît derrière l'horizon et le troupeau s'éclaircit. Mais elle est aussi emplie d'espoir, car elle est la fille du soleil et elle se doit d'être un phare d'espoir. Nous ne pouvons pas préserver la terre si nous ne croyons pas en notre pouvoir de la protéger, et la fille du soleil se demande, pleine d'espérance : « Une nouvelle aube arrive, n'est-ce pas ? »

Je pense qu'à travers cette question, la fille du soleil pensait aux jeunes, qui aujourd'hui se lèvent pour qu'une nouvelle aube arrive. Ici dans le Nord, il n'y a plus de doute. Au cours des dix dernières années, nous avons appris à emmitoufler les animaux de l'Arctique dans des vestes et à ajouter au lichen du sucre dissous dans l'eau. Même les petits enfants apprennent à soigner les animaux. Mais ils apprennent surtout à se battre pour la forêt et les montagnes comme si c'étaient les dernières, car c'est ce que la vie leur dit lorsqu'ils s'accroupissent à côté du faon mourant. Menez chaque bataille comme si c'était la dernière, parce que c'est effectivement la dernière. Nous sommes tous enfants du soleil, et il est de notre devoir de protéger la terre, sans quoi nous ne serions pas là. /

Dans les pays qui n'ont pas encore accepté les leçons de leur histoire, on ne voit plus comment cette histoire se répète, comment le colonialisme d'hier revient sous de nouveaux oripeaux, trouve de nouveaux arguments, prend de nouvelles formes.

3.15

Se battre pour la forêt

Sônia Guajajara

La lutte contre l'apocalypse climatique est un combat planétaire auquel nous devons tous nous joindre pour défendre nos territoires. Où que nous vivions sur cette planète, il est essentiel que nous nous battions pour préserver nos écosystèmes et leur permettre de se remettre des dégâts dus à l'infinie cupidité de ceux qui ne voient dans une forêt qu'une source de profit.

Je suis une femme autochtone, née en Amazonie. Dès mon plus jeune âge, j'ai compris l'importance fondamentale qu'il y avait à protéger nos territoires, car la vie, le corps et l'esprit de notre peuple sont inextricablement liés aux rapports que nous entretenons avec notre terre.

Notre chemin nous a toujours conduits à défendre la vie. Depuis que les premiers envahisseurs ont posé le pied sur ces terres qui alors ne s'appelaient pas le Brésil, nous n'avons jamais relâché notre vigilance face aux agressions répétées et constantes. Le projet colonisateur a usurpé nos territoires, nous apportant des maladies et la mort, et détruisant nos biomes par le feu et les mâchoires des bulldozers. Si nous avons survécu jusqu'à ce jour, c'est parce que nous sommes d'inlassables guerriers, et parce que nous comptons sur la force de nos ancêtres pour défendre notre Terre nourricière.

En septembre 2021, à l'occasion de la deuxième Marche des femmes autochtones organisée à Brasilia, nous avons lancé la plateforme Reflorestarmentes, créée pour centraliser et relier des projets communautaires innovants sur la protection de l'environnement et pour faire partager au monde les savoirs et la sagesse des femmes autochtones. Nous vivons une époque où plusieurs crises mondiales dévastent l'humanité et notre Terre nourricière : les crises climatique et environnementale, la crise d'un système économique exclusif et inégalitaire, la crise de la faim et du chômage, la crise de la haine et du désespoir. Cet enchevêtrement de crises frappe plus durement les peuples premiers de la planète, dont la survie même repose sur les rapports étroits qu'ils entretiennent avec leurs biomes.

Ce qui revient à dire que ceux qui se soucient le plus de notre planète, de nos forêts, de nos sources d'eau douce, sont ceux qui sont le plus touchés par sa destruction. Et c'est un fait indéniable, confirmé par de nombreuses institutions scientifiques : les véritables gardiens des forêts, et de la planète, sont les peuples autochtones. Ils représentent environ 5 % de la population mondiale et n'occupent pas plus de 28 % des terres habitées de la planète. Pourtant, c'est à eux qu'il incombe de protéger et de préserver 80 % de la biodiversité qui vit à nos côtés, sur la Terre nourricière. Ces statistiques viennent étayer ce que nous répétons depuis des siècles : il n'y a aucun avenir possible pour l'humanité qui ne passe par nous, les peuples autochtones. J'irai plus loin encore, ajoutant que les femmes autochtones sont au cœur de ce combat visant à assurer un avenir à l'humanité. Car dans de nombreuses communautés originelles, c'est à nous, les femmes autochtones, qu'il revient de gérer et de préserver nos écosystèmes et de transmettre nos savoirs par le biais de la mémoire et de la coutume. Nous vivons depuis des millénaires en symbiose avec les forêts, et nous les avons façonnées pour nous assurer de meilleures conditions de vie, mais aussi pour leur permettre à elles aussi de mieux vivre. Il ne s'agit donc pas d'espaces naturels vierges, comme se plaisent habituellement à le croire les étrangers, mais bien d'un espace cultivé.

Nous nous organiserons et nous partagerons nos savoirs ancestraux millénaires afin d'offrir à l'humanité un vaste projet d'avenir, celui qui permettra à la vie de se poursuivre de manière plus équilibrée et équitable. Nous ne possédons pas la vérité infuse, mais depuis que nous occupons cette planète nous avons, avec nos ancêtres, développé des connaissances et des technologies qui n'ont jamais été plus nécessaires qu'aujourd'hui.

Nous devons promouvoir un mode de vie qui concilie harmonieusement la vie humaine avec la pleine et puissante continuité de nos biomes. C'est là une chose que les femmes autochtones savent faire, car nous sommes depuis des générations des expertes des sciences de la vie sur cette planète. Et nous sommes prêtes à partager nos connaissances afin que nous ayons tous une chance de vivre aujourd'hui et à l'avenir. /

Il n'y a aucun avenir possible pour l'humanité qui ne passe par nous, les peuples autochtones.

3.16

D'énormes défis nous attendent

Greta Thunberg

« **Au rythme actuel de réchauffement,** les spécialistes prévoient que d'ici à 2050, 1,2 milliard de personnes pourraient être forcées de se déplacer », écrit Taikan Oki dans son chapitre. Il s'agit de l'un de ces chiffres sur lesquels on tombe en se renseignant sur la crise climatique et écologique. Il est presque impossible d'envisager et de traduire tous ces chiffres – les défis énormes qui nous attendent sur cette voie que nous continuons de vouloir emprunter. Sur ce 1,2 milliard de personnes, la plupart seront probablement déplacées au sein de leur propre pays mais, étant donné la façon dont le monde a traité les réfugiés ces dernières décennies, il y a quelque raison de croire que cela engendrera des souffrances inexprimables, des catastrophes humaines à grande échelle et mettra en danger l'ensemble de notre civilisation telle que nous la connaissons.

Ils sont très, très rares, ceux qui abandonnent leur foyer par choix. S'échapper, prendre la fuite sont des instincts humains naturels et on peut imaginer sans trop de risque de se tromper que la vaste majorité d'entre nous ferait de même si nous nous trouvions à leur place. Mais je ne crois pas que beaucoup de ceux que nous définirions comme étant des réfugiés climatiques se qualifieraient de la sorte. Peut-être est-ce une inondation, une sécheresse, des conflits qui auront décidé leur départ, mais il s'y ajoute sûrement une combinaison d'autres facteurs, la pauvreté, les maladies, la violence, la terreur ou l'oppression. Tout est lié comme l'explique Amitav Ghosh dans *The Nutmeg's Curse.*

Aucun mur, aucun barbelé n'assurera la sécurité de qui que ce soit à long terme. Fermer nos ports, laisser les gens se noyer dans la Méditerranée ou dans la Manche ne fera pas disparaître ces problèmes. Ils ne cesseront de hanter l'humanité jusqu'à ce que nous commencions à faire des efforts pour surmonter nos divisions et partager nos ressources de façon raisonnable et durable.

La démocratie est notre plus précieux outil et, ne vous y trompez pas, sans elle nous n'avons pas la moindre chance de résoudre les problèmes auxquels nous sommes confrontés. Imaginez simplement le fait d'exposer des résultats scientifiques dérangeants ou de dire la vérité sous une dictature. Il est évident qu'un climat déstabilisant donnera naissance à un monde déstabilisant et cela finira par mettre en danger tout ce qui fait nos sociétés, y compris la démocratie. La crise climatique amplifiera les conflits et les problèmes sociétaux. Comme l'écrit Marshall Burke dans son chapitre sur les conflits climatiques : « Le nombre total de conflits armés organisés dans le monde est également à la hausse et atteint désormais son plus haut niveau depuis près d'un siècle, entraînant un nombre record de personnes déplacées à l'intérieur de leur pays et des niveaux alarmants de faim dans le monde. » Si nous ne nous attaquons pas à toutes les questions plus profondes qui constituent en définitive cette crise climatique émergeant tout autour de nous, cela entraînera, c'est certain, une nouvelle érosion de la démocratie. Tout au long de l'histoire moderne, notre dépendance aux combustibles a aussi joué un rôle clé dans les conflits armés, de diverses manières. Pourtant, au lieu d'entamer une démarche visant à nous débarrasser de notre dépendance aux combustibles fossiles, nous l'augmentons. Ce faisant, nous finançons des puissances géopolitiques qui, clairement, œuvrent contre les droits humains. Nous devenons plus dépendants du pétrole, du charbon, du gaz provenant de régimes autoritaires, depuis la Russie de Poutine jusqu'aux nations du Golfe persique.

Lorsque la situation s'aggravera – et elle s'aggravera –, nous verrons certainement apparaître de plus en plus de politiciens autoritaires prêts à offrir des solutions simplistes et des boucs émissaires en réponse à des questions de plus en plus complexes. C'est en général à ce moment-là que le fascisme survient et prend de l'ampleur. Nous en voyons déjà les signes partout dans le monde. C'est la somme de toutes les inégalités que nous avons laissées s'emballer au fil des siècles. Et à moins que nous ne nous attaquions aux racines de ces problèmes, que nous ne commencions à bâtir des mouvements forts, démocratiques, citoyens qui traversent toutes nos sociétés – des mouvements comme ceux que nous venons de découvrir, des mouvements qui n'abandonnent personne en route –, alors toutes les belles choses, les choses signifiantes que l'humanité a pu créer pourraient bien être perdues – littéralement – à jamais.

Certains de ces mouvements existent déjà. D'autres

se formeront au fur et à mesure. Tous ont d'énormes responsabilités pour se tenir loin de toute forme de violence et pour éviter de créer des troubles sociaux qui pourraient donner lieu à du vandalisme, de la destruction, risquant ainsi de faire plus de mal que de bien. Nous avons besoin de milliards d'activistes climatiques. De manifestations non violentes, pacifistes et de désobéissance civile qui ne constituent pas un risque pour la sécurité des autres ; de grèves, de boycotts, de cortèges, etc. L'humanité a réussi à modifier la société à de nombreuses reprises, nous pouvons y parvenir à nouveau.

Comme pour la crise climatique, il faut dans ce but que tout le monde travaille de façon conjointe. Ces crises de la durabilité, de l'inégalité, de la démocratie ne peuvent pas être résolues individuellement, ni par une personne ni une nation. Nous devons tous unir nos forces en solidarité. Lorsque nous, humains, faisons front pour une cause commune, nous sommes capables de créer des sociétés justes, durables, égalitaires. Tout comme nous sommes capables d'en créer d'autres, égoïstes, non durables, inégalitaires. C'est une affaire de choix.

3.17

Réchauffement et inégalités

Solomon Hsiang

Notre monde est traversé de profondes fractures inégalitaires. Nous voyons aujourd'hui coexister d'une part des communautés riches bénéficiant de possibilités et d'un niveau de vie qui auraient été inimaginables il y a quelques siècles, et d'autre part des communautés pauvres dont l'accès aux ressources, aux soins de santé et aux technologies n'a guère changé depuis des centaines d'années.

Effet préjudiciable des températures

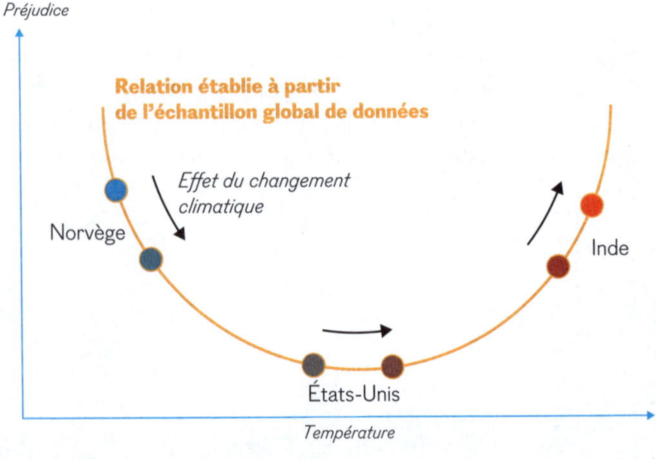

Figure 1 : L'effet non linéaire du réchauffement peut s'avérer préjudiciable ou profitable, selon la région du monde où l'on vit.

À l'avenir, les changements climatiques induits par nos émissions de gaz à effet de serre vont probablement redistribuer les cartes de ces inégalités mondiales. L'évolution des conditions environnementales modifiera également les opportunités et les ressources dont disposeront différentes sociétés – les améliorant pour certaines, les dégradant pour d'autres. Une modification du climat aura par exemple forcément un impact sur les moyens de subsistance d'une communauté tirant ses revenus de l'agriculture, mais cet impact pourra être positif ou négatif selon le mode d'agriculture qu'elle pratique et les effets du changement climatique sur son environnement particulier. Dans une région chaude et sèche, une hausse des précipitations serait favorable aux agriculteurs. Si en revanche les températures continuent d'augmenter, ils en feront les frais. L'impact global du réchauffement planétaire sur une communauté donnée dépendra donc de nombreux facteurs, à commencer par le mode de vie de cette communauté, le climat auquel elle est aujourd'hui soumise et la trajectoire probable de son évolution.

Compte tenu de la complexité du problème, il n'est pas toujours évident de prévoir les effets concrets du changement climatique sur les inégalités. S'il appauvrissait les sociétés les plus riches et enrichissait les plus pauvres, il pourrait réduire les inégalités mondiales. Mais si, a contrario, il favorisait les plus riches et lésait les plus pauvres, il ne ferait que creuser plus profondément encore ce fossé. Pour tenter de savoir lequel de ces scénarios est le plus probable, de nombreux chercheurs, dont moi-même, se sont-

tournés vers l'analyse des données et ont cherché à comprendre comment différentes sociétés réagissent à différentes conditions climatiques.

Ce que nous indiquent les données penche fortement dans le sens d'un accroissement des inégalités mondiales. Selon les critères de bien-être que l'on mesure (par exemple, la santé, l'éducation ou les revenus), il apparaît que les populations riches sont parfois favorisées et parfois lésées par le réchauffement. Mais dans quelque sens que l'on retourne les données, nous constatons que les populations pauvres sont toujours impactées défavorablement, et généralement plus que les populations riches.

Les recherches pointent deux grandes raisons qui expliqueraient que, dans toutes les régions du monde, les populations pauvres aient tendance à souffrir davantage du changement climatique que les populations riches. Premièrement, les communautés les plus pauvres disposent de moins de ressources pour se prémunir des effets délétères du changement climatique. La climatisation, les digues et les systèmes d'irrigation atténuent l'impact de la hausse des températures et des phénomènes météorologiques extrêmes, mais ils exigent un investissement important en argent et en ressources.

La seconde raison est moins connue mais est potentiellement encore plus significative : la température a une incidence *non linéaire* sur de nombreux déterminants humains critiques. C'est ce qu'illustre la figure 1 : l'effet du réchauffement dépend de la température actuelle du lieu. En général, nous constatons que si une communauté vit dans une région froide (par exemple, la Norvège), le réchauffement est utile – les coûts de chauffage et les maladies respiratoires hivernales diminuent, tandis que la productivité du travail augmente. Si une communauté vit dans une région tempérée (comme l'Iowa, aux États-Unis), le réchauffement a très peu d'effet sur son bien-être. De nombreuses études montrent que la température moyenne « idéale » se situe généralement entre 13 °C et 20 °C. Pour une communauté vivant dans une région chaude (l'Inde, par exemple), la moindre hausse de température aura des effets très néfastes, qui se traduiront par un effondrement du rendement des récoltes, une exacerbation des maladies vectorielles et un ralentissement de la croissance économique. Un degré supplémentaire de réchauffement n'a pas le même effet partout, ce qui a de profondes implications sur les inégalités mondiales.

Si l'effet non linéaire de la température revêt une telle importance, c'est qu'aujourd'hui, les populations pauvres sont surtout concentrées dans des endroits beaucoup plus chauds. Le graphique du haut de la figure 2 présente le revenu moyen par personne dans le monde aujourd'hui. Ce que vous voyez est un schéma familier dans lequel les pays des régions froides ou tempérées ont des revenus moyens élevés, tandis que les pays chauds des régions tropicales et subtropicales, proches de l'équateur, ont tendance à être beaucoup plus pauvres. Cette configuration place les populations pauvres dans une position de départ défavorable face au changement climatique, car elles vivent dans des endroits chauds, où le réchauffement est particulièrement néfaste, tandis

PIB par habitant en 2019

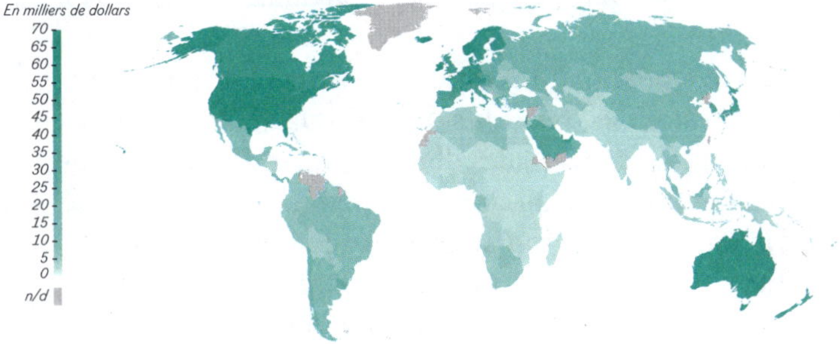

Impact du changement climatique sur les taux de mortalité en 2100

Scénario de réchauffement à 4 °C

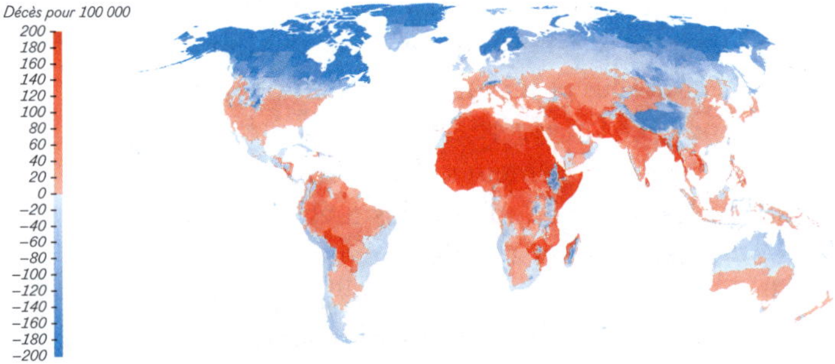

Impact du changement climatique sur le PIB par habitant en 2100

Scénario de réchauffement à 4 °C

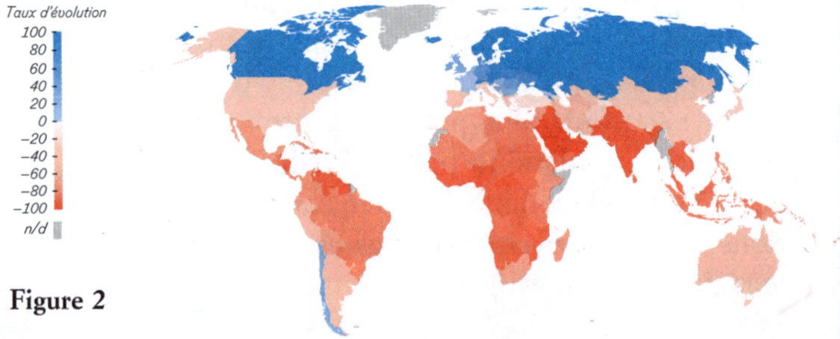

Figure 2

que les populations riches vivent dans des endroits frais, où il s'avère moins dommageable – et est même parfois bénéfique.

Les deux graphiques suivants de la figure 2 illustrent la façon dont cela devrait se traduire à la fin du XXIe siècle. Celui du milieu montre l'incidence probable du réchauffement sur les taux de mortalité dans le monde dans un scénario de hautes émissions (+ 4 °C en 2100). Celui du bas montre comment, dans le même scénario, le réchauffement pourrait modifier le revenu national moyen par personne. Dans les deux cas, le fait que les pays les plus riches disposent de plus de ressources pour se protéger est pris en compte dans le calcul. Cependant, ce qui ressort vraiment, c'est l'effet non linéaire de la température. Les endroits les plus chauds des régions tropicales et subtropicales sont plus impactés en ce qui concerne la santé et les perspectives économiques, avec des taux de mortalité annuels augmentant de plus de 100 décès pour 100 000 et des pertes de revenu national d'environ 50 % ou plus. Les impacts sont moindres dans les régions tempérées. Le réchauffement est dans bien des cas favorable aux régions froides, car il peut en réalité être bénéfique pour la santé humaine et la productivité économique.

Une comparaison de ces deux derniers graphiques de la figure 2 avec celui du haut fait apparaître que, plutôt que relever le niveau de vie des pays pauvres du monde, le changement climatique ralentira leur progression, aggravant les inégalités mondiales entre riches et pauvres. /

Un degré supplémentaire
de réchauffement n'a pas
le même effet partout,
ce qui a de profondes
implications sur les inégalités
mondiales.

3.18

Les pénuries d'eau

Taikan Oki

Lors de la Semaine mondiale de l'eau qui s'est tenue à Stockholm en août 2019, j'ai demandé à Johan Rockström si Stockholm pouvait rester une ville civilisée si la température moyenne passait de 7 °C à 15 °C et les précipitations annuelles moyennes de 500 millimètres à 1 500 millimètres au cours de ce siècle. Sa réponse était celle que j'attendais : ce serait impossible.

Peut-être pas si impossible que cela, pourtant… Si le climat de Stockholm changeait si radicalement en si peu de temps, le processus d'adaptation serait certes très difficile. Mais pas forcément impossible. Tokyo n'est pas loin de connaître une température moyenne de 15 °C et un niveau annuel moyen de précipitations de 1 500 millimètres. Et, jusqu'à présent, les habitants de Tokyo ne manquent ni de technologies modernes, ni de sécurité, ni de confort (mais sur une planète où Stockholm aurait le climat actuel de Tokyo, les étés à Tokyo seraient insupportablement chauds et je serais fortement tenté d'aller m'installer à Stockholm). Cela pour dire que nous ne pouvons pas raisonner en valeurs absolues – en fixant la température ou le niveau de précipitations auxquels nos sociétés peuvent faire face – mais plutôt en fonction de l'ampleur du changement climatique et du temps dont nous disposons pour nous y adapter. Ce sont les sociétés les plus vulnérables du monde qui auront le plus à souffrir des effets délétères du changement climatique. Même si les conditions futures étaient telles que d'autres sociétés puissent s'y adapter et prospérer, ces communautés seraient confrontées à de graves difficultés, sinon à des épreuves intolérables.

L'eau est la clé de voûte du mécanisme de répartition des impacts du changement climatique sur la société. Il y a plus de dix ans, j'ai participé avec un collègue à une étude sur les cycles hydrologiques à l'échelle planétaire et les ressources mondiales en eau, dans lequel nous déclarions que « le changement climatique devrait accélérer les cycles de l'eau », ce qui apparemment, se traduirait par un *accroissement* des ressources renouvelables d'eau douce disponibles. Un tel scénario ralentirait l'augmentation du nombre de personnes vivant en situation de stress hydrique. Mais nos recherches ont également montré que des changements de cycle saisonnier et la probabilité croissante d'événements extrêmes peuvent compenser cet effet lorsque l'événement de précipitation est plus intermittent. D'où notre mise en garde : « Si la société n'est pas préparée à de tels changements et ne parvient pas à surveiller les variations du cycle hydrologique, un grand nombre d'individus risquent de se retrouver en situation de stress hydrique ou de voir les ressources dont ils tirent leur subsistance dévastées par des aléas tels que les inondations. »

Malheureusement, le nombre de catastrophes naturelles a augmenté depuis la publication de ces résultats. Un rapport du Bureau des Nations unies pour la réduction des risques de catastrophe signalait qu'au cours de ces vingt dernières années le nombre de sécheresses répertoriées a été multiplié par 1,29, les tempêtes par 1,4, les inondations par 2,34 et les canicules par 3,32 par rapport aux deux dernières décennies du XXe siècle. Ces impacts devraient s'aggraver avec l'intensification du changement climatique et les communautés vulnérables ne seront pas les seules à en faire les frais. Selon le *Guide sur les menaces écologiques* publié par l'Institut pour l'économie et la paix, bien que le monde développé soit en mesure de faire face à l'épuisement des ressources et aux catastrophes naturelles, il ne pourra pas échapper aux conséquences de l'afflux de migrants désespérés chassés de chez eux par ces dommages environnementaux. Ainsi, en Europe, la crise migratoire de 2015, par exemple, s'est traduite par une vague de réfugiés qui ne représentait pas plus de 0,5 % de la population européenne ; il n'en a pas fallu davantage pour déclencher des tensions politiques et des troubles sociaux. Au rythme actuel de réchauffement, les spécialistes prévoient que d'ici à 2050, 1,2 milliard de personnes pourraient être forcées de se déplacer. Le Haut-Commissariat des Nations unies aux réfugiés estime qu'environ 20 % de ces migrants quitteront leur pays ou leur région.

Ces crises climatiques et environnementales n'ont pas été déclenchées par un seul politicien, un gouvernement particulier ou une entreprise donnée, mais plutôt par l'ensemble des choix que nous effectuons au jour le jour. Nous commençons à prendre conscience de cette réalité, ne serait-ce que dans une perspective égoïste et utilitaire : de nombreuses entreprises comprennent désormais qu'à long terme prendre des mesures pour éviter les crises climatiques et écologiques est ce qu'elles ont de plus judicieux à faire pour préserver leurs intérêts ; de même, de nombreux politiciens et gouvernements sont extrêmement sensibles à l'opinion publique, de plus en plus mobilisée pour la justice climatique. S'il y avait eu plus de monde pour tenter de stabiliser le climat en modifiant nos comportements que pour modifier le climat sans rien changer à nos comportements, nous aurions engagé beaucoup plus vite une action climatique décisive pour effectuer une transition équitable.

À ce stade, nous ne sommes plus en mesure d'enrayer l'emballement du changement climatique. Faute de quoi, le monde s'est résolu à poursuivre ses efforts pour limiter la hausse de température à 1,5 °C par rapport aux niveaux préindustriels. Concrètement, cela laisse présager que même si, dans certaines parties du monde, les ressources d'eau douce peuvent augmenter dans les années à venir, beaucoup d'entre nous subiront encore les effets dévastateurs des sécheresses et des inondations à répétition ; et les quelque 733 millions de personnes qui vivent actuellement dans des pays en situation de fort stress hydrique sont particulièrement vulnérables. /

3.19

Les conflits climatiques

Marshall Burke

Au cours de notre passage relativement bref sur cette Terre, les hommes sont à bien des égards devenus plus pacifiques les uns envers les autres. Les grandes nations s'affrontent moins fréquemment, les combats font moins de victimes et la criminalité, avec son cortège d'agressions et d'homicides, a diminué dans un grand nombre de sociétés.

Notre monde n'en reste pas moins un endroit violent. Les homicides font chaque année des centaines de milliers de morts et dans de nombreux pays les taux d'homicide ont désormais tendance à augmenter. Le nombre total de conflits armés organisés dans le monde est également à la hausse et atteint désormais son plus haut niveau depuis près d'un siècle (fig. 1), entraînant un nombre record de personnes déplacées à l'intérieur de leur pays et des niveaux alarmants de faim dans le monde. Et de plus en plus d'éléments convergents indiquent que le changement climatique pourrait exacerber ces tendances à la violence.

L'idée que le climat puisse influencer le comportement des hommes envers leurs semblables n'est pas nouvelle. On la retrouve dans les écrits de plusieurs universitaires et écrivains. Dans *Roméo et Juliette*, de Shakespeare, Benvolio prévient son ami Mercutio qu'ils feraient mieux de rentrer chez eux, car la chaleur qui règne ce jour-là annonce une bagarre ; mais ils ne partent pas, et la tragédie éclate. Dans *L'Étranger*, de Camus, Meursault, oppressé par le soleil écrasant d'une plage d'Algérie, tire sur un homme. Il y a plus d'un siècle, des articles parus dans des revues économiques grand public attribuaient la chute brutale de l'Empire romain aux changements climatiques survenus au fil des siècles précédant la naissance du Christ. Plus près de nous, depuis une dizaine d'années, de nombreux chercheurs ont démontré – grâce à l'existence de données bien plus précises sur la date de survenue et la localisation des conflits humains dans le monde – que dans certaines situations une modification du climat peut accroître le risque de conflit.

Comment expliquer qu'un changement climatique puisse avoir une quelconque influence dans la sur-

Nombre de conflits armés par an dans le monde depuis 1946

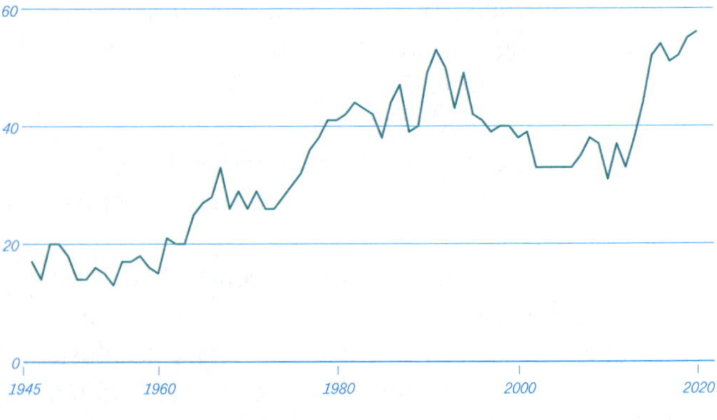

Figure 1 : Conflits dont au moins l'une des parties est le gouvernement d'un État.

venue des conflits ? Tout conflit – une personne en blessant une autre lors d'une altercation, ou un groupe de guérilla prenant les armes contre un gouvernement – est un événement complexe, sans doute motivé par un enchevêtrement de raisons. Bien que le climat ne soit jamais l'unique cause d'un conflit donné, un vaste corpus d'études relevant de tout un éventail de disciplines universitaires montre qu'il peut être « le doigt qui fera pencher la balance », amplifiant la volonté, la capacité ou les motivations des individus ou des groupes les menant à se battre. C'est pourquoi le ministère américain de la Défense considère depuis longtemps le changement climatique comme un « multiplicateur de menace » – un facteur qui peut exacerber et aviver les innombrables raisons pour lesquelles les êtres humains choisissent de se battre.

Pendant des décennies, des chercheurs en psychologie ont démontré à travers des expériences de laboratoire que lorsqu'on monte la température de la pièce où ils se trouvent, les gens sont plus irritables et peuvent être poussés à des comportements plus agressifs. Cette réponse physiologique est également évidente dans la vraie vie : des études réalisées dans divers pays du monde ont mis en évidence l'influence de la chaleur sur l'agressivité au volant, la violence dans les sports professionnels, et l'incidence accrue des crimes violents – des violences domestiques aux meurtres, en passant par les voies de fait graves.

Il est également avéré que des températures plus élevées et des variations extrêmes de précipitations accroissent la probabilité de conflits de groupes, qu'il

Effets du réchauffement sur l'accroissement des risques de conflits humains

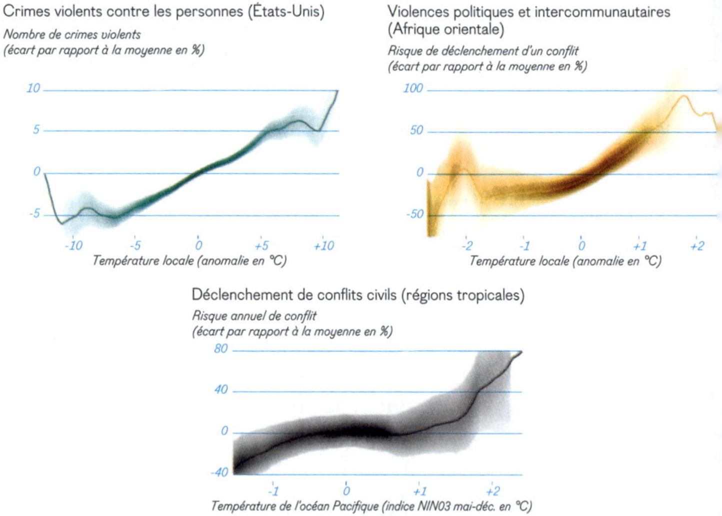

Figure 2 : De nombreux types de conflits humains risquent davantage d se déclencher lorsque la température augmente, de la violence individuell (en haut à gauche) à la violence entre groupes sociaux (en haut à droite. L graphique noir (bas) montre l'impact d'El Niño sur la conflictualité dan le monde.

s'agisse de violence des gangs, d'émeutes populaires ou de guerre civile. De fait, au Mexique, la hausse des températures attise la violence des gangs ; en Afrique, la sécheresse et les fortes chaleurs enveniment les conflits civils ; et les épisodes El Niño provoquent une recrudescence des conflits civils dans le monde. Soulignons que ces résultats ne sont pas fondés sur de simples corrélations. Ils proviennent d'études soigneusement élaborées visant à isoler précisément le rôle des variables climatiques des innombrables autres facteurs possibles de conflit.

Nous disposons de suffisamment d'études sérieuses de ce type pour nous permettre d'en faire une « méta-analyse » – une étude d'études – résumant les résultats globaux de plusieurs dizaines d'ouvrages publiés. Cette démarche corrobore les éléments prouvant que la hausse des températures peut en soi accentuer le risque de divers risques de conflits, révélant en particulier que le risque de conflits entre groupes violents augmente de 10 % à 20 % pour chaque degré supplémentaire de réchauffement. Ce sont là des effets significatifs et ils laissent présager d'un accroissement substantiel de la possibilité de violences à mesure que les températures continueront d'augmenter tout au long de ce siècle.

En fermant les yeux sur ces risques à venir, nous nous mettons nous-mêmes en danger. Le climat n'est cependant pas une fatalité. En tant que sociétés humaines, nous pouvons choisir le seuil de réchauffement que nous sommes prêts à tolérer, et nous pouvons également choisir la façon dont nous réagissons au réchauffement actuel. Les conflits civils, autrefois courants dans la majeure partie du monde, ont désormais pratiquement disparu dans de nombreux pays. Dans ces sociétés paisibles, il est peu probable qu'un réchauffement supplémentaire déclenche un conflit à grande échelle. De même, d'autres recherches ont montré que même dans les sociétés ou les régions agitées par des conflits, l'extension des systèmes de couverture sociale peut contribuer à maintenir les revenus des citoyens pour les aider à faire face aux catastrophes climatiques et ainsi rompre le lien de causalité entre extrêmes climatiques et conflits. Il sera à l'avenir essentiel d'investir dans les communautés vulnérables afin de leur donner les moyens de résister à cette nouvelle donne climatique, voire à en tirer parti, et d'éviter les pires effets du changement climatique. /

3.20

Le véritable coût du changement climatique

Eugene Linden

Quel pourrait être le coût socio-économique du changement climatique ? Si nous poursuivons sur notre trajectoire actuelle jusqu'à atteindre un réchauffement de 3 °C par rapport aux niveaux préindustriels, le risque est tout bonnement de voir la civilisation disparaître. Ce sera une calamité mondiale marquée par un effondrement financier, une famine de masse, des migrations à grande échelle, ce qui précipitera de nombreux pays dans la guerre civile. Si les États avaient reconnu la gravité du risque dès le début des années 1990, cette perspective apocalyptique aurait pu inciter à agir pour contenir les émissions de gaz à effet de serre et éviter une catastrophe en puissance. Mais les premières projections des impacts socio-économiques du changement climatique étaient des sous-évaluations flagrantes qui confortaient les tenants de l'attentisme. (En 1993, un article influent d'un économiste qui devait par la suite remporter le prix Nobel estimait qu'un réchauffement de 3 °C à horizon 2100 ne coûterait à l'économie américaine pas plus de 0,25 % du PIB). Aujourd'hui, la réalité rattrape l'économie, et l'on comprend enfin que ce ne sont plus les contraintes de l'action climatique qui menacent le plus la prospérité de demain, mais le changement climatique lui-même.

À supposer même que nous prenions maintenant des mesures pour limiter le réchauffement à moins de 3 °C, le changement climatique n'en aura pas moins d'immenses conséquences. Il est difficile de prévoir ce qu'il en coûtera, surtout parce que par leur nature même, les seuils et les points de bascule du changement climatique peuvent augmenter de plusieurs ordres de grandeur les dégâts induits. L'ouragan Sandy a illustré de façon saisissante l'importance des seuils en provoquant dans le métro de New York des inondations telles que l'on n'en avait plus vu depuis cent vingt-cinq ans, dont le coût a été chiffré à 5 milliards de dollars. Si la combinaison de l'onde de tempête, de la grande marée et de l'élévation du niveau de la mer n'avait été inférieure que de 15 %, les dégâts auraient été négligeables.

Le problème des points de bascule est encore plus sérieux, tant il interdit de prédire avec quelque degré de certitude l'ampleur des dégâts à venir. Par exemple, l'accélération de la fonte du pergélisol dans le Grand Nord pourrait libérer de grandes quantités de gaz à effet de serre, entraînant une inexorable boucle de rétroaction de réchauffement, qui aboutirait à des niveaux de réchauffement largement supérieurs aux prévisions les plus pessimistes issues des modèles climatiques. Inversement, un apport massif d'eau douce dans l'Atlantique Nord pourrait arrêter la circulation du système de courants qui maintient des températures clémentes dans une grande partie de l'Europe. Nous ignorons à quel moment ces points de bascule pourraient être franchis, mais nous savons qu'une fois franchis ils seront irréversibles dans un laps de temps significatif pour les sociétés humaines.

Il convient en outre de prendre en compte les impacts indirects d'un climat plus chaud. Dans l'Ouest américain, les hausses de température ont entraîné une prolifération spectaculaire des populations de scolytes, qui s'est traduite par une forte mortalité des conifères auxquels ils s'attaquent. Ces arbres morts ont fourni un combustible tout trouvé pour attiser les incendies de forêt qui ont ravagé toute la région, renforcés par un taux d'humidité très faible, des températures élevées et l'intensification des vents secs caractéristiques des paysages en voie de réchauffement et d'assèchement. Cette association d'impacts directs et indirects se répercute sur les sociétés humaines, avec des résultats imprévisibles.

Au Moyen-Orient par exemple, l'un des corollaires des pressions migratoires a fait que les températures extrêmes ont rendu inhabitables des régions entières d'Iran, de Syrie, d'Irak et d'autres pays. Ces migrations forcées alimentent l'instabilité intérieure, qui se propage à l'international : comme nous l'avons vu ces dernières années, l'afflux massif de réfugiés en Europe s'est heurté à la résistance et à la xénophobie dues à la montée en puissance des dirigeants populistes et autoritaires.

Certaines des possibilités sont tout simplement inimaginables. Plusieurs milliards de personnes dépendent de céréales cultivées dans quelques « greniers à céréales », des régions qui bénéficient toutes de régimes de température et de précipitations parfaitement adaptés et relativement stables depuis des millénaires. Or, le GIEC estime qu'à 2 °C de réchauffement, les rendements mondiaux de maïs diminueront de 5 %. À mesure que les températures augmentent, les régimes de précipitations changent, le sol s'assèche plus rapidement et il arrive un moment où les cultures de base ne poussent plus du tout – c'est d'ailleurs la raison pour laquelle il n'y a pas de grenier à céréales sous les tropiques.

Tous ces impacts interagissent de manière imprévisible et font qu'il est extrêmement difficile de prédire exactement le coût économique des dégâts associés à tel ou tel degré de réchauffement.

Certains tentent toutefois de relever le défi.

En 2021, Moody Analytics chiffrait à 69 000 milliards de dollars l'impact sur l'économie mondiale d'un réchauffement de 2 °C. Une étude menée conjointement par Oxfam et Swiss Re estimait pour sa part qu'un réchauffement de 2,6 °C à horizon 2050 aurait un coût économique trois fois supérieur à celui de la pandémie de Covid-19. Mais contrairement à celle-ci, les conséquences économiques du réchauffement ne feront que s'aggraver année après année. Avec 3 °C supplémentaires, la planète redeviendrait telle qu'elle était avant l'apparition de l'espèce humaine. Elle accueillait certes alors beaucoup de formes de vie, mais pas d'humains. En tout état de cause, il est évident qu'un monde pareil ne pourrait pas faire vivre 7,8 milliards de personnes.

Le monde pourrait bien connaître une crise financière mondiale liée au climat bien avant que la hausse des températures n'atteigne 3 °C, ou même 2 °C. En fait, les dommages économiques dus au changement climatique se chiffrent peut-être déjà en billions de dollars. Selon le groupe britannique d'assurances Aon, le monde a essuyé 1,8 billion de dollars de pertes liées aux intempéries au cours des dix premières années du XXIe siècle. Entre 2010 et 2020, ce chiffre est passé à 3 billions de dollars. Les incendies de forêt qui ont récemment dévasté l'Ouest américain ainsi que les inondations et les ouragans qui ont déferlé sur la côte Est nous ont donné un aperçu de ce que nous réserverait une crise financière climatique, même dans un pays riche.

Le scénario serait le suivant : avec la multiplication des inondations et des incendies, l'intensification et la fréquence accrue des tempêtes, et la hausse des températures, les particuliers et les entreprises verront flamber leurs primes d'assurance couvrant les risques de catastrophe naturelle. Les assureurs refuseront autant qu'ils le pourront de couvrir les zones les plus à risque. Or, sans ce type d'assurance, les acheteurs immobiliers ne pourront pas obtenir de prêt hypothécaire, tandis que dans les zones à risques d'incendie et d'inondation, où les primes d'assurance auront grimpé en flèche, de nombreux propriétaires essaieront de vendre – mais à qui, et qui financera l'achat ? Cette dynamique ouvrirait la voie à une vague de ventes précipitées et à un effondrement de l'immobilier plus grave que la crise de 2008, car il ne s'agirait pas d'un événement ponctuel. Or, comme nous l'avons vu en 2008, une crise de l'immobilier peut rapidement dégénérer en crise financière systémique, puisque les banques détiennent l'essentiel de la valeur, et donc du risque de l'immobilier résidentiel et commercial.

Notre économie mondiale est un système étroitement couplé – comme nous l'ont appris la crise de 2008 et, plus récemment, les perturbations de la chaîne d'approvisionnement liées à la pandémie de Covid-19. Dans des rouages si finement réglés, le moindre grain de sable peut avoir des répercussions dévastatrices. Les perturbations liées au changement climatique n'ont rien d'anodin et sont appelées à s'aggraver progressivement. Le message que nous devons faire passer aux décideurs, aux politiciens et à l'opinion est qu'il faut à tout prix enrayer le changement climatique, car son coût final dépasse l'imagination et est incalculable. /

Le message que nous devons faire passer aux décideurs, aux politiciens et à l'opinion est qu'il faut à tout prix enrayer le changement climatique, car son coût final dépasse l'imagination et est incalculable.

Crédits illustrations

I : Températures moyennes mondiale, 1850-2020, adapté pour la période 2017-2021 de « Changes over time of the global sea surface temperature as well as air temperature over land », Robert Rohde, Berkeley Earth Surface Temperature Project, http://berkeleyearth.org/global-temperature-report-for-2020. Reproduit avec permission.

II : (haut) Concentration de CO_2 atmosphérique, de « Global average long-term atmospheric concentration of CO_2. Measured in parts per million (ppm) », Hannah Ritchie et Max Roser, Our World in Data, https://ourworldindata.org/atmospheric-concentrations. Source : EPICA Dome C CO_2 record, 2015, et NOAA, 2018. License Creative Commons.

II : (bas) Émissions annuelles mondiales de CO_2 (1750-2021), Bartosz Brzezinski et Thorfinn Stainforth, The Institute for European Environmental Policy, 2020, https://ieep.eu/news/more-than-half-of-all-co2-emissions-since-1751-emitted-in-the-last-30-years. Sources : Carbon Budget Project, 2017, Global Carbon Budget, 2019, Peter Frumoff, 2014. Reproduit avec la permission de l'IEEP ; et *The 10 largest contributors to cumulative CO_2 emissions, by billions of tonnes, broken down into subtotals from fossil fuels and cement*, Hansis *et al.*, 2015. Carbon Brief Using Highcharts, Global Carbon Project, CDIAC, Our World in Data, Carbon Monitor, Houghton et Nassikas.

III : Les pays les plus émetteurs d'émissions cumulées, 1850-2021 dans *The 10 largest contributors to cumulative CO_2 emissions, by billions of tonnes, broken down into subtotals from fossil fuels and cement*, chiffres issus de Carbon Brief et du Global Carbon Project, CDIAC, Our World in Data, Carbon Monitor, Houghton et Nassikas, 2017, et Hansis *et al.*, 2015. Reproduit avec la permission de Carbon Brief.

6 : Revenu mondial et émissions liées aux modes de vie,

dans Extreme Carbon Inequality, brief Oxfam pour les médias, 2015, https://www-cdn.oxfam.org/s3fs-public/file_attachments/mb-extreme-carbon-inequality-021215-en.pdf, figure 1, mise à jour avec les données tirées de « Confronting carbon Inequality », Oxfam, 2020, https://www.oxfam.org/en/research/confronting-carbon-inequality et « Carbon inequality in 2030 », Oxfam, 2021, 3-4, https://www.oxfam.org/en/research/carbon-inequality-2030. Reproduit avec la permission d'Oxfam.

47 : Graphique composite CO_2 atmosphérique à l'observatoire Mauna Loa, décembre 2021, Scripps Institution of Oceanography ; NOAA Global Monitoring Laboratory ; #ShowYourStripes – graphiste et responsable scientifique : Ed Hawkins, National Centre for Atmospheric Science, University of Reading ; Données : UK Met Office. Design by sustention [PG]. Licence Creative Commons.

58-59 : Graphiques adaptés de *Socio-economic trends* et *Earth System Trends* dans « The trajectory of the Anthropocene : The Great Acceleration », Will Steffen, Wendy Broadgate, Lisa Deutsch, *et al.*, *The Anthropocene Review*, 01/04/2015, vol. 2(1), 81-98, SAGE Publications © 2015, SAGE Publication. Reproduit avec la permission de SAGE Publications.

60 : © Johan Rockström. Reproduit avec sa permission.

62 : Graphique adapté de « Tipping elements in the Earth's climate system », T.M. Lenton *et al.*, PNAS, 12/02/2008, vol. 105(6), 1786-1793, https://www.pnas.org/content/105/6/1786.

63 : Graphique adapté de « Climate tipping points – too risky to bet against », T.M. Lenton *et al.*, Nature, 27/11/2019, vol. 575, 592-595, https://www.nature.com/articles/d41586-019-03595-0.

65 : © Johan Rockström, avec les données de « Global Warming of 1.5 °C », rapport du GIEC, 2018, SPM.2 ; « Climate Change 2014 », GIEC, 2014, SPM10 ; et « TAR Climate Change 2001 », GIEC, 2001 © GIEC, https://www.ipcc.ch/. Reproduit avec permission.

90 : Graphique adapté de « Climate Change 2021 : The Physical Science Basis », contribution du groupe de travail 1 pour le 6e rapport d'évaluation du GIEC, résumé pour les décideurs, GIEC, 2021, figure SPM.2 © GIEC, https://www.ipcc.ch/.

104 : Évolution de la température de l'air près de la surface dans l'Arctique et sur l'ensemble de la planète depuis 1995, ERA-5 réanalyse, NOAA, https://psl.noaa.gov/data, timeseries.

105 : (bas) Aerial Superhighway, NASA 07/02/2012, https://svs.gsfc.nasa.gov/10902 © NASA. Reproduit avec permission.

106 : Comparaison des conditions avec un Arctique chaud et un Arctique froid, NOAA, https://www.climate.gov/news-features/event-tracker/wobbly-polar-vortex-triggers-extreme-cold-air-outbreak.

132 : Graphique adapté de « Changes over time of the global sea surface temperature as well as air temperature over land », Robert Rohde, Berkeley Earth Surface Temperature Project, http://berkeleyearth.org/global-temperature-report-for-2020. Reproduit avec permission.

133 : © Stefan Rahmstorf, CC by-SA 4.0. À l'aide de données tirées de « Persistent acceleration in global sea-level rise since the 1960s », Sönke Dangendorf *et al.*, dans « Nature Climate Change », Springer Nature, 05/08/2019, 705-710, https://www.nature.com/articles/s41558-019-0531-8 © les auteurs, 2019, sous licence exclusive de Springer Nature Limited.

137 : Changement de température de surface de la mer dû à la circulation méridienne de retournement Atlantique, dans « Observed fingerprint of a weakening Atlantic Ocean overturning circulation », Levke Caesar, *Nature*, vol. 556, 11/04/2018, 191-196, https://www.nature.com/articles/s41586-018-0006-5. Reproduit avec permission.

174 : Distribution du couvert forestier mondial par domaine climatique, dans « Global Forest Resources Assessment 2020 », FAO, 2020, https://www.fao.org/documents/card/en/c/ca9825en, à l'aide de données de « Proportion of global forest area by climatic domain, 2020 », XI, 14, adapté pour United Nations World Map, 2020. Reproduit avec la permission de la FAO.

176 : © Beverly E. Law, données tirées de « British Columbia Managed Forests (MMT CO_2e) » dans « Provincial greenhouse gas emissions inventory », British Columbia, https://www2.gov.bc.ca/gov/content/environment/climate-change/data/provincial-inventory © 2021, province de Colombie-Britannique.

179 : Données tirées de « Strategic forest reserves can protect biodiversity and mitigate climate change in the western United States », Beverly E. Law, Logan T. Berner, Polly C. Buotte, David J. Mildrexler et William J. Ripple, *Nature Communications Earth & Environment*, 2021, vol. 2 (254) ; et de « Land use

strategies to mitigate climate change in carbon dense temperate forests », Beverly E. Law, Tara W. Hudiburg et Logan T. Berner, PNAS, 03/04/2018, vol. 115 (14), 3663-3668 © les auteurs, 2018.

185 : Nombre de menaces graves sur la biodiversité dans le monde, dans « Mapping human pressures on biodiversity across the planet uncovers anthropogenic threat complexes », D.E. Bowler, A.D. Bjorkman, M. Dornelas *et al.*, *People & Nature*, 27/02/2020, 380-394, figure 6. License Creative Commons Attribution 4.0.

209 : Pergélisol terrestre et sous-marin dans l'hémisphère Nord, 2020 © GRIDArendal/Nunataryuk, https://www.grida.no/resources/13519.

213 : (haut et bas) Résumé pour les décideurs, GIEC, 2021, Figure SPM.5 (b&C) © GIEC, https://www.ipcc.ch/. Reproduit avec permission.

217 : Graphique adapté de « Historical and projected future concentrations of CO_2, CH_4 and N_2O and global mean surface temperatures (GMST) », « Climate Change 2021 : The Physical Science Basis », GIEC, 2021, Figure 1.26 ; et « Selected indicators of global climate change under the five illustrative scenarios used in this report », SPM.8(e) © GIEC, https://www.ipcc.ch/.

234 : Données tirées de « Heatrelated deaths (2000-2019) » dans « Global, regional, and national burden of mortality associated with non-optimal ambient temperatures from 2000 to 2019 : a three-stage modelling study », Q. Zhao *et al.*, *The Lancet PH3*, juillet 2021, https://www.thelancet.com/journals/lanplh/article/PIIS2542-5196(21)00081-4/fulltext ; et de GBD Compare « Global annual mortality in 2019 attributed to a selection of causes of death or due to specific risk factors », 15/10/2020 https://www.healthdata.org/data-visualization/gbd-compare, Institute for Health Metrics Evaluation. Utilisation autorisée. Tous droits réservés.

241 : Graphique adapté de « Temporal and spatial distribution of health, labor, and crop benefits of climate change mitigation in the United States », Drew Shindell *et al.*, PNAS, 16/11/2021, vol. 118 (46), Figure 7.C © les auteurs, 2021.

246 : Données tirées de « Projecting the risk of mosquito-borne diseases in a warmer and more populated world : a multimodel, multi-scenario intercomparison modelling study », Felipe J. Colón-Gonzàlez *et al.*, *The Lancet Planetary Health*,

01/07/2021, vol. 5 (7), E404-E414, https://www.thelancet.com/journals/lanplh/article/PIIS2542-51962100132-7/fulltext.

247 : Données tirées de « Projecting the risk of mosquito-borne diseases in a warmer and more populated world : a multimodel, multi-scenario intercomparison modelling study », Felipe J. Colón-Gonzàlez *et al.*, *The Lancet Planetary Health*, 01/07/2021, vol. 5 (7), E404-E414, https://www.thelancet.com/journals/lanplh/article/PIIS2542-51962100132-7/fulltext.

262 : Émissions de carbone cumulées (de 1850 à 2021) par population actuelle, pour les pays indiqués, tiré de « The 10 largest contributors to cumulative CO_2 emissions, by billions of tonnes, broken down into subtotals from fossil fuels and cement », analyse de Carbon Brief des chiffres de Global Carbon Project, CDIAC, Our World in Data, Carbon Monitor, Houghton et Nassikas, 2017, et Hansis *et al.*, 2015. Reproduit avec l'autorisation de Carbon Brief.

314 : © Solomon M. Hsiang.

318 : Données tirées de « GDP per capita in 2019 », Banque mondiale, 2021 ; « Valuing the global mortality consequences of climate change accounting for adaptation costs and benefit », document de travail 27599, NBER juillet 2020, révisé en août 2021, https://www.nber.org/system/files/working_papers/w27599/w27599.pdf ; et « Global non-linear effect of temperature on economic production », Marshall Burke, Solomon M. Hsiang et Edward Miguel, *Nature*, 2015, vol. 527, 235-239, https://www.nature.com/articles/nature15725.

326 : Données tirées de l'Uppsala Conflict Data Program. Récupérées en janvier 2022, UCDP Conflict Encyclopedia : https://www.pcr.uu.se/research/ucdp/, Uppsala University.

328 : « Quantifying the influence of climate on human conflict », Solomon M. Hsiang, Marshall Burke et Edward Miguel, *Science*, 2013, 341, Figure 2.

Note sur la couverture

Ed Hawkins

Pas de mot. Pas de chiffre. Pas de graphique. Simplement, une série de bandes de couleur verticales illustrant l'augmentation progressive de la température moyenne de la planète en une seule image saisissante.

Chaque bande de la couverture de ce livre représente la température moyenne à la surface du globe d'une année, depuis 1600, au verso, jusqu'en 1910, au recto. Les nuances de bleu indiquent les années les plus froides, tandis que, sur la couverture du second tome, qui représente la température moyenne depuis 1700 jusqu'en 2020, les gradations de rouge correspondent aux années les plus chaudes. La succession frappante de bandes rouge foncé met en évidence l'indéniable accélération du réchauffement de notre planète au cours des dernières décennies.

Ces « bandes de réchauffement » ont été conçues pour sensibiliser l'opinion à la question essentielle du changement climatique – et elles sont très efficaces. Elles ont été téléchargées et partagées par des millions de gens – des personnalités politiques, des artistes, des présentateurs météo et des rock stars – pour nous aider à prendre conscience qu'aucun endroit au monde n'est à l'abri des effets du changement climatique.

Des graphiques similaires ont été créés pour pratiquement chaque pays du monde et peuvent être téléchargés gratuitement sur le site **showyourstripes.info**.

Le Livre de Poche s'engage pour l'environnement en réduisant l'empreinte carbone de ses livres. Celle de cet exemplaire est de :
950 g éq. CO_2
Rendez-vous sur
www.livredepoche-durable.fr

PAPIER CERTIFIÉ

Composition réalisée par NORD COMPO

Achevé d'imprimer en décembre 2023 en Espagne par
UNIGRAF
Dépôt légal 1re publication : janvier 2024
LIBRAIRIE GÉNÉRALE FRANÇAISE
21, rue du Montparnasse – 75298 Paris Cedex 06